高等院校**会计学**
新形态系列教材

成本会计

业财融合 案例仿真 数据技术

◆微课版◆

王爱娜◎主编
郭江 张玲◎副主编

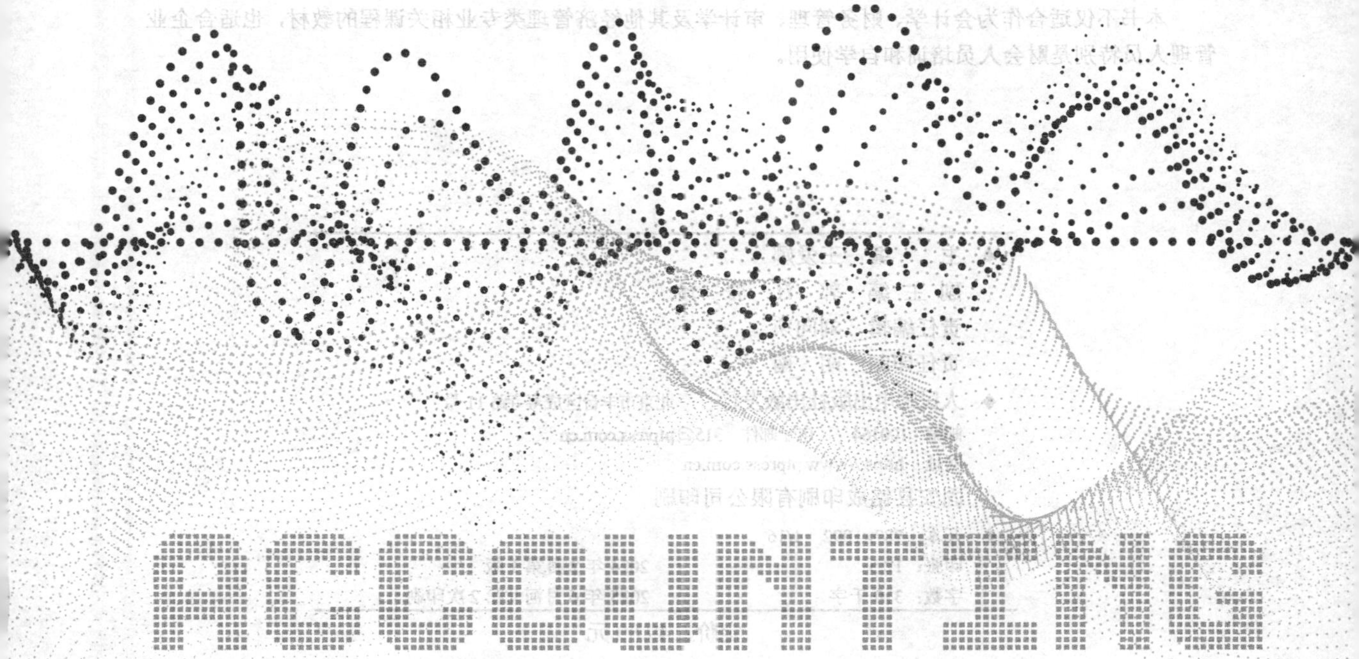

人民邮电出版社
北京

图书在版编目（ＣＩＰ）数据

成本会计 ： 业财融合 案例仿真 数据技术 ： 微课版/
王爱娜主编. -- 北京 ： 人民邮电出版社, 2024.2
高等院校会计学新形态系列教材
ISBN 978-7-115-63586-0

Ⅰ. ①成… Ⅱ. ①王… Ⅲ. ①成本会计－高等学校－
教材 Ⅳ. ①F234.2

中国国家版本馆CIP数据核字(2024)第018647号

内 容 提 要

本书结合新的企业会计准则和企业产品成本核算制度，引入先进的成本管理理念，探讨了适应战略管理要求和数字经济时代要求的成本会计新发展。书中以成本核算为核心，以成本会计基本原理和方法为主线，设置了成本会计基本认知、工业企业成本核算的要求和程序、生产要素费用的归集与分配、辅助生产费用和制造费用的归集与分配、生产损失的核算、生产费用在完工产品与在产品之间的分配、产品成本计算方法概述、产品成本计算的品种法、产品成本计算的分批法、产品成本计算的分步法、产品成本计算的辅助方法（分类法和定额法）、成本报表和成本分析共十二个项目，完整阐述了成本会计的基本理念和技术方法。

本书以立德树人为基本思想，结合国家当前的战略方针政策，导入启发式案例；以理论联系实际为指导，注重业财融合，引入丰富的高度仿真的企业案例；以提高学生的动手操作能力及应用实践能力为目的，在部分章节以 Excel 形式展开实训操作，以期为学生今后的实际工作奠定良好的基础。

本书不仅适合作为会计学、财务管理、审计学及其他经济管理类专业相关课程的教材，也适合企业管理人员特别是财会人员培训和自学使用。

◆ 主　　编　王爱娜
副 主 编　郭　江　张　玲
责任编辑　刘向荣
责任印制　胡　南

◆ 人民邮电出版社出版发行　　北京市丰台区成寿寺路 11 号
邮编　100164　　电子邮件　315@ptpress.com.cn
网址　https://www.ptpress.com.cn
固安县铭成印刷有限公司印刷

◆ 开本：787×1092　1/16
印张：12.5　　2024 年 2 月第 1 版
字数：310 千字　　2025 年 6 月河北第 2 次印刷

定价：49.80 元

读者服务热线：(010)81055256　印装质量热线：(010)81055316
反盗版热线：(010)81055315

前 言 Preface

随着数字经济和实体经济的融合发展，以及我国经济高质量发展的要求，企业面临着日益复杂多变的市场环境和竞争压力，合理控制成本、提高资源利用效率已经成为企业生存与发展的关键。基于对上述问题的思考和企业成本管理的需要，编者在深刻领会党的二十大报告精神的基础上，以国家经济社会发展为引领，以立德树人为根本目标，将德育教育有机融入到本书理论知识讲解中；同时注重将理论知识与数据处理分析技术相结合，并融入高度仿真的企业案例，以充分适应企业管理实务的需要。本书既可供高等院校会计学、财务管理、审计学及其他经济管理类专业学生使用，也可供会计工作者、经济管理者等自学、培训或继续教育使用。

本书的特色主要表现为以下几点。

（1）尽力凸显立德树人与理论知识学习的融合。本书通过案例导入、课堂讨论等形式，引导学生从道德伦理、社会责任等角度审视企业经营活动中涉及的各种成本行为，并培养学生的社会责任感和道德意识。

（2）深入产教融合，增强教材实用性。本书充分结合企业实际案例，将理论与实践相结合，帮助学生了解企业成本管理在现实中的应用，并培养学生独立思考和解决问题的能力。同时，本书由行业专家进行编写指导，确保内容与实际需求紧密契合。

（3）强化数据处理与分析技术。本书加强了对数据处理和分析技术的实践，通过 Excel 在成本会计中的应用实训，培养学生利用大数据进行处理和分析的能力，提高学生在成本会计领域的竞争力。

（4）延伸课堂，开阔学生视野。本书为学生提供了丰富的拓展阅读材料，包括新的研究成果、经典案例和行业动态等内容，旨在帮助学生深入了解成本会计领域的新发展，并开阔其专业视野。同时，这些材料也可作为课堂讨论和研究的延伸，进一步加强学生与教师之间的互动。

（5）打造立体化教学资源，实现线上线下相结合。本书中穿插了有趣的课堂讨论，章后提供具有针对性的练习题和实训专栏，练习题通过扫描二维码可即测即评，有利于学生培养学习兴趣和提高学习效率。

本书由电子科技大学成都学院王爱娜担任主编，并撰写项目二、项目三、项目四、项目六、项目八、项目九等内容；郭江担任第一副主编，并撰写项目一、项目七、项目十、项目十二等内容；张玲担任第二副主编，并撰写项目五和项目十一等内容。同时，三位老师共同完成大纲的拟定、全书的修改和定稿。

编者在编写本书的过程中参考了大量相关著作和文献资料，在此一并向有关作者深表感谢！同时，衷心感谢行业和企业相关专家对本书案例资源提供的大力支持！由于编者水平有限，书中不妥之处，敬请批评指正！

编者

目 录 Contents

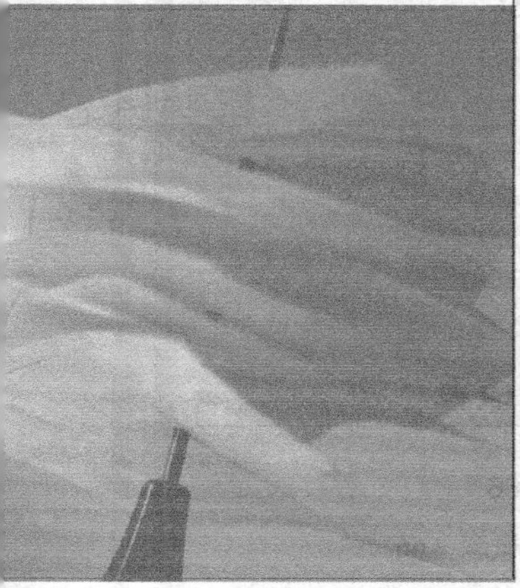

项目三　生产要素费用的归集与分配

项目四　辅助生产费用和制造费用的归集与分配

项目五　生产损失的核算

项目六　生产费用在完工产品与在产品之间的分配

项目七 产品成本计算方法概述

项目八 产品成本计算的品种法

项目九 产品成本计算的分批法

项目十 产品成本计算的分步法

项目十一　产品成本计算的辅助方法

项目十二　成本报表和成本分析

参考文献

项目一 成本会计基本认知

学习目标

知识目标

1. 理解成本的概念、作用和分类；
2. 了解成本会计的产生与发展；
3. 掌握成本会计的对象、职能和任务。

能力目标

1. 培养学生理论联系实际，分析问题、解决问题的能力；
2. 培养学生团队交流、协作和表达的可转换技能。

价值目标

1. 引导学生用发展的眼光去看待成本及成本会计学科，培养学生的前瞻性、创新性；
2. 引导学生树立社会主义核心价值观，增强诚信意识，树立诚信观念，坚持不做假账。

思维导图

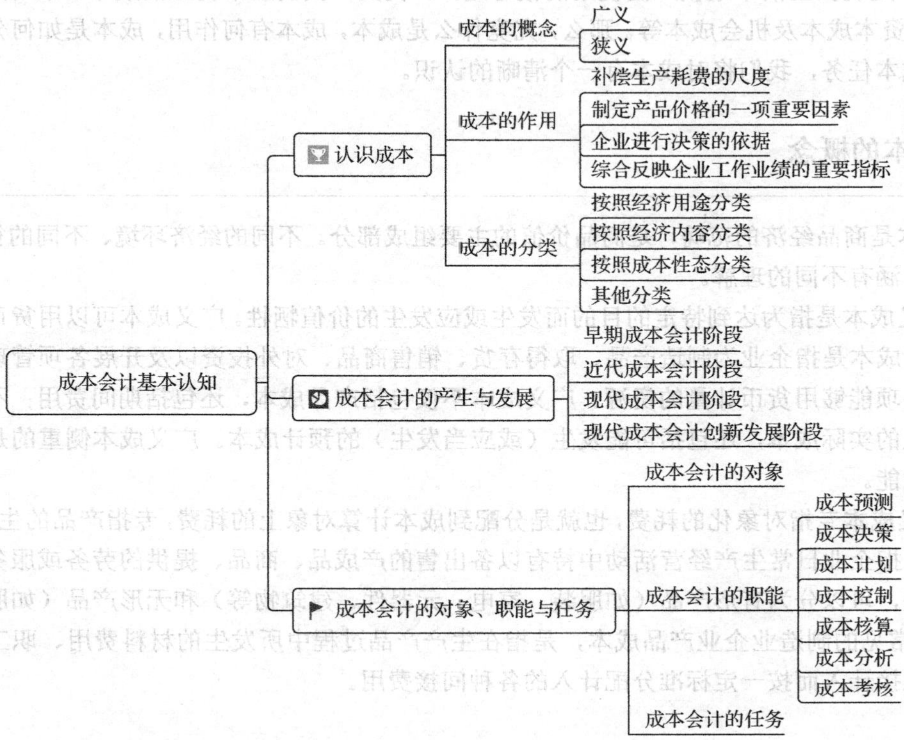

项目导入

诚信至上，立足之本

某公司是一家制造业企业，拥有一支专业的成本会计团队。然而，在最近一次审计中审计人员发现了该公司存在严重的诚信问题。该公司在采购环节存在虚报成本的行为，在生产过程中存在材料浪费和工时造假等问题，在销售环节存在虚假销售和隐瞒收入等违规行为。一家企业如果在成本会计上缺乏诚信意识，可能导致财务数据失真、违反法律法规以及损害利益相关方的权益。因此，培养和强化成本会计人员的诚信意识至关重要。

那么，企业的成本费用应如何界定，怎样核算，如何反映和监督，是财务工作者的重要工作内容之一。

请思考并回答以下问题。

1. 请归纳企业成本会计的工作内容。
2. 数字经济的发展对成本会计的内涵和应用价值有什么影响？
3. 企业应如何加强成本会计人员的诚信意识教育和管理？

任务一 认识成本

成本是现实生活中最被广泛使用的概念之一，例如，我们经常说生活成本、学习成本、产品成本、资本成本及机会成本等。那么，究竟什么是成本，成本有何作用，成本是如何分类的？通过完成本任务，我们将对成本有一个清晰的认识。

一、成本的概念

成本是商品经济的范畴，是商品价值的主要组成部分。不同的经济环境、不同的行业，对成本的内涵有不同的理解。

广义成本是指为达到特定的目的而发生或应发生的价值牺牲。广义成本可以用货币单位加以衡量。成本是指企业为制造产品、取得存货、销售商品、对外投资以及开展各项管理活动而耗费的各项能够用货币计量的资源。广义成本不仅包括产品成本，还包括期间费用；不仅包括已经发生的实际成本，还包括可能发生（或应当发生）的预计成本。广义成本侧重的是成本管理服务功能。

狭义成本专指对象化的耗费，也就是分配到成本计算对象上的耗费，专指产品的生产成本。产品，是指企业日常生产经营活动中持有以备出售的产成品、商品、提供的劳务或服务。产品按其形态，可以分为有形产品（如服装、家电、元器件、建筑物等）和无形产品（如服务、软件等）。常见的制造业企业产品成本，是指在生产产品过程中所发生的材料费用、职工薪酬以及不能直接计入而按一定标准分配计入的各种间接费用。

二、成本的作用

（一）成本是补偿生产耗费的尺度

企业要维持长久的生产运营，必须对其在生产过程中发生的各种耗费进行补偿，成本正是补偿生产耗费的尺度。成本一方面以货币形式对生产耗费进行计量，另一方面为企业的生产运营提出资金补偿的标准。在价格不变的情况下，成本越低，企业的利润就越多，企业为社会和自身的发展创造的财富就越多。所以，成本作为补偿生产耗费的尺度，对促进企业加强成本管理、降低劳动消耗、取得最大经济效益具有重要意义。

（二）成本是制定产品价格的一项重要因素

在商品经济中，产品价格的确定应该以产品价值作为基础，产品价格应大体上符合其价值。但在现阶段，人们还不能直接计算产品的价值，而只能计算成本，通过成本间接地、相对地掌握产品的价值。因此，成本就成了制定产品价格的重要因素。

当然，产品的定价是一项复杂的工作，应考虑的因素有很多，如国家的价格政策及其他经济政策、各种产品的比价关系、产品在市场上的供求关系及市场竞争的态势等，所以产品成本只是制定产品价格的一项重要因素。

（三）成本是企业进行决策的依据

企业能否在激烈的市场竞争中立于不败之地，主要取决于企业管理者能否做出正确的生产经营决策。而进行有效正确的决策，需要考虑的因素很多，成本是主要因素之一。企业的很多决策都需要用到不同的成本数据，如生产何种新产品的决策、亏损产品是否停产的决策、自制还是外购的决策、特殊订单决策、产品组合决策、最优生产批量决策、生产工艺决策以及供应商选择决策等。成本分析可以为企业提供有效的决策思路，从而进一步提升企业的竞争力。

（四）成本是综合反映企业工作业绩的重要指标

成本同企业生产经营各个方面的工作质量和效果有着内在的联系。如产品设计是否合理，原材料消耗是否节约，生产设备是否充分利用，劳动生产率是否提高，生产组织是否协调，产品质量的优劣等诸多因素都能通过成本直接或间接反映出来。因此，成本是反映企业工作质量的综合指标。

三、成本的分类

（一）按照经济用途分类

微课堂

成本的分类

成本按经济用途可以分为生产成本和非生产成本两大类。

1. 生产成本

生产成本也称为制造成本，是指在生产过程中为制造产品而发生的成本。常见的生产成本有直接材料、直接人工和制造费用三个项目。

直接材料，是指在产品生产过程中，用于产品生产，并构成产品实体的原材料及半成品成本。

直接人工，是指在直接对原材料进行加工，生产产品的过程中所耗费的人工成本。

制造费用，是指在产品生产过程中发生的除直接材料、直接人工以外的所有成本支出，如车间管理费、车间照明费、机器设备折旧费、维修费等。

此外，在实务中，企业可以根据内部管理的需要，结合产品成本构成的特点，确定成本项目的设置方法，而并不一定局限于上述三个成本项目。例如，管理层认为有必要单独核算企业的废品损失或者停工损失，可以增设"废品损失"或者"停工损失"项目；管理层认为有必要考察半成品的成本比重，可以增设"外购半成品"或者"自制半成品"项目。

2. 非生产成本

非生产成本也称为期间费用，是指企业在日常生产经营活动中发生的，不能够归集于特定产品成本的费用。非生产成本包括销售费用、管理费用和财务费用。

销售费用是指企业在销售商品、提供劳务等日常经营过程中发生的各项费用以及专设销售机构的各项费用，如运输费、装卸费、包装费、保险费、展览费、广告费，以及为销售本企业商品而专设的销售机构的职工工资及福利费等经常性费用。

管理费用是指企业为组织和管理企业生产经营活动所发生的费用，包括企业的董事会和行政管理部门在企业的经营管理中发生的，应当由企业统一负担的企业经费、工会经费、失业保险费、劳动保险费、董事会费、咨询费、诉讼费、业务招待费、无形资产摊销费、职工教育经费、技术转让费、研究与开发费、排污费等。

财务费用是指企业为筹集生产经营所需资金而发生的费用，包括应当作为期间费用的利息支出（减利息收入）、汇兑损失（减汇兑收益）以及相关的手续费等。

课堂讨论 1-1

某服装厂本月发生成本如下：

（1）为加工服装领用布料成本 30 000 元；

（2）生产车间发生管理费及照明费 5 000 元；

（3）车间设备因修理停工，发生停工损失 2 000 元；

（4）支付广告费 4 000 元；

（5）发生业务招待费 3 000 元。

请问：本月上述发生的费用，哪些应列入生产成本，哪些应列入非生产成本？

参考答案

（二）按照经济内容分类

成本按经济内容进行分类，是指生产过程中消耗了什么，哪些消耗属于物化劳动，哪些消耗属于活劳动。为了便于核算与管理，成本按照经济内容分类可以细分为以下内容。

1. 外购材料

外购材料是指企业为进行日常生产经营活动而耗用的一切从企业外部购入的原料及主要材料、辅助材料、半成品、包装物、修理用备件和低值易耗品等。

2. 外购燃料

外购燃料是指企业为进行日常生产经营活动而耗用的各种从企业外部购入的固体、液体和气体燃料。

3. 外购动力

外购动力是指企业为进行日常生产经营活动而耗用的各种从企业外部购入的电力、热力等动力。

4. 职工薪酬

职工薪酬是指企业为了进行日常生产经营活动而支付给全体员工的工资、津贴、补贴、奖金、非货币性福利、职工福利费等。

5. 折旧费

折旧费是指企业的生产单位（车间、分厂等）按照折旧方法计提的固定资产折旧费用。

6. 利息支出

利息支出是指企业为了借入款项而发生的利息支出冲减利息收入后的差额。

7. 税费支出

税费支出是指计入当期税金及附加的各种税费，包括房产税、车船税、城镇土地使用税、印花税等。

8. 其他支出

其他支出是指不属于以上各项内容的费用，如差旅费、通信费、保险费、邮电费等。

以上八个方面的费用是企业在日常生产经营活动中发生的基本费用，在会计实务中常常被称为费用要素或者要素费用。

（三）按照成本性态分类

成本性态也称为成本习性，是指成本总额与业务量之间客观上所存在的依存关系。这里的业务量可以是生产量、销售量，也可以是作业量。成本按照成本性态可划分为固定成本、变动成本和混合成本。

1. 固定成本

固定成本是指在一定期间和一定业务量范围内，成本总额不受业务量变动影响而保持固定不变，但单位成本却随业务量增减变化而成反比例变动的成本。例如，房屋和设备的租赁费、职工培训费、差旅费、保险费、广告费、劳动保护费、办公费、管理人员固定工资和按直线法计提的固定资产折旧费等，均属于固定成本。

2. 变动成本

变动成本是指在一定期间和一定业务量范围内，成本总额随业务量的变动而成正比例变动，但单位成本额却不变的成本。例如，直接材料、直接人工、燃料和动力费用、外部加工费用、装运费、包装费、按业务量法计提的固定资产折旧费和按销售量支付的销售佣金等，均属于变动成本。

3. 混合成本

混合成本具有固定成本和变动成本双重性态。混合成本总额会随业务量的变动而变动，但它的变动又不与业务量的变动保持着纯粹的正比例关系。这种介于变动成本和固定成本之间，随业务量变动而成非正比例变动的成本称为混合成本。例如，电话费、照明费、水电费、设备维修费、化验员和检验员的工资等，均属于混合成本。

课堂讨论 1-2

请在坐标图上标出固定成本总额、变动成本总额、单位固定成本、单位变动成本。

参考答案

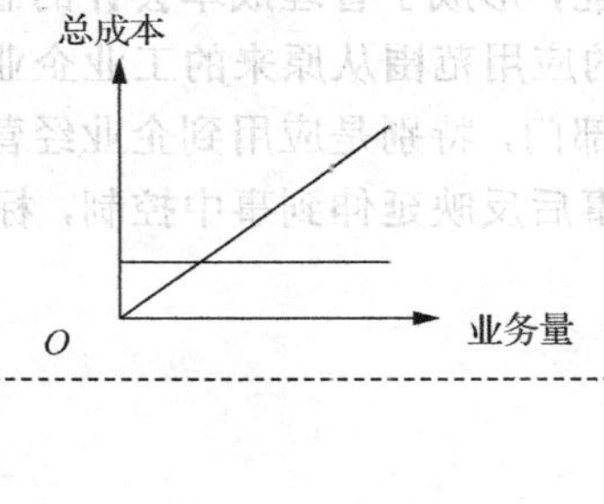

（四）其他分类

（1）按成本与决策的关系，成本可划分为相关成本与无关成本；

（2）按成本是否可控，成本可分为可控成本和不可控成本；

（3）按成本的计量单位，成本可分为单位成本和总成本；

（4）按计入产品成本的方法，成本可分为直接计入成本和间接计入成本。

任务二 成本会计的产生与发展

作为会计的一个分支，成本会计是随着社会经济的发展需要而逐步形成、发展和完善起来的，成本会计先后经历了早期成本会计、近代成本会计、现代成本会计和现代成本会计创新发展四个阶段。

一、早期成本会计阶段（1880—1920年）

早期成本会计阶段是指成本会计的创立阶段，这一阶段的成本会计主要关注产品成本核算。在 1880—1920 年这一时间段，英国、法国、美国和德国等资本主义国家先后完成了工业革命，机器大生产已取代传统的手工劳动，雇佣制的现代工厂取代了手工作坊。企业的生产规模、生产效率迅速扩大和提高，企业之间的市场竞争明显加剧。为了适应竞争的需要，合理确定产品价格，人们普遍重视生产成本管理问题。因此，生产成本核算被提上议事日程。成本核算与会计核算逐步结合起来，成本记录与会计记录开始一体化，从而形成了真正意义上的成本会计。这个阶段成本会计仅限于对生产过程的生产消耗进行系统的汇集和计算，用来确定产品生产成本和销售成本，属于记录型成本会计。

二、近代成本会计阶段（1921—1945年）

工业革命彻底改变了过去的生产方式，经验管理已不再适用，企业迫切要求管理技术的进步。成本会计的理论和方法在这一阶段得到了进一步的完善与发展，主要取得了以下两个方面的进展。一是标准成本制度的实施。受科学管理思想的影响，标准成本制度应运而生。标准成本制度就是人们预先制定产品的标准成本，然后将实际成本与标准成本相比较，记录和分析二者之间的差异，以衡量生产人员的工作业绩，分清成本费用超支和节约的原因和责任，寻求降低成本的途径。标准成本制度实施后，成本会计不只是事后计算产品的生产成本和销售成本，而还要事先制定成本标准，并据以控制日常生产消耗与定期分析成本。这样，成本会计增加了事前控制的新职能，形成了管理成本会计的雏形。二是成本会计的应用范围更广泛。在这一阶段，成本会计的应用范围从原来的工业企业扩大到各个行业，成本会计深入应用到一个企业内部的各主要部门，特别是应用到企业经营的销售环节。成本管理方法的引进，开始使成本会计由单纯的事后反映延伸到事中控制，标志着成本会计进入一个新的发展阶段。

三、现代成本会计阶段（1946—1980年）

随着生产社会化程度的不断提高，企业规模越来越大，市场竞争越来越激烈，为了适应现代企业发展的需要，企业的核算管理工作也需要紧跟时代步伐，运筹学、系统工程、电子技术等也逐步在成本会计中得到了广泛应用，从而使成本会计发展进入了现代成本会计阶段。在此阶段，成本会计在内涵和外延上有了很大的发展，由过去只重视满足外部财务报表使用者的需要，转为开始重视满足内部管理决策和控制的需要。成本会计的发展重点已经由原来的事后核算和事中控制，转移为如何进行成本的预测、决策和规划，形成了侧重管理的经营型的成本会计。这一阶段的主要特点是成本与管理相结合，以成本干预生产。

四、现代成本会计创新发展阶段（1981年至今）

20 世纪 80 年代以来，计算机技术的进步、生产方式的改变、产品生命周期的缩短以及全球性竞争的加剧，大大改变了产品成本结构与市场竞争的模式，使得成本会计发展进入了一个新的创新发展阶段，主要表现在以下三个方面。

（一）适应新制造环境要求取得的成本会计新发展

相较于传统制造环境，新制造环境充分利用了现代科学技术的新发展，主要表现在自动化和计算机化两个方面，如弹性制造系统、计算机辅助系统、制造资源规划和计算机整合系统。

在新的制造环境下，生产成本中的间接制造成本（制造费用）较之于传统制造环境中的大幅度上升，原有的成本会计理论和计量模式暴露出较多的问题。因此，美国会计学者在 20 世纪 80 年代兴起了对作业基础成本法的研究热潮。其中，最具代表性的为哈佛大学的学者罗宾·库珀（Robin Cooper），库珀认为，产品成本就是制造和运送产品所需全部作业的成本的总和，成本计算的最基本对象是作业，库珀还对作业基础成本法的现实意义、运作程序、成本动因选择、成本库的建立等重要问题进行了全面、深入的分析，为作业基础成本法的研究奠定了基石。随后作业基础成本法在实业界的应用和发展稳步推进。

（二）适应战略管理要求取得的成本会计新发展

企业战略是企业具有全局性、根本性和长远性的谋划或方案，而企业战略管理是围绕企业战略而展开的一个有机的过程。这个过程通常包括战略制定、战略实施、战略评价等基本阶段。战略管理思想对成本会计系统的影响主要体现在战略成本管理的提出。英国学者西蒙先提出了战略成本管理，战略成本管理要求成本管理应由单纯的生产经营过程管理，扩展到与顾客需求及利益直接相关的，包括产品设计和产品使用环节的产品生命周期管理；同时要企业更加注重内部组织管理，尽可能地消除各种内耗，以获取市场竞争优势。

（三）适应数字经济时代要求取得的成本会计新发展

随着数字经济的日趋发展，大数据、云计算、人工智能等新型信息技术的普及，给成本会计工作带来新的机遇与挑战。党的二十大报告提出“加快发展数字经济，促进数字经济和实体经济深度融合”的任务。数字经济的崛起与繁荣，赋予了经济社会发展的“新领域、新赛道”和“新动能、新优势”，正在成为引领我国经济增长和社会发展的重要力量。2021 年，我国数字经济规模达到 45.5 万亿元，连续多年稳居世界第二，数字经济占 GDP 比重达到 39.8%。

数字经济的发展赋予了成本会计更深层次的内涵和应用价值，要求成本会计向着与人工智能、云计算、大数据、区块链、物联网相结合的方向发展。在这样的发展要求之下，成本会计正经历着前所未有的变化，这种变化将有利于企业成本会计和管理模式的不断创新发展。

通过成本会计技术手段、核算方法将大数据、云计算等技术与数字经济相结合，对成本理论研究及成本会计核算进行创新，利用大数据实时掌握企业成本管理信息，可以对企业的成本费用开支情况进行实时监测和报告，实现管理的最终目的即决策，提高企业的经济效益。例如，国内已有大型国有银行开始在科技成本的核算和分配方面采用大数据、可视化等技术。再如，深圳市黑云科技有限公司借助数字技术实现了对各条生产线的全程数字化管理，通过智能管理系统监控生产线的完工程度，实时显示每件产品的收入、成本及利润，让"实时财务"成为现实。

此外，随着经济发展与科技、社会的进步，我国产业结构发生变化，第三产业受到重视，产品、服务的需求呈现出多样化的特征，以至于成本会计的应用范围不断拓展，不再局限于制造业企业，而是全面发展，涉及电商行业、互联网行业、高新技术行业等。

人工智能与信息技术的发展，给成本会计带来机遇的同时也带来巨大的挑战，但财务管理与数字技术的结合已成为未来财务发展的趋势，我国的成本会计必将紧跟发展趋势，为我国经济高质量发展做出贡献。

课堂讨论 1-3

数字经济时代，催生了大批数字化产品，你认为什么是数字化产品？其特征有哪些？

参考答案

任务三 成本会计的对象、职能与任务

一、成本会计的对象

成本会计的对象是指成本会计反映和监督的内容。明确成本会计的对象，对确定成本会计的任务，研究和运用成本会计的方法，更好地发挥成本会计在经济管理中的作用，具有重要的意义。

按照现行企业会计准则和相关会计制度的有关规定，可以把工业企业成本会计的对象概括为：工业企业生产经营过程中发生的产品生产成本和期间费用。

商品流通企业、交通运输企业、施工企业、农业企业等其他行业企业的生产经营过程虽然各有其特点，但按照现行企业会计准则和相关会计制度的有关规定。从总体上看，它们在生产经营过程中所发生的各种费用，同样是部分形成了企业的生产经营业务成本，部分作为期间费用直接计入当期损益。因此，可以把成本会计的对象概括为：企业生产经营过程中发生的生产经营业务成本和期间费用。

以上按照现行企业会计准则和相关会计制度的有关规定，对成本会计的对象进行了概括性的阐述。但成本会计不仅应该按照现行企业会计准则和相关会计制度的有关规定为企业正确定利润和进行成本管理提供可靠的生产经营业务成本和期间费用信息，而且应该从企业内部经营管理的需要出发，提供多方面的成本信息。例如，为了进行短期生产经营的预测和决策，应计算变动成本、固定成本、机会成本和差别成本等；为了加强企业内部的成本控制和考核，应计算可控成本和不可控成本；为了进一步提高成本信息的决策相关性，还可以计算作业成本；等等。上述按照现行企业会计准则和相关会计制度的有关规定所计算的成本（包括生产经营业务成本和期间费用），称为财务成本；按企业内部经营管理的需要所计算的成本，称为管理成本。因此，成本会计的对象，总括地说应该包括各行业企业的财务成本和管理成本。

二、成本会计的职能

成本会计的职能，是指成本会计在经济管理中具有的内在功能。成本会计作为会计的一个重要分支，其基本职能同会计一样，具有反映和监督两大基本职能。但从成本会计产生和发展的历史看，随着生产过程的日趋复杂，生产、经营管理对成本会计不断提出新的要求，成本会计反映和监督的内涵也在不断发展。成本会计的职能包括成本预测、成本决策、成本计划、成本控制、成本核算、成本分析、成本考核七个职能。

（一）成本预测

成本预测是依据与成本有关的数据及信息，并结合未来的发展变化情况，运用定量、定性的分析方法，对未来成本水平及变化趋势做出的科学估计。企业通过成本预测，有助于选择最优方案合理组织生产，从而减少工作的盲目性。

（二）成本决策

成本决策是在成本预测的基础上，按照既定目标要求，运用专门的方法，对有关生产经营的成本方案进行分析计算，从中选择最优方案，确定目标成本。做好成本决策对企业正确制订成本计划，促进企业提高经济效益具有十分重要的意义。

（三）成本计划

成本计划是指根据决策所确定的目标，确定计划期内为完成计划产量所应发生的耗费和各种产品的成本水平，同时也提出为完成上述成本指标应采取的措施和方法。成本计划是进行目标成本管理的基础，也是进行成本控制、成本分析和成本考核的依据。

（四）成本控制

成本控制是指按预先制定的成本标准或成本计划指标，对实际发生的费用进行审核，并将实际成本限制在标准成本或计划成本内，同时揭示和反馈实际与标准或实际与计划之间的差异，并采取措施消除不利因素，以使实际成本达到预期目标。企业通过成本控制，可促使企业顺利完成成本计划。

（五）成本核算

成本核算是根据企业的生产工艺特点和生产组织的特点及管理要求，采用适当的成本计算方法计算产品成本，提供成本管理所需要的资料。成本核算可以考核成本计划的完成情况，评价成本计划的控制情况，同时也为制定价格提供依据。

（六）成本分析

成本分析是指利用成本核算和其他有关资料，将实际成本与计划成本、上年同期实际成本、本企业历史先进水平，以及国内外先进企业等的成本进行比较，系统研究成本变动的因素和原因，制定有效办法或措施，以便进一步改善经营管理，降低成本。成本分析可以为成本考核、未来的成本预测、成本决策以及下期成本计划的制订提供依据。

课堂讨论 1-4

请对当代大学生的受教育成本进行分析。你的受教育成本都包括哪些？请估算你大学几年的受教育成本是多少。

参考答案

（七）成本考核

成本考核是指在成本分析的基础上，定期对成本计划或成本控制任务的完成情况进行检查和评价，并结合责任单位的业绩给予职工必要的奖惩，以充分调动广大职工执行成本计划的积极性。

上述成本会计的职能是相互联系、相互补充的，它们在生产经营活动的各个环节、成本发生的各个阶段，相互配合地发挥作用。预测是决策的前提，决策是计划的依据，计划是决策的具体化，控制是对计划实施的监督，核算是对计划的检验，分析与考核是实现决策目标和完成计划的手段。其中，成本核算是成本会计最基本的职能。

三、成本会计的任务

成本会计的任务是成本会计职能的具体化，也是企业期望成本会计应达到的目的和对成本会计的要求。具体来说，成本会计的任务主要有以下几个方面。

（一）正确计算产品成本，及时提供成本信息

成本数据正确可靠，才能满足管理的需要。如果成本资料不能反映产品成本的实际水平，不仅难以考核成本计划的完成情况和进行成本决策，而且还会影响利润的正确计量和存货的正确计价，歪曲企业的财务状况。及时编制各种成本报表，可以使企业的有关人员及时了解成本的变化情况，并为制定售价、做出成本决策提供重要参考资料。

（二）进行成本预测，优化成本决策，确立目标成本，编制成本计划

成本会计是一项综合性很强的价值管理工作，企业应充分发挥成本会计的优势，在成本的计划管理中，发挥其主导作用。为了使企业成本管理工作有计划地进行和对费用开支有效地进行控制，企业应在各有关方面的配合下，根据历史成本资料、市场调查情况以及其他有关方面（如生产、技术、财务等）的资料，采用科学的方法来预测成本水平及其发展趋势，拟定各种降低成本的方案，进而进行成本决策，选出最优方案，确定成本目标；然后再根据成本目标编制成本计划，制定成本费用的控制标准以及降低成本应采取的主要措施，以作为对成本实行计划管理、建立成本管理的责任制、开展经济核算和控制费用支出的基础。

（三）加强成本控制，防止挤占成本

加强成本控制，首先是进行目标成本控制，主要依靠执行者自主管理，进行自我控制，提高技术，厉行节约，注重效益；其次是遵守各项法规的规定，控制各项费用支出，防止挤占成本。

（四）建立成本责任制度，加强成本责任考核

成本责任制度是对企业各部门、各层次和各执行人在成本方面的职责所做的规定，是提高

职工降低成本的责任心，发挥职工主动性、积极性和创造力的有效办法。建立成本责任制度，要把完成降低成本任务的责任落实到每个部门、层次和责任人，使职工的责、权、利相结合，职工的劳动所得同劳动成本相结合。

项目小结

通过本项目的学习，我们知道成本是商品经济的范畴，是商品价值的主要组成部分，成本概念有广义和狭义之分；成本可按照经济用途、经济内容、成本性态等多种方式进行分类；成本会计的发展阶段可概括为早期成本会计、近代成本会计、现代成本会计、现代成本会计创新发展四个阶段；成本会计的对象，总括地说包括各行业企业的财务成本和管理成本；成本会计的职能包括成本预测、成本决策、成本计划、成本控制、成本核算、成本分析、成本考核七大职能。

拓展阅读

[1] 曹伟.我国成本会计学科建设若干问题探讨[J].财会通讯,2022(01):3-8+21.
[2] 卢锐,唐子桢,杨蕾.从瑞幸造假事件看财务舞弊企业的自救[J].会计之友,2022(18):156-160.
[3] 许家林,华雯.美国成本会计先驱:杰罗姆·李·尼科尔森[J].财会通讯(上),2013(4):120-122.
[4] 曹庆华,周正深.成本会计的新领域:数字化产品成本核算[J].价值工程,2006,25(04):101-103.
[5] 姜晓昱.关于数字产品成本分析的思考[J].改革与战略,2002(07):72-74.

思考与练习

1. 如何理解成本的概念？
2. 成本按照经济用途分类和按照经济内容分类的区别是什么？
3. 成本会计有哪些职能？各项职能之间的相互关系是什么？
4. 试述数字经济时代成本会计面临的机遇与挑战。

即测即评

项目二 工业企业成本核算的要求和程序

学习目标

知识目标

1. 理解成本核算的基本原则和要求；
2. 了解成本核算的基本程序；
3. 掌握成本核算的账户设置。

能力目标

1. 培养学生具备根据企业实际情况进行成本核算账户设置的应用技能；
2. 培养学生善于观察、善于思考、分析与解决问题的能力。

价值目标

1. 引导学生做事认真细致、遵纪守法、按章办事；
2. 激发学生的时代责任感，树立学生的责任担当意识。

思维导图

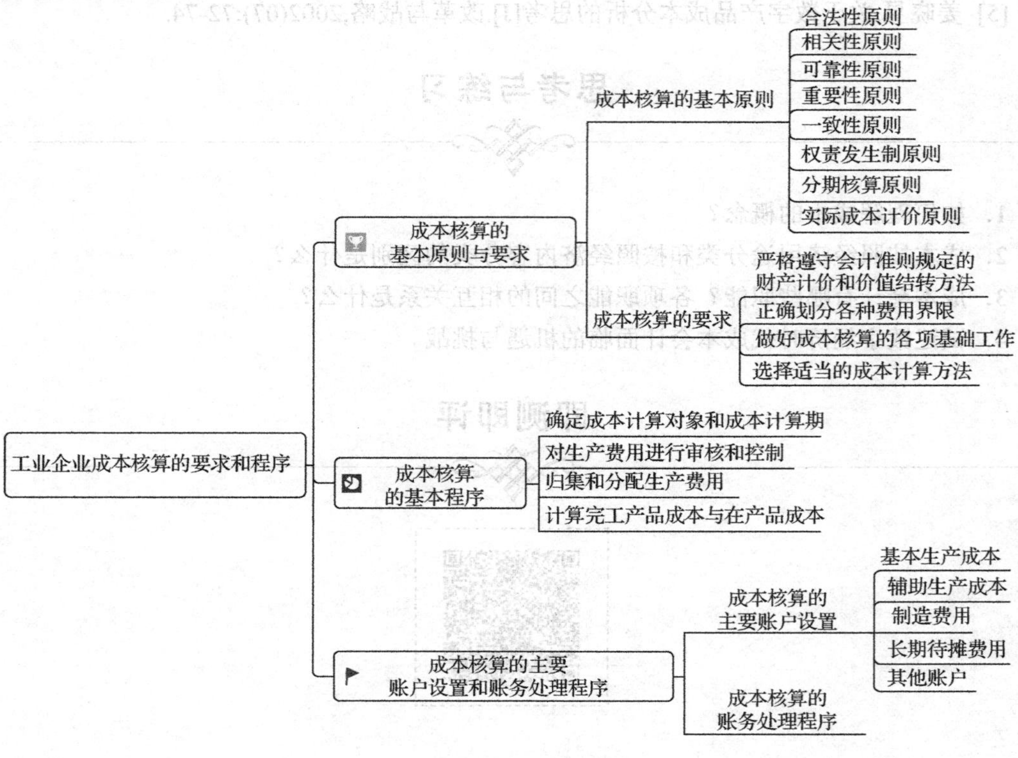

项目导入

遵纪守法，勇担新时代使命

亿嘉家具制造企业是一家专注于设计、生产和销售高品质家具的企业，其业务范围主要包括设计与研发、生产制造、品质检验、销售与服务。为加强企业的产品成本核算，保证产品成本信息真实、完整，该企业的成本会计人员根据《中华人民共和国会计法》《企业会计准则》《企业产品成本核算制度（试行）》等有关规定，结合企业自身的生产特点和管理要求，制定了成本核算流程，包括成本分类、成本分配、成本计量、成本控制、成本分析与优化、成本报告等。会计人员作为企业员工，应将自身的利益与企业的利益及社会发展、国家富强结合起来，这是时代赋予我们的责任与使命。

该家具制造企业在成本核算中遵纪守法、严格流程管理。精确的成本核算为企业管理者提供了准确的数据支持，帮助管理者做出明智的经营决策，使得企业在市场中获得竞争优势并实现可持续发展。

请思考并回答以下问题。

1. 请归纳企业成本核算的基本要求和基本程序。
2. 会计人员应如何做到遵纪守法、按章办事？
3. 当代大学生应该如何树立责任担当意识，勇担新时代使命？

任务一 成本核算的基本原则与要求

一、成本核算的基本原则

成本核算需要根据企业的经营性质、组织特点和管理要求，及时、准确地提供相关信息，以满足成本分析、决策和考核的需要，在企业管理中发挥其应有的作用。因此，为保证成本信息的质量，在成本核算时，必须遵循以下原则。

（一）合法性原则

合法性原则是指计入成本的费用必须是合法、合规的，不合乎法律规定的费用不能计入成本。如构成固定资产、无形资产、递延资产的资本性支出，对外购入股票、债券等有价证券的投资性支出，还有被没收的财物和各项罚金、罚款支出等均不得计入成本开支。

（二）相关性原则

相关性原则包括成本信息的有用性和及时性，即成本核算不仅能为管理当局进行科学成本管理、预测和决策提供有用的信息，还能及时收集和反馈信息，以便企业能够对市场供需情况和产品生产经营做出快速反应。

（三）可靠性原则

可靠性原则包括数据的真实性和不同会计人员对数据结果的可验证性。为了保证成本核算信息的正确可靠，企业所提供的成本信息必须与真实发生的经济事项相一致，不能对数据造假，也不能人为提高或降低成本。

（四）重要性原则

重要性原则是指在进行成本核算时，对成本有重大影响的项目应作为重点，采用比较复杂、详细的方法进行分配和计算，力求精确；而对于那些不太重要的项目，可以进行合并计算和分配，从简处理。这样，既能减轻成本计算的工作量，也能提高成本核算的效率。

（五）一致性原则

一致性原则是指成本核算采用的方法，前后各期必须一致，前后连贯，互相可比，以使各期的成本资料有统一的口径。产品成本计算方法一经确定，没有特殊情况，一般不得随意变更。若确需变更的，需在财务报告中加以说明，并对原成本核算数据进行必要的调整。

（六）权责发生制原则

权责发生制原则是指应由本期负担的费用，无论是否已经支付，都要计入本期成本；不应由本期负担的费用，虽然在本期支付，也不应计入本期成本。在进行成本核算时，对于已经发生的支出，应按其受益期分摊，不能全部列入本期；对于虽未发生但应由本期负担的支出，应先预提计入本期的金额，待实际发生时，就不再列入本期。

（七）分期核算原则

分期核算原则要求企业的成本核算，必须与会计分期的月度、季度和年度相一致，以便各项成本工作的开展和损益的计算。但需要注意的是，成本的核算分期与产成品成本的计算期不一定一致。因为产成品的成本计算与生产类型有关，可以是定期的，也可以是不定期的，而成本费用的归集和分配，无论生产特点如何，都必须按月进行。

（八）实际成本计价原则

实际成本计价原则是指生产所耗用的原材料、燃料、动力要按实际耗用数量计算，虽然原材料、燃料、动力账户归集的成本可按计划成本、定额成本或标准成本计算，但需要加、减成本差异，将计划成本、定额成本或标准成本调整为实际成本，以减少成本计算的随意性。当物价变动较大时，应对资产账面价值及损益进行适当调整，以确切地衡量资产的现值，正确反映企业当期的盈利水平。

课堂讨论 2-1

随着信息化、数字化和智能化技术的快速发展，数字化转型成为企业提高核心竞争力的重要途径。未来的制造业靠成本取胜，大数据成为生产资料，是必不可少的生产要素，云计算也变为生产力，所以未来的成本核算变得至关重要，也对会计人员提出了新的要求。

试讨论：数字化转型企业的成本核算原则有哪些新要求？

参考答案

二、成本核算的要求

微课堂

成本核算的要求

成本核算提供的各种成本信息，对加强成本控制、成本分析和改善企业的生产经营管理发挥着重要的作用。所以，企业在进行成本核算时不仅要做到“算管结合，算为管用”，更需要遵守以下具体要求。

（一）严格遵守会计准则规定的财产计价和价值结转方法

企业进行成本核算，对于各种财产物资的计价和价值结转，应该严格遵守《企业会计准则》等有关的规定。例如，原材料的日常核算可以按实际成本或计划成本计价。按实际成本计算耗用原材料可以采用个别计价法、先进先出法、一次加权平均法或移动加权平均法等方法，方法不同，算出的金额也就有所不同。原材料按计划成本进行核算时，可采用个别差异率、分类差异率、综合差异率、上月实际差异率等计算成本差异，并在期末将计划成本调整为实际成本。以上方法一经确定，应保持相对稳定，不得随意变更，若确需变更，需要在信息披露时做出相关说明。

（二）正确划分各种费用界限

1. 正确划分费用支出计入产品成本和不计入产品成本的界限

企业应分清费用支出计入产品成本和不计入产品成本的界限。对于购建固定资产、取得无形资产等资本性支出，不应列入产品成本，而应计入资产的初始价值中。用于产品生产和销售、生产经营活动的组织与管理、筹集生产经营资金的各种费用等收益性支出，则应计入各产品的成本或期间费用中。对于与生产经营活动无关的费用支出，如固定资产的盘亏和报废损失，自然灾害造成的损失，因各种原因支付的罚款、罚金，被没收财产损失，各种捐赠及赞助支出等，应计入营业外支出，而不能计入企业成本。总之，无论多计还是少计成本费用，都会影响企业真实的利润，不利于企业进行科学的经营管理。

2. 正确划分生产费用和期间费用的界限

企业日常生产经营中所发生的各项耗费，其用途和计入损益的时间有所不同。用于产品生产的各项费用，如生产中领用消耗的原材料、生产工人的薪酬和间接发生的生产费用等形成产品成本，并随着产品的销售转化为销售成本计入当期或下期损益。而本期发生的销售费用、管理费用和财务费用则作为期间费用直接计入当期损益。因此，企业只有正确划分产品生产费用和各项期间费用的界限，才能准确计算各期的损益。

3. 正确划分不同会计期间的界限

根据企业会计准则的要求，成本核算是建立在权责发生制的基础之上的，凡应由本期负担的成本费用，不论是否在本期支付，都应全部计入本期产品成本和费用；不应由本期负担的成本费用，即使在本期支付，也不能计入本期产品成本和费用。正确划分各期的费用界限，是保证成本核算正确的重要环节。所以，本期发生的成本费用须在本期入账，任何企业不得提前或延后确认。

4. 正确划分不同产品成本的界限

为了正确计算各种产品的成本，对于经营多种产品的企业，需要将本期负担的生产费用，在各种产品之间进行正确分配。凡是某种产品单独发生的费用，应直接计入该种产品的成本；对于不能直接计入各种产品成本的费用，应采用合理的分配标准，在有关产品之间进行科学分配。防止企业为了达到操纵利润的不法目的而人为调节成本费用。

5. 正确划分完工产品与在产品的界限

除了以上各项界限的划分，如果企业期末存在未完工的产品，还需要采用适当的方法将全部的生产费用在完工产品与在产品之间进行分配，分别计算出完工产品成本和在产品成本。为了进行准确分配，使各期的成本指标具有可比性，在产品的成本计算方法一经确定，一般不应经常改变。

（三）做好成本核算的各项基础工作

做好成本核算的各项基础工作非常重要，是有效成本管理的前提和保证，同时，需要会计部门和采购、生产、仓储等部门的密切配合。成本核算的基础工作具体表现在以下几个方面。

1. 做好定额管理工作

为了加强生产成本管理，企业必须建立和健全定额管理制度，如制定材料消耗定额、工时消耗定额。定额管理制度不仅可以控制资源的消耗，还可以作为分配实际费用的标准。所以，定额的制定必须科学、合理且具有可行性。同时，企业需要在保持定额相对稳定的基础上，根据企业技术的进步和生产经营条件的变化，及时对定额管理制度进行补充和修订。

2. 如实填写原始记录

原始记录是反映实际经营活动的最初记载，是各种管理活动的基础性信息来源，是进行成本核算、编制成本计划和成本分析的重要依据。在生产过程中，企业需要如实填写与收料和领料，考勤和工时记录，设备运转和维修情况，半成品、在产品和产成品的转移与入库等相关的原始单据。

3. 建立健全财产物资相关制度

企业应建立健全财产物资的计量、收发、领退和盘点制度，在发生以上经营活动时，完善相关的审批手续，做好记录和监督工作，防止任意领发和浪费企业资源。同时，企业需要定期和不定期对财产物资进行盘点和清查。只有如此，才能有利于企业财产物资的安全完整，保证账实相符，准确核算产品成本。

4. 做好内部结算价格管理

为了明确企业各部门的经济责任，分析和考核成本计划的完成情况，企业需要对原材料、在产品和半成品的内部转移，各部门之间相互提供的运输、修理、供水、供电等制定内部结算价格。内部结算价格一般由企业统一制定，由各部门、车间严格执行，同一年度内保持相对稳定，一般不变动，确需变动的，企业也应及时予以修订。

（四）选择适当的成本计算方法

企业在进行成本核算时，应根据产品生产特点和管理要求，选择适当的成本计算方法，以保证成本计算的准确性和成本信息的有用性。在同一个企业里，可以采用一种成本计算方法，也可以将多种方法结合使用，方法一经选定，一般不应经常变动。同时，企业可以根据实际情况，进行作业成本信息、质量成本信息和环境成本信息等专项成本信息管理，为企业管理和决策提供依据。

任务二 成本核算的基本程序

成本核算的基本程序是指对企业生产经营过程中发生的各项费用，按照成本核算的要求和费用的分类，逐步进行归集和分配，最终计算出完工产品成本和在产品成本的基本过程。工业企业成本核算的基本程序如图 2-1 所示。

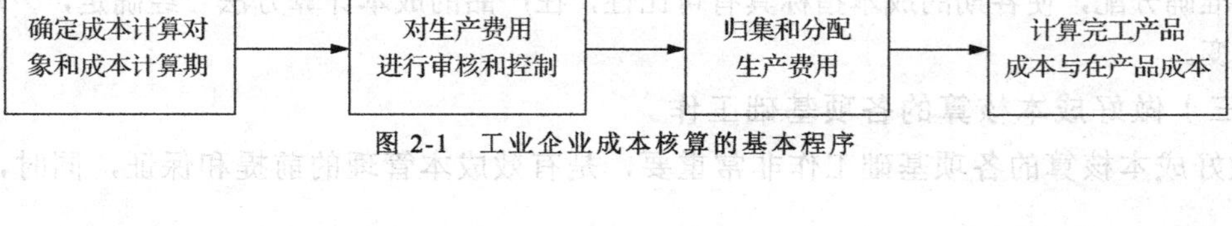

图 2-1 工业企业成本核算的基本程序

一、确定成本计算对象和成本计算期

成本计算对象是生产费用归集和分配的具体对象，是生产费用的承担者。确定成本计算对象是计算产品成本的前提。企业的生产类型和管理水平不同，其成本计算对象也不一样。对工业企业而言，产品成本的计算对象包括产品品种、产品步骤和产品批次等。企业应选择恰当的成本计算对象，开设核算账簿，设置直接材料、直接人工、制造费用等成本项目，并选择合适的成本计算期。

成本计算期，是指每间隔多长时间计算一次成本。一般来说，成本计算期与产品的生产周期一致，但也必须考虑企业生产的特点和分期考核的要求。在后面章节中，将具体介绍此问题。

课堂讨论 2-2

建筑施工企业在成本核算时，主要以工程项目为目标，有的工程项目相对独立，有的几个工程项目联合施工。

试讨论：建筑施工企业确定成本计算对象的原则和方法有哪些？

参考答案

二、对生产费用进行审核和控制

对生产费用进行审核和控制，主要是确定各项费用是否应该开支，允许开支的费用是否应该计入产品成本。企业应对不符合规定的费用进行制止和控制；而对符合规定的开支也需要确定哪些计入生产成本，哪些计入期间费用。

三、归集和分配生产费用

企业应将本期发生的应计入产品成本的各项生产费用，按经济用途在各种产品之间进行归集和分配，按成本项目直接或间接计入产品成本。对于直接发生的生产费用，直接计入该产品的成本中；不能直接计入产品成本的其他费用，一般先在“制造费用”中归集，然后按照恰当的方法分配计入各受益产品。

四、计算完工产品成本与在产品成本

对于月末既有完工产品又有在产品的情况，应将月初的在产品生产费用与本月生产费用之和在完工产品与月末在产品之间进行分配，计算出该种产品的完工产品总成本、单位成本和月末在产品成本。

一般而言，制造企业成本核算的程序基本相同，其具体核算程序如图 2-2 所示。

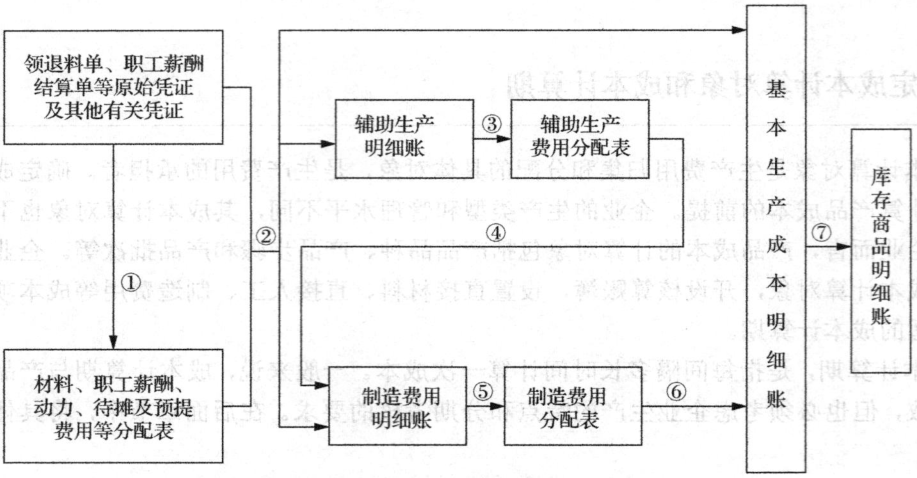

图 2-2　制造企业成本核算的一般程序

说明：①根据领退料单、职工薪酬结算单等原始凭证及其他有关凭证编制材料、职工薪酬、动力、待摊及预提费用等分配表；②根据原始凭证和有关费用分配表登记有关明细账；③编制辅助生产费用分配表；④根据辅助生产费用分配表登记有关明细账；⑤编制制造费用分配表；⑥根据制造费用分配表登记有关明细账；⑦将完工产品成本转入库存商品明细账。

任务三　成本核算的主要账户设置和账务处理程序

一、成本核算的主要账户设置

为了进行各项生产成本的核算，工业企业一般设置“生产成本”账户，并按产品品种等成本计算对象设置“基本生产成本”和“辅助生产成本”二级明细账户。若辅助生产费用发生较多，也可将“基本生产成本”和“辅助生产成本”作为总账账户。本书按分设后的两个账户进行阐述。

（一）基本生产成本

基本生产成本账户主要是为了归集基本生产（即为完成主要生产目的而进行的产品生产）所发生的各种生产费用和计算产品成本而设置的。该账户借方登记企业进行基本生产而发生的各种费用，发生的直接材料、直接人工等费用直接计入该账户，制造费用等间接费用月末分配转入该账户；贷方登记结转的完工产品的成本；余额在借方，表示尚未完工的在产品的生产成本。

该账户应当按照基本生产车间、产品品种、批别、订单或生产步骤等成本计算对象设置明细账，即基本生产成本明细账或产品成本计算单。例如，在实行厂部和车间两级成本核算的企业，厂部可以按车间设置“基本生产成本明细账”，各基本车间可按品种设置“产品成本明细账”。基本生产成本明细账和产品成本明细账账内都按照成本项目分设专栏，用于登记各种产品的月初在产品成本、本月发生的生产费用、本月完工的产品成本和期末在产品成本，月末再将在产品成本转入下月账页。基本生产成本明细账基本格式如表 2-1、表 2-2、表 2-3、表 2-4 所示。

表 2-1　　基本生产成本明细账（1）

产品名称：×产品　　20×3 年 5 月　　单位：元

月	日	凭证号	摘要	直接材料	直接人工	制造费用	合计
5	1	略	月初在产品成本				
5	31	略	材料费用分配表				
	31	略	职工薪酬分配表				
	31	略	制造费用分配表				
	31	略	本月生产费用				
	31	略	生产费用合计				
	31	略	结转完工产品成本				
	31	略	月末在产品成本				

以上明细账是对本月生产费用根据材料费用分配表、职工薪酬分配表及制造费用分配表等有关凭证分行登记的。若没有按凭证分行登记，基本生产成本明细账的格式可以按表 2-2 简化设置。

表 2-2　　基本生产成本明细账（2）

产品名称：×产品　　20×3 年 5 月　　单位：元

月	日	摘要	直接材料	直接人工	制造费用	合计
5	1	月初在产品成本				
5	31	本月生产费用				
	31	生产费用合计				
	31	本月完工产品成本				
	31	月末在产品成本				

如果某产品月初和月末均无在产品或企业不需要计算月初和月末在产品成本，基本生产成本明细账的格式如表 2-3 所示。

表 2-3　　基本生产成本明细账（3）

产品名称：×产品　　20×3 年 5 月　　单位：元

月	日	摘要	直接材料	直接人工	制造费用	合计
5	31	本月生产费用				
	31	本月完工产品成本				
	31	完工产品单位成本				

为了考核和分析产品的计划成本或定额成本的执行情况，企业需要将二者与成本差异登记在基本生产成本明细账中。因此，基本生产成本明细账可以按成本项目分设专行进行登记，其格式如表 2-4 所示。

表 2-4　　基本生产成本明细账（4）

产品名称：×产品　　20×3 年 5 月　　单位：元

成本项目	月初在产品成本	本月生产费用	生产费用合计				月末在产品成本
			总成本	单位成本	计划（定额）成本	成本差异	
直接材料							
直接人工							
制造费用							

为了更清晰地反映完工产品总成本及单位成本、在产品成本的计算过程，企业也可以设置产品成本计算单，其格式如表2-5所示。

表2-5　　产品成本计算单

车间：第×车间　　20×3年5月

产品名称：×产品　　完工产品数量：×件　　单位：元

摘要	直接材料	直接人工	制造费用	合计
月初在产品成本				
本月生产费用				
生产费用合计				
完工产品数量				
在产品的约当产量				
约当产量合计				
分配率（单位成本）				
本月完工产品成本				
月末在产品成本				

如果企业生产的产品品种较多，为了按照成本项目或者既按车间又按成本项目汇总反映全部产品总成本，还可以设置基本生产成本二级账，其基本格式如表2-6所示。

表2-6　　基本生产成本二级账

车间名称：第×车间　　20×3年5月　　单位：元

月	日	摘要	直接材料	直接人工	制造费用	合计
5	1	月初在产品成本				
5	31	本月生产费用				
	31	生产费用合计				
	31	本月完工产品成本				
	31	月末在产品成本				

（二）辅助生产成本

辅助生产成本账户用以核算辅助生产车间为基本生产车间和其他部门提供产品或劳务发生的各项费用。该账户借方登记为进行辅助生产而发生的各种费用，如辅助生产车间发生的直接材料、直接人工等直接费用；贷方登记完工入库的产品成本或分配转出的劳务费用；该账户一般无余额，如果有，余额一定在借方，表示辅助生产在产品的成本，即辅助生产在产品占用的资金费用。

该账户应按辅助生产车间和产品品种或劳务设置明细账，账中按辅助生产的成本项目或费用项目分设专栏或专行进行明细登记。辅助生产成本明细账基本格式如表2-7及表2-8所示。

表2-7　　辅助生产成本明细账（1）

车间名称：×车间　　20×3年5月　　单位：元

月	日	凭证号	摘要	原材料	职工薪酬	制造费用	合计
5	31	略	材料费用分配表				
	31	略	职工薪酬分配表				
	31	略	制造费用分配表				
	31	略	本月合计				
	31	略	本月分配转出				

表 2-8　　　　辅助生产成本明细账（2）

车间名称：×车间　　　　20×3 年 5 月　　　　单位：元

月	日	凭证号	摘要	材料费	燃料及动力	职工薪酬	折旧费	办公费	修理费	运输费	其他费用	合计
5	31	略	分配材料费									
	31	略	分配燃料及动力									
	31	略	分配职工薪酬									
	31	略	计提折旧费									
	31	略	分配办公费									
	31	略	分配修理费									
	31	略	分配运输费									
	31	略	分配其他费用									
	31	略	本月合计									
	31	略	本月分配转出									

期末，企业应当对共同负担的辅助生产费用按照一定的方法或标准分配给对应的受益对象。直接分配法下的辅助生产费用分配表如表 2-9 所示。

表 2-9　　　　辅助生产费用分配表（直接分配法）

20×3 年 5 月

项目			××车间	××车间	合计
待分配费用/元					
辅助生产以外的供应数量					
费用分配率					
基本生产车间	甲产品	耗用数量			
		分配金额/元			
	乙产品	耗用数量			
		分配金额/元			
辅助生产车间	一般消耗	耗用数量			
		分配金额/元			
行政管理部门		耗用数量			
		分配金额/元			
合计					

（三）制造费用

制造费用账户用以核算企业为生产产品和提供劳务而发生的机物料的消耗、职工薪酬、折旧费、水电费、办公费、修理费、劳保费等间接费用。该账户的借方登记实际发生的各项间接费用，即制造费用的增加数；贷方登记分配转出的制造费用，即制造费用的减少数；除季节性生产企业外，该账户月末一般无余额。

该账户应按不同的生产车间、部门设置明细账，账内按费用项目设立专栏进行明细登记。制造费用明细账基本格式如表 2-10 所示。

表 2-10　　　　　　　　　　　　　　制造费用明细账

车间名称：××基本车间　　　　　　　20×3 年 5 月　　　　　　　　　　单位：元

月	日	凭证号	摘要	材料费	职工薪酬	折旧费	水电费	办公费	修理费	劳保费	其他费用	辅助生产成本	合计
5	31	略	分配材料费										
	31	略	分配职工薪酬										
	31	略	计提折旧费										
	31	略	分配水电费										
	31	略	分配办公费										
	31	略	分配修理费										
	31	略	分配劳保费										
	31	略	分配其他费用										
	31	略	分配辅助生产成本										
	31	略	本月合计										
	31	略	本月分配转出										

期末，企业应当对共同负担的制造费用按照一定的标准如机器工时或人工工时等生产工时分配计入各受益对象，制造费用分配表如表 2-11 所示。

表 2-11　　　　　　　　　　　　　　制造费用分配表

20×3 年 5 月　　　　　　　　　　金额单位：元

应借账户		生产工时/小时	分配率	分配额
基本生产成本	甲产品			
	乙产品			
合计				

（四）长期待摊费用

长期待摊费用账户用于核算企业已经支出，但摊销期限在 1 年以上（不含 1 年）的各项费用，包括固定资产修理支出、租入固定资产的改良支出以及摊销期限在 1 年以上的其他待摊费用。该账户的借方登记实际支付的各项长期待摊费用；贷方登记分期摊销的长期待摊费用；该账户的余额在借方，表示企业各项长期待摊费用尚未摊销的摊余价值。

该账户应按费用的种类设置明细账，进行明细核算，并在会计报表附注中按照费用项目披露其摊余价值、摊销期限、摊销方式等。

（五）其他账户

为了归集和结转销售费用、管理费用和财务费用，企业应当设置"销售费用""管理费用""财务费用"账户。企业如果单独核算废品损失和停工损失，还应增设"废品损失"和"停工损失"总账账户，本部分内容将在项目五进行详细阐述。

二、成本核算的账务处理程序

产品成本核算的账务处理程序，是整个产品成本形成的会计核算步骤，即从费用的发生、归集到分配至产品成本和期间费用等。结合前面所讲述的成本核算的一般程序和成本核算的主要账户，成本核算账务处理的基本程序可以用图 2-3 进行概括。

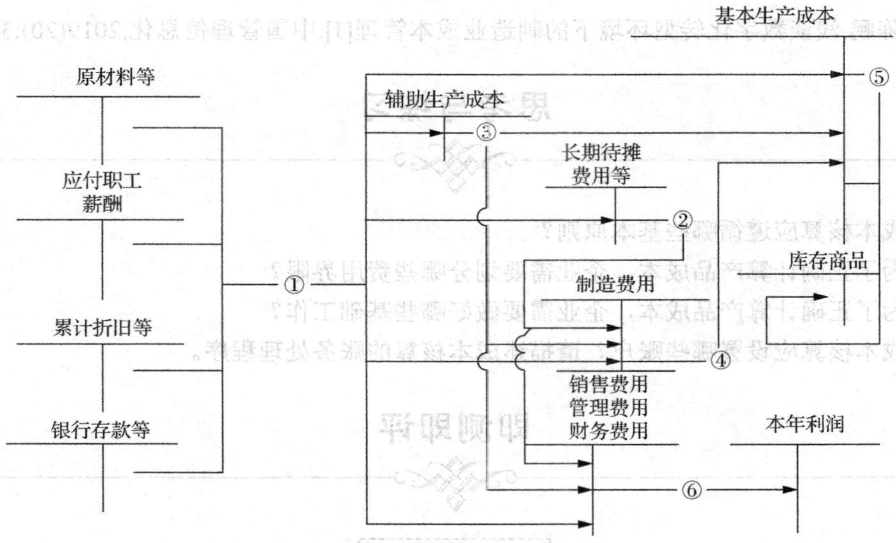

图 2-3　成本核算账务处理的基本程序

说明：①各项要素费用的分配；②长期待摊费用的分配；③辅助生产成本的分配；④制造费用的分配；⑤结转完工产品成本；⑥结转各项期间费用。

课堂讨论 2-3

不同行业成本核算的账务处理程序有什么不同？请以 2～3 个行业为例进行分组讨论。

参考答案

项目小结

通过本项目的学习，我们知道为保证成本信息的质量，在进行成本核算时，企业必须遵循合法性、相关性、可靠性、重要性、一致性、权责发生制、分期核算、实际成本计价等八大原则。进行成本核算时企业不仅要做到“算管结合，算为管用”，更需要遵守会计准则规定的财产计价和价值结转方法，正确划分各种费用界限，做好成本核算的各项基础工作，选择适当的成本计算方法等要求。同时，成本核算要按照确定成本计算对象和成本计算期，对生产费用进行审核和控制，归集和分配生产费用，计算完工产品成本与在产品成本等基本程序执行。最后，为便于核算产品成本，企业还需要设置基本生产成本、辅助生产成本、制造费用等相关账户，并遵守相应的账务处理程序。

拓展阅读

[1] 陈英蓉.成本会计电算化核算基本原则和要求探讨[J].中国乡镇企业会计,2023(01):177-179.
[2] 宋晓敏.国有企业成本核算的原则与优化[J].大众投资指南,2022(19):167-169.
[3] 庞彦沛.数字化转型环境下的制造业成本管理探讨[J].全国流通经济,2021(09):53-55.

[4] 陈鹏.浅谈数字化转型环境下的制造业成本管理[J].中国管理信息化,2019(20):36-37.

思考与练习

1．成本核算应遵循哪些基本原则？
2．为了正确计算产品成本，企业需要划分哪些费用界限？
3．为了正确计算产品成本，企业需要做好哪些基础工作？
4．成本核算应设置哪些账户？请描述成本核算的账务处理程序。

即测即评

项目三 生产要素费用的归集与分配

学习目标

知识目标

1. 掌握要素费用的构成；
2. 熟悉要素费用分配的步骤；
3. 掌握材料费用的分配方法与账务处理；
4. 掌握职工薪酬的分配方法与账务处理；
5. 了解其他要素费用的分配方法。

能力目标

1. 培养学生具备根据企业实际情况进行要素费用归集与分配的应用技能；
2. 培养学生具备对要素费用进行会计信息反映的能力。

价值目标

1. 引导学生树立可持续发展观和大局意识；
2. 引导学生弘扬大国工匠精神，成为具有责任感、奉献精神和创新意识的优秀人才。

思维导图

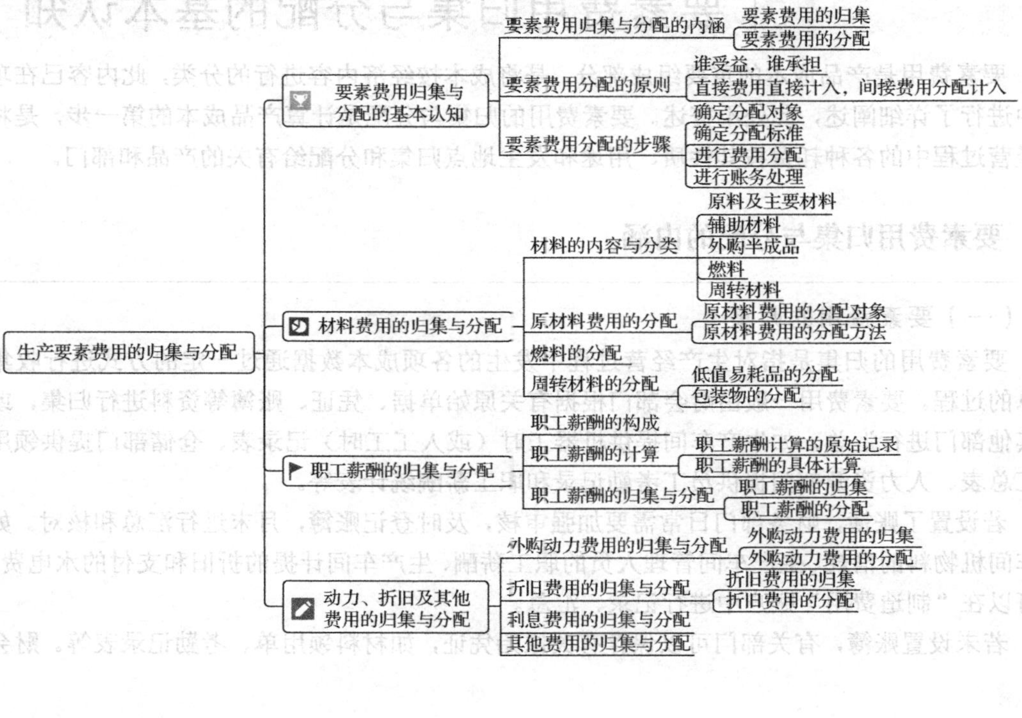

项目导入

追求卓越，弘扬大国工匠精神

在现代经济发展中，生产要素费用的归集与分配是一个至关重要的环节，在这个过程中，还会有一种特殊的精神力量融入其中，那就是大国工匠精神。大国工匠精神不仅仅是一种技术能力，更是一种追求卓越、注重品质和创新的态度。

在生产要素费用的归集过程中，大国工匠精神体现为在物资采购、设备选型、人员培养等方面所具备的那种严谨、细致和专业的态度。

生产要素费用的分配应公平、公正和合理。大国工匠精神在这个过程中表现为对每一个参与者的尊重和关怀。无论是劳动者还是资本家，都应该得到合理的报酬和回报。同时，大国工匠精神还要求企业在分配过程中注重激励机制的建立，以激发每一个人的创造力和积极性。

综上所述，生产要素费用的正确归集与分配是企业正常运营的基础、稳健发展的动力，对国家经济发展也具有重要意义。

请思考并回答以下问题。

1. 在工业企业中，生产要素费用分配的原则与步骤是什么？
2. 解释大国工匠精神的内涵和核心价值。
3. 阐述大国工匠精神在中国制造业中的重要地位和作用。
4. 推动大国工匠精神的弘扬需要采取哪些具体措施？

任务一 要素费用归集与分配的基本认知

要素费用是产品成本的重要组成部分，是将成本按经济内容进行的分类，此内容已在项目一中进行了详细阐述，此处不赘述。要素费用的归集与分配是计算产品成本的第一步，是将生产经营过程中的各种耗费按其性质、用途和发生地点归集和分配给有关的产品和部门。

一、要素费用归集与分配的内涵

（一）要素费用的归集

要素费用的归集是指对生产经营过程中发生的各项成本数据通过一定的方式进行收集和汇总的过程。要素费用一般由财会部门根据有关原始单据、凭证、账簿等资料进行归集，或者由其他部门进行汇总，如生产车间提供机器工时（或人工工时）记录表、仓储部门提供领用材料汇总表、人力资源部门提供员工考勤记录和职工薪酬统计表等。

若设置了账簿，财务部门日常需要加强审核，及时登记账簿，月末进行汇总和核对。如生产车间机物料的消耗、生产车间管理人员的职工薪酬、生产车间计提的折旧和支付的水电费等，都可以在“制造费用”账户中进行记录、汇总。

若未设置账簿，有关部门可以保存有关原始凭证，如材料领用单、考勤记录表等。财会部门定期（一周、十天或半个月）收集这些原始凭证并与有关部门进行核对，核对无误后进行汇总或月末一次性汇总。

（二）要素费用的分配

要素费用的分配，是将归集的间接费用分配给成本对象的过程。在分配时，需要根据项目二中提到的正确划分各种费用的五个界限科学进行。要素费用的分配只有遵循一定的原则、步骤和程序才能真实、准确地反映产品的成本。

二、要素费用分配的原则

（一）谁受益，谁承担

要素费用的分配，需要遵循“谁受益，谁承担”的原则。发生的相同费用，受益的部门不同，记入的账户也不尽相同。如不同部门领用的材料、不同部门的人工成本等都需要记入不同的账户中。

课堂讨论 3-1

某企业的管理部门、销售部门、基本车间分别领用的直接材料，基本车间领用的间接材料，辅助生产车间领用的材料等，都应记入什么账户？

参考答案

（二）直接费用直接计入，间接费用分配计入

若能够根据原始凭证直接认定是某种产品消耗的直接费用，则应直接计入该种产品的成本；凡是几种产品共同耗用的或无法确定为哪种产品消耗的间接费用，则应采用适当的方法，在有关产品之间进行分配，计入各种产品的成本。

三、要素费用分配的步骤

要素费用的分配需要遵循一定的步骤和选择恰当的标准，这对成本计算的准确性是至关重要的。要素费用分配一般遵循以下四个步骤。

（一）确定分配对象

分配对象是要素费用承担的客体。分配对象和企业组织结构的设置、生产产品的种类和提供的劳务有关。工业企业的要素分配对象一般包括生产车间、销售部门、管理部门和各种产品。例如，甲、乙产品共同领用了一批原材料，则甲、乙产品就是原材料费用的分配对象。

（二）确定分配标准

费用分配所依据的标准需要容易获取并和费用密切相关，使费用分配计算简便又合理。工业企业中常见的分配标准有以下三类。

1. 成果类

成果类分配标准一般有产品的重量、体积、产量、产值等。

2. 消耗类

消耗类分配标准一般有生产工时、机器工时、生产工资、原材料消耗量或原材料费用等。

3. 定额类

定额类分配标准一般有定额耗用量、定额费用等。

以各要素费用为例，其对应的分配标准和资料来源如表 3-1 所示。

表 3-1 要素费用的分配标准和资料来源

要素费用	分配标准	资料来源
材料费用	完工产品产量	完工产品入库单
	完工产品重量	每种产品单位重量×完工数量
	实际耗用量	每种产品的原材料消耗记录
	定额耗用量	每种产品单位消耗定量×产品产量
人工费用	实际工时	考勤记录、产量及工时记录
	定额工时	每种产品单位工时定额×产品产量
辅助生产费用	受益程度	工作仪表记录或其他原始记录
	计划成本	计划辅助生产费用÷计划提供劳务数量
制造费用	生产工时	考勤记录、产量及工时记录
	机器工时	机器工时记录
	生产工人工资	工资结算表记录
	计划分配率	年度计划制造费用额÷年度计划工时

（三）进行费用分配

根据适当的分配标准，首先计算出费用分配率，然后根据各受益对象的耗费标准，计算出应负担的费用。计算公式如下。

$$费用分配率=\frac{待分配费用总额}{分配标准总额}$$

$$某受益对象应分配的费用=该受益对象的分配标准额\times费用分配率$$

以上是概括性公式，各具体要素费用的分配将在后文详细说明。

（四）进行账务处理

首先，根据费用的原始凭证，编制费用分配表并编制记账凭证；其次，根据原始凭证或记账凭证登记相应的明细账；最后，登记有关成本费用的总账。

任务二 材料费用的归集与分配

一、材料的内容与分类

材料是产品的重要组成部分，是企业生产加工的劳动对象。工业企业的材料，品种、规格繁多，作用也不一样。加强对材料费用的核算，对材料进行科学的分类，对降低产品成本、加速资金周转等，具有重要的现实意义。

材料一般按其在生产中的作用不同，分为原料及主要材料、辅助材料、外购半成品、燃料、周转材料等。无论是外购还是自制的材料，都应根据审核后的领退料凭证，按照材料的具体用途进行分配和归集。

（一）原料及主要材料

原料及主要材料是指直接用于产品生产、构成产品实体的原材料，如纺织生产用的棉纱、机械制造用的钢材、玻璃器皿制造用的玻璃等。

（二）辅助材料

辅助材料是指有助于产品形成但不构成产品实体，或者在生产过程中被劳动工具所消耗的各种材料，如家具制造用的油漆、服装制作用的染料、发动机制造用的润滑剂等。

（三）外购半成品

外购半成品是指企业从外部购入的，需要进一步加工和装配的零部件，有时也可以直接将其并入企业的原材料进行核算，如飞机制造用的发动机、汽车制造厂外购的轮胎等。

（四）燃料

燃料是指企业为进行日常生产经营活动而耗用的各种从企业外部购入的固体、液体和气体燃料。

（五）周转材料

周转材料是指可以多次使用，逐渐转移价值，并保持原形态，但不确认为固定资产的材料，通常包括低值易耗品和包装物。低值易耗品一般指器具、工具、用具等。包装物是指随产品销售、出租、出借的包装容器，如桶、瓶、箱、罐、袋等。

为了便于成本核算，企业通常设置“原材料”“燃料”“周转材料”等账户。其中“原材料”账户，通常核算原料及主要材料、辅助材料、外购半成品等的增减及结存情况。而“周转材料”账户通常会设置“包装物”与“低值易耗品”两个账户。

各种材料的收入与计价、领用与控制、发出与计价等，已在《会计学原理》和《中级财务会计》等书中进行详细介绍，本书不再展开，以下主要讲述材料费用的分配。

二、原材料费用的分配

（一）原材料费用的分配对象

原材料费用的分配对象应根据企业的生产特点和管理要求来确定，并按产品的主次做不同处理。对于主要产品，一般以产品的种类或批次单独作为分配对象，计算出其实际单位成本和总成本；对于次要产品或零部件，可以将其合并为一个分配对象，先计算它们的总成本，然后按一定方法进行分配，计算出每种产品或每个批次产品的单位成本。

具体来讲，企业应根据领料时原始凭证中注明的部门和用途确定不同的分配对象。直接用于产品生产，构成产品实体的原材料和主要材料，其费用直接记入某种产品的成本明细账的“直接材料”成本项目。用于辅助产品生产领用的辅助材料，通常无法分清受益产品，应归集在“辅助生产成本”中，然后按一定的标准进行分配。各生产车间为组织、管理生产领用的材料，记入“制造费用”账户；专设销售机构领用的材料，计入“销售费用”账户；行政管理部门领用的材料，计入“管理费用”账户。

微课堂

原材料费用的分配

（二）原材料费用的分配方法

对于间接费用，可以采用适当的分配方法，如产品重量分配法、定额耗用量比例分配法、定额费用比例分配法进行分配。

1. 产品重量分配法

当耗用的材料多少与产品的物理性质，如重量、体积、面积、产量等密切相关时，材料费用按材料物理性质的相关比例分配。计算公式如下。

$$材料费用分配率=\frac{材料实际总耗用量\times材料单价}{各种产品实际重量之和}$$

某产品应分配的材料费用=该种产品的实际重量×材料费用分配率

【例 3-1】某企业 20×3 年 6 月生产甲、乙两种产品，甲、乙产品单件重量分别为 2 000 千克和 3 000 千克，共同耗用 A 材料 98 000 元，其中甲产品产量 20 件，乙产品产量 10 件，根据重量比例分配两种产品应负担的材料费用。

甲产品总重量=2 000×20=40 000（千克）

乙产品总重量=3 000×10=30 000（千克）

$$分配率=\frac{98\ 000}{40\ 000+30\ 000}=1.4$$

甲产品应分配的材料费用=40 000×1.4=56 000（元）

乙产品应分配的材料费用=30 000×1.4=42 000（元）

2. 定额耗用量比例分配法

原材料定额耗用量是一定数量的产品按单位产品消耗定额计算确定的原材料理论消耗数量。定额耗用量比例分配法是指以受益产品的原材料定额耗用量为标准分配原材料费用，一般适用于原材料消耗比较单一、单位产品消耗定额比较准确的情况。

计算程序及公式如下所示。

（1）计算各种产品原材料定额耗用量。

某产品原材料定额耗用量=该产品实际产量×单位产品原材料消耗定额

（2）计算原材料耗用量分配率。

$$原材料耗用量分配率=\frac{原材料实际总耗用量}{各种产品材料定额耗用量之和}$$

（3）计算各产品应分配的原材料实际耗用量。

某产品应分配的原材料实际耗用量=原材料耗用量分配率×该产品原材料定额耗用量

（4）计算各产品应分配的原材料实际费用。

某产品应分配的原材料实际费用=该产品应分配的原材料实际耗用量×材料单价

【例 3-2】某企业生产甲、乙两种产品，某月共同耗用 A 主要材料 8 000 千克，A 材料每千克 10 元，共计 80 000 元。甲产品实际产量为 200 件，单件产品材料消耗定额为 20 千克；乙产品实际产量为 100 件，单件产品材料消耗定额为 10 千克。该企业采用定额耗用量比例分配法进行原材料费用的分配。

（1）甲产品 A 材料定额耗用量=200 × 20=4 000（千克）

乙产品 A 材料定额耗用量=100 × 10=1 000（千克）

$$（2）A材料耗用量分配率=\frac{8\ 000}{4\ 000+1\ 000}=1.6$$

（3）甲产品应分配 A 材料数量=4 000×1.6=6 400（千克）

乙产品应分配 A 材料数量=1 000×1.6=1 600（千克）

（4）甲产品应分配 A 材料费用=6 400×10=64 000（元）

乙产品应分配 A 材料费用=1 600×10=16 000（元）

通过以上方法，可以计算出每种产品耗用材料的实际数量，考核材料消耗定额的执行情况，有利于加强实物管理，但计算的工作量较大。为了简化材料费用的分配工作，在企业不需要考核实际耗用量的情况下，可以按原材料定额耗用量比例直接分配原材料费用的方法。计算公式如下。

受益产品定额耗用量=受益产品产量×单位产品消耗定额

$$原材料费用分配率=\frac{被分配的原材料费用}{各受益产品定额耗用量之和}$$

某产品应负担的原材料费用=该产品定额耗用量×原材料费用分配率

以【例 3-2】为例，计算过程如下。

甲产品 A 材料定额耗用量=200×20=4 000（千克）

乙产品 A 材料定额耗用量=100×10=1 000（千克）

$$原材料费用分配率=\frac{80\ 000}{4\ 000+1\ 000}=16$$

甲产品应分配 A 材料费用=4 000×16=64 000（元）

乙产品应分配 A 材料费用=1 000×16=16 000（元）

后面这一方法，计算简单，但不能提供实际耗用量资料，不利于加强实物管理。

3. 定额费用比例分配法

当几种产品共同耗用几种材料时，就不宜按品种确定原材料消耗定量，但有合理的材料费用消耗定额时，为了简化核算，也可以采用按原材料定额费用比例分配原材料费用。

计算程序及公式如下。

（1）计算各种产品原材料定额费用。

单位产品原材料定额费用=原材料单价×单位产品原材料定额耗用量

某产品原材料定额费用=该产品产量×单位产品原材料定额费用

（2）计算单位原材料定额费用应分配的原材料实际费用（即原材料费用分配率）。

$$原材料费用分配率=\frac{各种产品原材料实际费用总额}{各种产品原材料定额费用之和}$$

（3）计算各产品应分配的原材料实际费用

某产品应分配的原材料实际费用=原材料费用分配率×该产品各材料定额费用之和

【例 3-3】某企业 20×3 年 5 月生产甲、乙两种产品，共同领用 A、B 两种主要材料，共计 22 512 元。本月投产甲产品 100 件，乙产品 80 件。甲产品材料消耗定额：A 材料 5 千克，B 材料 6 千克。乙产品材料消耗定额：A 材料 8 千克，B 材料 4 千克。A 材料计划单价 10 元，B 材料计划单价 8 元。该企业采用定额费用比例分配法进行原材料费用的分配。

（1）甲产品：A 材料定额费用=100×5×10=5 000（元）

B 材料定额费用=100×6×8=4 800（元）

甲产品材料定额费用合计 9 800 元

乙产品：A 材料定额费用=80×8×10=6 400（元）

B 材料定额费用=80×4×8=2 560（元）

乙产品材料定额费用合计 8 960 元

（2）材料费用分配率=22 512 ÷（9 800+8 960）=1.2

（3）甲产品应分配材料费用=9 800×1.2=11 760（元）

乙产品应分配材料费用=8 960×1.2=10 752（元）

原材料费用的分配是通过编制原材料费用分配表进行的，原材料费用分配表按车间、部门和原材料的类别，根据归类后的领退料凭证和其他有关资料编制。以【例 3-3】为例，原材料费用分配表如表 3-2 所示。

表 3-2　原材料费用分配表

20×3 年 5 月　　单位：元

应借账户		直接计入	分配计入			合计
			分配标准	分配率	金额	实际成本
基本生产成本	甲产品		9 800	1.2	11 760	11 760
	乙产品		8 960		10 752	10 752
辅助生产成本	机修车间					
制造费用	基本生产车间					
合计			18 760		22 512	22 512

根据原材料费用分配表编制以下会计分录，并据以登记有关明细账和总账。

借：基本生产成本——甲产品　　11 760
　　　　　　　——乙产品　　10 752
　贷：原材料　　22 512

上述原材料费用是按实际成本进行核算分配的。若原材料费用按计划成本进行核算分配，对于计入产品成本和期间费用等的原材料费用计划成本，还应该分配材料成本差异额。

课堂讨论 3-2

原材料费用的分配方法各有特点，每个企业都应该根据实际生产活动的安排和资源消耗的方式选择适合自己并能够准确提供成本资料的方法。这正如每个人都无法复制别人的人生一样，而应该根据自身的兴趣爱好和实际情况，找到适合自己的奋斗目标和方法，并做好职业生涯规划。你的职业生涯规划是什么？请在小组内进行分享。

参考答案

三、燃料的分配

燃料的分配程序和方法与原材料的基本相同。企业对燃料是否单独进行分配与管理，取决于燃料费用额的大小和管理要求。当燃料费用在产品成本中所占比重较大，又需要对其加强分析和考核时，应增设“燃料”账户；也可以在成本项目中增设“燃料及动力”成本项目予以反映。

对于直接用于产品生产的燃料费用，在只生产一种产品或者分产品领用的情况下，应根据领退料等原始凭证，直接记入“基本生产成本”账户及其所属明细账的“燃料及动力”成本项目。直接用于辅助生产的燃料费用，应借记“辅助生产成本”账户及其所属明细账的“燃料及动力”成本项目。

如果企业未单独设置“燃料及动力”成本项目，则直接用于产品生产和辅助生产的燃料费用，应分别借记“基本生产成本”和“辅助生产成本”账户及其所属明细账的“直接材料”成本项目。

几种产品共同耗用的燃料费用，应按产品的重量、体积、定额耗用量等分配标准，在各种产品当中进行分配。车间管理消耗的、厂部用于生产经营管理的以及用于产品销售的燃料费用，应分别借记“制造费用”“管理费用”“销售费用”等账户及其所属明细账的有关费用项目，贷记“燃料”账户，不设“燃料”账户的，则应贷记“原材料”账户。

【例 3-4】 某企业 20×3 年 5 月生产的甲、乙两种产品共同消耗汽油 25 000 元，两种产品消耗的汽油定额费用为：甲产品 14 000 元，乙产品 6 000 元。由于本月临时停电，供电车间发电耗用汽油 800 元。该企业按燃料的定额费用比例分配燃料费用。（该企业未单独设置“燃料及动力”成本项目，而是将燃料费用记入“直接材料”成本项目中，并单独设置了“燃料”账户。）

$$燃料费用分配率=\frac{25\ 000}{14\ 000+6\ 000}=1.25$$

甲产品应分配的燃料费用=14 000×1.25=17 500（元）

乙产品应分配的燃料费用=6 000×1.25=7 500（元）

根据该企业本月燃料的领退料凭证和上述的计算结果，可以编制燃料费用分配表，如表 3-3 所示。

表 3-3 燃料费用分配表

20×3 年 5 月 单位：元

应借账户		成本或费用项目	直接计入	分配计入			燃料费用合计
				燃料定额费用	分配率	分配金额	
基本生产成本	甲产品	直接材料		14 000	1.25	17 500	17 500
	乙产品	直接材料		6 000		7 500	7 500
	小计			20 000		25 000	25 000
辅助生产成本	供电车间	直接材料	800				800
	合计		800			25 000	25 800

根据燃料费用分配表编制以下会计分录，并据以登记有关明细账和总账。

借：基本生产成本——甲产品 17 500

——乙产品 7 500

辅助生产成本——供电车间 800

贷：燃料——汽油 25 800

四、周转材料的分配

（一）低值易耗品的分配

低值易耗品的采购、入库的成本核算与材料的成本核算相同，但其从入库、领用到报废前都一直保持原有的实物形态。因此，其价值应采用一定的摊销方法计入产品的成本。

低值易耗品的收、发、存和摊销的核算，应设置“低值易耗品”总账账户并按其类别、品种、规格设置明细账。低值易耗品的分配也可以通过编制“低值易耗品分配表”进行。低值易耗品的摊销方法通常有三种：一次摊销法、分次摊销法和五五摊销法。

1. 一次摊销法

一次摊销法，是指在领用低值易耗品时，将其全部价值按用途一次计入当月的成本、费用中，即借记“制造费用”“管理费用”等账户，贷记“低值易耗品”账户。报废时，将报废的残料价值作为当月低值易耗品摊销额的减少冲减有关的成本、费用，借记“原材料”账户，贷记“制造费用”“管理费用”等账户。

【例 3-5】某企业 5 月第一生产车间领用钳子、锉刀等生产工具一批，其实际成本为 300 元；1 月领用的螺丝刀在本月报废并验收入库，价值 20 元。该企业领用的低值易耗品采用一次摊销法。

编制会计分录如下。

（1）领用生产工具时。

借：制造费用——第一生产车间　　300

　　贷：低值易耗品　　300

（2）报废工具入库时。

借：原材料　　20

　　贷：制造费用——第一生产车间　　20

2. 分次摊销法

分次摊销法是将低值易耗品的价值，根据其使用期限的长短，分月平均摊销的方法。在分次摊销法下，应在“低值易耗品”总账账户下分设“在库”“在用”“摊销”三个二级账户。

领用低值易耗品时，借记“低值易耗品——在用”账户，贷记“低值易耗品——在库”科目；各月摊销低值易耗品价值时，按其用途，借记“基本生产成本”“辅助生产成本”“制造费用”“管理费用”等账户，贷记“低值易耗品——摊销”账户。报废时，收回的残料价值冲减有关成本、费用，借记“原材料”账户，贷记“制造费用”“管理费用”等账户；同时注销低值易耗品累计已摊销额，借记“低值易耗品——摊销”账户，贷记“低值易耗品——在用”账户。如果低值易耗品按计划成本进行日常核算，领用时按计划成本计价，月末，应调整分配所领用低值易耗品的成本差异。

3. 五五摊销法

五五摊销法也称“五成法”，是指在领用低值易耗品时，摊销其价值的一半，报废时再摊销其价值的另一半的方法。这种方法下的低值易耗品二级账户的设置和账务处理与分次摊销法下的相同。如果低值易耗品按计划成本进行日常核算，月末也要调整分配所领用低值易耗品的计划成本，分配成本差异。

【例 3-6】某企业 5 月行政管理部门领用管理工具一批，其实际成本为 1 800 元；5 月发出的低值易耗品于本年 10 月全部报废，残料回收价值为 200 元。该企业领用的低值易耗品采用五五摊销法。

编制会计分录如下。

（1）领用管理工具时。

借：低值易耗品——在用　　1 800

　　贷：低值易耗品——在库　　1 800

摊销价值的 50%。

借：管理费用　　　　　　　　　　　　　　　　900

　　贷：低值易耗品——摊销　　　　　　　　　　　　900

（2）报废工具入库时。

借：原材料　　　　　　　　　　　　　　　　200

　　管理费用　　　　　　　　　　　　　　　700

　　贷：低值易耗品——摊销　　　　　　　　　　　　900

（3）注销该批低值易耗品。

借：低值易耗品——摊销　　　　　　　　　　1 800

　　贷：低值易耗品——在用　　　　　　　　　　　　1 800

课堂讨论 3-3

对比低值易耗品三种摊销方法的优缺点以及适用性。

参考答案

（二）包装物的分配

根据包装物领用的发生环节及价值确认方式的不同，包装物费用的分配与核算也有所不同。包装物的出借、出租和生产相关性不大，不再介绍。

（1）在生产过程中领用的包装物，作为产品成本的构成部分，直接记入“基本生产成本”账户的“直接材料”成本项目，即借记“基本生产成本”账户，贷记“包装物”账户。

（2）随同产品出售的包装物，按其是否单独计价做不同的处理。

① 对不单独计价的包装物，结转的包装物成本作为产品销售费用，记入“销售费用”账户的“包装费”费用项目。

② 对单独计价的包装物，取得的销售收入作为企业的其他业务收入，结转的包装物成本作为其他业务成本。

任务三　职工薪酬的归集与分配

一、职工薪酬的构成

职工薪酬，是指企业为获得职工提供的服务或解除劳动关系而给予的各种形式的报酬或补偿。职工薪酬包括短期薪酬、离职后福利、辞退福利和其他长期职工福利。企业提供给职工配偶、子女、受赡养人、已故员工遗属及其他受益人等的福利，也属于职工薪酬。根据《企业会计准则第 9 号——职工薪酬》的规定，短期薪酬包括以下内容：

（1）职工工资、奖金、津贴和补贴；

（2）职工福利费，货币性和非货币性的福利费都包括在内；

（3）医疗保险费、工伤保险费和生育保险费等社会保险费；

（4）住房公积金；

（5）工会经费和职工教育经费；

（6）短期带薪缺勤；

（7）短期利润分享计划；

（8）非货币性福利；

（9）其他短期薪酬。

二、职工薪酬的计算

（一）职工薪酬计算的原始记录

职工薪酬计算的原始记录一般由人事、生产等部门提供，通常包括工资卡、考勤记录和产量工时记录等。

工资卡又称职工工资目录，主要记录职工的工资级别、工资标准、工龄及享受的津贴等内容。

考勤记录是职工出勤情况的原始记录，是计算职工计时工资的基本依据，也是企业劳动管理的重要依据。考勤一般按车间、班组、科室分别进行，由考勤人员根据职工出勤、缺勤、迟到、早退等情况逐日记录。考勤记录包括考勤卡、考勤簿等。

产量工时记录是计算计件工资的主要依据，是工人或集体（如班组）在出勤时间内完成的产品数量、质量和生产产品所用工时数量的原始记录，如工作通知单、工作程序卡片、工作进程单、产量通知单、产量明细表等。

（二）职工薪酬的具体计算

企业可以根据具体情况采用不同的职工薪酬制度（工资制度），其中最基本的工资制度包括计时工资制度和计件工资制度。

1. 计时工资的计算

计时工资是根据考勤记录登记的每位员工的出勤和缺勤天数，按照规定的工资标准计算的工资，有按月计算的月薪、按日计算的日薪和按小时计算的小时工资。其中，月薪制计时工资可以按缺勤日数扣月工资和按出勤日数计算月工资两种方法计算。

2. 计件工资的计算

计件工资的计算包括个人计件工资的计算和集体计件工资的计算。

（1）个人计件工资，应根据产量记录中登记的每一工人的产品产量乘以规定的计件单价计算。

（2）集体计件工资要在集体内部各工人之间按照贡献大小进行分配，通常按每人所属级别的工资标准和工作日数（或工时数）的乘积进行分配。

课堂讨论 3-4

在企业中无论采用计时工资制度还是计件工资制度，企业对生产工人的技术要求都越来越高。特别是进入数字经济时代以来，企业对技能型人才的需求更加强烈。党的二十大报告指出，培养造就大批德才兼备的高素质人才，是国家和民族长远发展大计。

作为当代大学生，你认为应该如何提高自身的综合素质和职业素养，弘扬大国工匠精神？

参考答案

三、职工薪酬的归集与分配

（一）职工薪酬的归集

企业为了便于进行职工薪酬的归集，通常编制工资结算单和工资结算汇总表两种结算凭证。

工资结算单是工资结算的原始凭证，由车间或财会部门根据工资原始记录按月分车间、部门编制，用以反映企业与每一位职工的工资结算情况。其参考格式如表 3-4 所示。

表 3-4　　工资结算单

车间：第一基本生产车间　　20×3 年 5 月　　单位：元

工号	姓名	标准工资	奖金	工资性津贴			应扣缺勤工资				应付工资	代扣款项				实发工资
				加班津贴	交通补贴	通信补贴	事假		病假			住房公积金	社会保险费	个人所得税	小计	
							天数	金额	天数	金额						

工资结算汇总表是为了总括反映整个企业工资的结算情况，由财会部门根据工资结算单分车间、部门汇总编制的。它是企业进行工资结算的总分类核算和汇总企业工资费用的凭证，也是企业进行工资费用分配的依据。其格式如表 3-5 所示。

表 3-5　　工资结算汇总表

20×3 年 5 月　　单位：元

部门	标准工资	奖金	工资性津贴			应扣缺勤工资		应付工资	代扣款项				实发工资
			加班津贴	交通补贴	通信补贴	事假工资	病假工资		住房公积金	社会保险费	个人所得税	小计	
基本生产车间													
其中：生产工人													
管理人员													
供电车间													
供水车间													
机修车间													
管理部门													
销售部门													
合计													

（二）职工薪酬的分配

职工薪酬依据“谁受益，谁承担”的原则进行分配。对于生产车间直接从事产品生产的生产工人工资，应记入“基本生产成本”账户的“直接人工”成本项目中。这里依据计件工资和计时工资的不同而有所区别。

（1）生产工人的计件工资，属于直接计入费用，可以根据工资结算凭证直接记入某种产品成本明细账的“直接人工”成本项目。

（2）生产工人的计时工资，如果生产车间只生产一种产品，则属于直接计入费用；如果生产车间生产多种产品，则属于间接计入费用，应按照产品的实际生产工时或定额生产工时等标准进行分配。比较而言，按照各种产品的实际工时分配较为合理，因为它能够更好地体现劳动生产率对费用分配的影响。但是，若实际生产工时数据获取困难，而各种产品的工时消耗定额比较准确，也可以按产品的定额工时比例分配。工资费用分配的计算公式如下。

$$工资费用分配率=\frac{某车间生产工人计时工资总额}{该车间各种产品生产工时（实际或定额）总额}$$

某种产品应分配的工资费用=该产品的生产工时（实际或定额）×工资费用分配率

【例 3-7】 某企业基本生产车间同时生产甲、乙、丙三种产品。三种产品的生产均采用计时工资制度。三种产品 20×3 年 5 月的计时工资共计 450 000 元。甲、乙、丙产品的实际生产工时分别为 15 000 小时、9 000 小时和 6 000 小时。

要求：按实际工时比例将工资费用在三种产品之间进行分配。

$$工资费用分配率=\frac{450\ 000}{15\ 000+9\ 000+6\ 000}=15$$

甲产品分配的工资费用=15 000×15=225 000（元）

乙产品分配的工资费用=9 000×15=135 000（元）

丙产品分配的工资费用=6 000×15=90 000（元）

直接用于辅助生产的工资费用，应借记“辅助生产成本”账户及其所属明细账的“直接人工”成本项目；生产车间管理人员和技术人员的工资，应记入“制造费用”账户；行政管理人员的工资，应记入“管理费用”账户；固定资产大修理等工程人员的工资，应记入“在建工程”账户；专设销售机构人员的工资，则应记入“销售费用”账户。已分配的工资费用的总额应贷记“应付职工薪酬”账户。

工资费用分配是通过编制工资费用分配表进行的，企业应根据工资费用分配表编制会计分录，登记有关总账和明细账。

【例 3-8】 对【例 3-7】中企业 20×3 年 5 月的工资费用进行分配，具体如表 3-6 所示。

表 3-6　　工资费用分配表

20×3 年 5 月　　金额单位：元

应借账户		成本或费用项目	直接计入	分配计入			工资费用合计
				生产工时/小时	分配率	分配金额	
基本生产成本	甲产品	直接人工		15 000	15	225 000	225 000
	乙产品	直接人工		9 000		135 000	135 000
	丙产品	直接人工		6 000		90 000	90 000
	小计			30 000		450 000	450 000
辅助生产成本	供水车间	直接人工	30 000				30 000
管理费用		职工薪酬	100 000				100 000
销售费用		职工薪酬	200 000				200 000
合计			330 000			450 000	780 000

根据工资费用分配表编制以下会计分录，并据以登记有关明细账和总账。

借：基本生产成本——甲产品　　225 000

　　　　　　　　——乙产品　　135 000

　　　　　　　　——丙产品　　90 000

　　辅助生产成本——供水车间　　30 000

　　管理费用　　100 000

　　销售费用　　200 000

　贷：应付职工薪酬——工资　　780 000

任务四 动力、折旧及其他费用的归集与分配

一、外购动力费用的归集与分配

（一）外购动力费用的归集

工业企业耗用的动力通常包括水力、电力、热力、风力等。部分企业的辅助生产车间可以自行制造动力，其成本应在“辅助生产成本”账户核算，这将在项目四进行详细介绍。本任务主要介绍外购动力费用的归集与分配。

一般情况下，企业使用的外购动力都有仪器仪表计量，企业根据供应单位抄录的耗用数量和计价标准所开列的账单支付外购动力费用。外购动力费用的核算通常分为两种情况。

（1）外购动力费用大多是先用后付，即本月的费用一般在下月的某日支付，这样工业企业的核算期就会与供应单位开列账单的日期不一致。根据权责发生制原则，企业需要通过“应付账款”账户核算外购动力费用。付款时外购动力费用作为暂付款处理，记入“应付账款”账户的借方和“银行存款”账户的贷方，月末根据耗用单位抄录的本期实际耗用量，按照用途分配记入有关的成本、费用账户，贷记“应付账款”账户。

（2）当供应单位每月的抄表日基本固定，并且从抄表日到月末的耗用量相差不多时，可以不通过“应付账款”账户核算外购动力费用，而是将外购动力费用直接记入有关成本、费用账户，贷记“银行存款”账户。

（二）外购动力费用的分配

外购动力费用应由财会部门根据所支付的外购动力费用额以及各部门耗用外购动力的数量，通过编制“外购动力费用分配表”进行分配。如果各部门都有仪器仪表计量，则外购动力费用应根据仪器仪表记录的各部门耗用量进行分配。若使用动力的部门没有仪器仪表计量，则外购动力费用可按生产工时比例、机器工时比例、定额耗用量等标准进行分配。

外购动力（以电力为例）费用的分配计算方法如下。

$$电力费用分配率=\frac{实际电力费用总额}{各车间、部门动力和照明用电量之和}$$

$$某车间、部门照明用电费用=该车间、部门照明用电量\times电力费用分配率$$

$$某车间动力耗电费用=该车间动力用电量\times电力费用分配率$$

计算车间动力用电后，还要按产品的生产工时或机器工时进行分配。

$$某车间动力用电费用分配率=\frac{该车间动力用电费用}{该车间各产品生产工时（或机器工时）之和}$$

$$某产品分配动力用电费用=该车间某产品生产工时（或机器工时）\times该车间动力用电费用分配率$$

直接用于产品生产，并设有“燃料及动力”成本项目的动力费用，应单独记入“基本生产成本”总账账户和所属产品成本明细账的“燃料及动力”成本项目中。用于辅助生产车间的动力费用，记入“辅助生产成本”账户。生产车间照明等动力费用，记入“制造费用”账户。如果企业未单独设置“燃料及动力”成本项目，则按照直接用于产品生产和辅助生产的动力费用，借记“制造费用”账户及其所属明细账的有关费用项目。行政管理部门耗用的外购动力费用，

记入“管理费用”账户。销售部门耗用的外购动力费用，则记入“销售费用”账户中。

【例 3-9】某企业 20×3 年 5 月共耗用外购电力 85 000 千瓦时，共支付外购电力费用 34 000 元（不含增值税的金额）。其中基本生产车间生产甲、乙两种产品耗电 70 000 千瓦时，锅炉车间耗电 6 000 千瓦时，机修车间耗电 4 000 千瓦时，基本生产车间照明用电 3 000 千瓦时，行政管理部门耗电 2 000 千瓦时。甲、乙两种产品的生产工时分别为 6 000 工时和 4 000 工时。该企业设有“燃料和动力”成本项目，外购动力费用结算通过“应付账款”账户核算。

根据上述资料，编制外购动力费用分配表，如表 3-7 所示。

表 3-7 外购动力费用分配表

20×3 年 5 月 金额单位：元

应借账户		成本项目	耗用数量/千瓦时	电力费用分配率	分配标准（生产工时）	动力费用分配率	分配金额
基本生产车间	甲产品	燃料及动力			6 000	2.8	16 800
	乙产品	燃料及动力			4 000	2.8	11 200
	小计		70 000		10 000		28 000
辅助生产成本	锅炉车间	电费	6 000	0.4			2 400
	机修车间	电费	4 000	0.4			1 600
制造费用	基本生产车间	电费	3 000	0.4			1 200
管理费用		电费	2 000	0.4			800
合计			85 000				34 000

根据外购动力费用分配表编制以下会计分录，并据以登记有关明细账和总账。

借：基本生产成本——甲产品　　16 800
　　　　　　　　——乙产品　　11 200
　　辅助生产成本——锅炉车间　　2 400
　　　　　　　　——机修车间　　1 600
　　制造费用——基本生产车间　　1 200
　　管理费用　　800
　贷：应付账款　　34 000

课堂讨论 3-5

请分组进行讨论外购动力费用核算的特殊性有哪些。

参考答案

二、折旧费用的归集与分配

（一）折旧费用的归集

按照企业会计准则的规定，除已提足折旧仍继续使用的固定资产和单独计价作为固定资产入账的土地外，其余所有固定资产均需要计提折旧。为了简化折旧的计算工作，当月增加的固定资产当月不提折旧，从下月起计提折旧；当月减少或者停用的固定资产当月照提折旧，从下月起停止计提折旧。

折旧费的归集是通过根据月初计提折旧固定资产的有关资料和确定的折旧计算方法编制的各车间、部门“固定资产折旧计算表”进行的，固定资产折旧计算表格式如表 3-8 所示。

表 3-8 固定资产折旧计算表

20×3 年 5 月 单位：元

固定资产类别及使用部门	月折旧率/%（年限平均法）	上月折旧额	上月增加固定资产原价	上月减少固定资产原价	应增应减折旧额	本月折旧额
专用设备——生产甲产品	4	5 000	20 000	—	+800	5 800
厂房——基本生产车间	2	4 000	100 000	60 000	+800	4 800
运输设备——辅助生产运输部门	5	2 500	—	—	—	2 500
办公设备——管理部门	5	3 000		10 000	-500	2 500
合计	—	14 500	120 000	70 000	+1 100	15 600

（二）折旧费用的分配

折旧费用的分配是将固定资产折旧计入成品成本及费用的过程。机器设备的折旧费用虽是直接用于产品生产的费用，但分配工作比较复杂。为了简化成本计算工作，一般不专门设立成本项目，而是将折旧费用作为间接费用，先记入“制造费用”账户；但对于某些可以辨析服务某种产品的专用设备，其折旧费也可以直接计入产品成本，即“基本生产成本”账户中；对于行政管理部门和专设销售机构的折旧费用，则分别借记“管理费用”“销售费用”等账户，对于固定资产折旧总额，应贷记“累计折旧”账户。

固定资产折旧费用的分配是通过“固定资产折旧费用分配表”进行的，根据前面的固定资产折旧计算表整理得到固定资产折旧费用分配表，其格式如表 3-9 所示。

表 3-9 固定资产折旧费用分配表

20×3 年 5 月 单位：元

应借账户	基本生产车间	辅助生产车间	管理部门	合计
基本生产成本——甲产品	5 800			5 800
制造费用	4 800			4 800
辅助生产成本——运输部门		2 500		2 500
管理费用			2 500	2 500
合计	10 600	2 500	2 500	15 600

根据固定资产折旧费用分配表编制以下会计分录，并据以登记有关明细账和总账。

借：基本生产成本——甲产品 5 800
　　制造费用 4 800
　　辅助生产成本——运输部门 2 500
　　管理费用 2 500
　　贷：累计折旧 15 600

三、利息费用的归集与分配

要素费用中的利息费用，不是产品成本的组成部分，而是期间费用中财务费用的组成部分。

这里主要介绍短期借款利息的处理。

短期借款利息一般按季结算支付，可以采用分月计提的方法，计入每月财务费用。如果利息费用数额不大，为了简化核算，也可以在季末实际支付时将利息费用全部计入当月财务费用，借记“财务费用”账户，贷记“银行存款”账户。

四、其他费用的归集与分配

其他费用是指除上述各项费用以外的费用，包括差旅费、通信费、保险费、邮电费、办公费、取暖费等。这些费用通常与产品生产无直接关系，更不会单独设立成本项目。因此，这些费用发生时，根据有关的付款凭证等，按照受益的单位和用途进行归类，分别借记“制造费用”“管理费用”“销售费用”等账户，贷记“银行存款”等账户。

项目小结

通过本项目的学习，我们知道了要素费用分配的原则和步骤；工业企业中的材料种类繁多，在进行材料费用分配时可以采用产品重量分配法、定额耗用量比例分配法、定额费用比例分配法；周转材料如低值易耗品摊销时可以采用一次摊销法、分次摊销法和五五摊销法，但每种方法都有自己的优缺点和适用性。本项目分析了职工薪酬的构成和计算，可以按照实际工时或定额工时进行工资的分配。本项目对外购动力费用、折旧费用、利息费用和其他费用的归集和分配做了简要概括。

拓展阅读

[1] 王旸.生产管理的精细化程度对传统成本核算准确性的影响分析[J].中国总会计师,2021(04): 84-85.

[2] 岳振军.酒店行业成本控制中低值易耗品的管理方法[J].财会学习,2019(34):134+136.

[3] 魏汉泽,许浩然.职工薪酬分配比例、产权性质与企业价值[J].管理科学,2016(01):123-136.

[4] 刘秋平,毛志忠.《企业会计准则第 9 号——职工薪酬》(2014)探析[J].会计师,2015(22):3.

思考与练习

1．要素费用分配的原则和步骤是什么？

2．原材料费用一般应采用哪些分配方法进行分配？企业如何进行选择？

3．低值易耗品的摊销方法有哪些？其优缺点和适用范围如何？

4．职工薪酬是怎样构成的？间接的工资费用如何分配？

即测即评

实训专栏

实训任务：应用 Excel 进行材料费用的分配

实训资料：黄河公司生产甲、乙、丙三种产品，根据耗用材料汇总表，20×3 年 5 月三种产品共同耗用 A 材料 2 880 千克，每千克实际平均单价为 32 元，总成本为 92 160 元。根据产量记录和有关定额资料，本月三种产品实际投产量分别为 120 件、180 件和 240 件，单位产品 A 材料消耗定额分别为 2 千克、4 千克和 6 千克，单位产品 A 材料消耗定额成本分别为 60 元、120 元和 180 元。

实训要求：采用定额耗用量比例分配法和定额费用比例分配法分配材料费用，请在 Excel 中填写以下相关表格①。

（1）按定额耗用量比例分配法分配。

① 计算总定额（见表 3-10）。

表 3-10　　黄河公司材料定额耗用量计算表

材料名称：A 材料　　20×3 年 5 月　　计量单位：千克

产品名称	投产量/件	单位产品消耗定额	材料消耗总定额
甲产品			
乙产品			
丙产品			
合计			

② 编制 A 材料费用分配表（见表 3-11）。

表 3-11　　黄河公司材料费用分配表（定额耗用量比例分配法）

材料名称：A 材料　　20×3 年 5 月　　金额单位：元

产品名称	材料定额消耗总量/千克	材料消耗量分配率	材料实际消耗总量/千克	材料实际平均单价	应分配材料费用
甲产品					
乙产品					
丙产品					
合计					

① 本书中实训专栏的 Excel 电子表格可登录人邮教育社区（www.ryjiaoyu.com）获取。

材料定额耗用总量可以作为分配标准，也可以直接用来分配材料费用。采用这种方法编制的材料费用分配表（见表 3-12）。

表 3-12　　黄河公司材料费用分配表

材料名称：A 材料　　20×3 年 5 月　　金额单位：元

产品名称	材料定额消耗总量/千克	材料费用分配率	应分配材料费用
甲产品			
乙产品			
丙产品			
合计			

（2）按定额费用比例分配法分配。

① 计算总定额（见表 3-13）。

表 3-13　　黄河公司材料定额成本计算表

材料名称：A 材料　　20×3 年 5 月　　金额单位：元

产品名称	投产量/件	单位产品定额成本	材料定额消耗总金额
甲产品			
乙产品			
丙产品			
合计			

② 编制 A 材料费用分配表（见表 3-14）。

表 3-14　　黄河公司材料费用分配表（定额费用比例分配法）

材料名称：A 材料　　20×3 年 5 月　　金额单位：元

产品名称	材料定额消耗总金额	材料费用分配率	应分配材料费用
甲产品			
乙产品			
丙产品			
合计			

辅助生产费用和制造费用的归集与分配

项目四

学习目标

知识目标

1. 了解辅助生产费用和制造费用的概念及特点；
2. 理解辅助生产费用和制造费用各种分配方法的适用情况及优缺点；
3. 掌握辅助生产费用和制造费用的各种分配方法及应用。

能力目标

1. 培养学生具备根据企业实际生产情况进行辅助生产成本核算的应用技能；
2. 培养学生能够区分不同制造费用分配方法的特点和适用范围，以指导企业生产。

价值目标

1. 引导学生做事严谨认真，遵守事物发展的客观规律；
2. 树立学生的能源意识，做好节能减排工作，提倡低碳生活方式。

思维导图

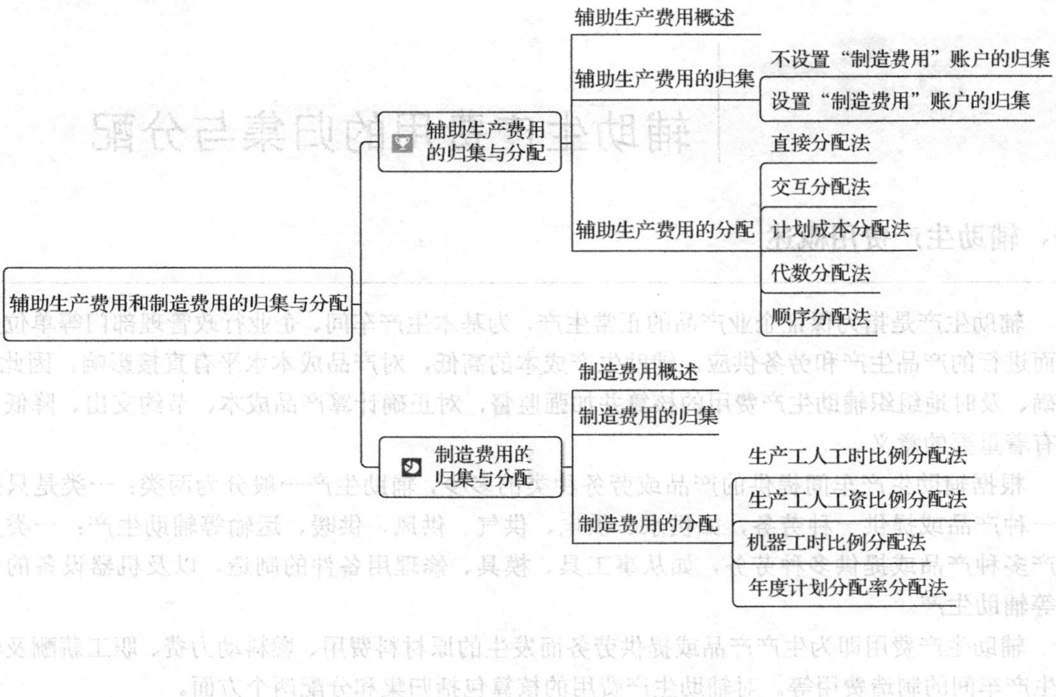

项目导入

创造低碳生活，走向可持续发展

工业企业在生产过程中需要投入大量资源和能源，这些资源和能源消耗不仅会带来辅助生产费用和制造费用的增加，还会对环境造成不可忽视的影响。因此，为了实现低碳生活目标，工业企业应该积极采取节能减排措施，降低资源和能源消耗，从而降低辅助生产费用和制造费用，并且实现对环境的保护。

某电子设备制造企业主要从事电子设备的研发、设计、生产和销售，其生产过程包括原材料采购、零部件加工、装配测试等环节。同时，为了保证生产顺利进行，企业还投入了大量辅助生产资源，如供电车间、运输服务、设备维护等。该企业根据自身的情况进行费用结构的具体分析，并结合适当的分配基准来确定辅助生产费用和制造费用的分配方法，以实现成本控制和经营效益最大化的目标。更重要的是，该企业从采购、生产到销售等环节都贯穿着低碳生活理念，更好地实现对环境的保护和资源的可持续利用，真正迈向低碳生活的道路，为企业和社会的可持续发展做出了贡献。

请思考并回答以下问题。

1. 企业在分配辅助生产费用时，通常采用哪些方法？

2. 制造费用的分配方法有哪些？各自的适用性是什么？

3. 除了节能减排，企业还可以采取哪些措施来降低制造费用，实现低碳目标与可持续发展战略？

任务一 辅助生产费用的归集与分配

一、辅助生产费用概述

辅助生产是指为保证企业产品的正常生产，为基本生产车间、企业行政管理部门等单位服务而进行的产品生产和劳务供应。辅助生产成本的高低，对产品成本水平有直接影响。因此，正确、及时地组织辅助生产费用的核算并加强监督，对正确计算产品成本、节约支出、降低成本有着重要的意义。

根据辅助生产车间提供的产品或劳务种类的多少，辅助生产一般分为两类：一类是只生产一种产品或提供一种劳务，如供水、供电、供气、供风、供暖、运输等辅助生产；一类是生产多种产品或提供多种劳务，如从事工具、模具、修理用备件的制造，以及机器设备的修理等辅助生产。

辅助生产费用即为生产产品或提供劳务而发生的原材料费用、燃料动力费、职工薪酬及辅助生产车间的制造费用等。对辅助生产费用的核算包括归集和分配两个方面。

二、辅助生产费用的归集

为了核算辅助生产费用，准确计算所产产品或劳务的成本，应设置“辅助生产成本”账户。该账户明细账的设置，应根据各个辅助生产车间的具体情况决定。

（一）不设置“制造费用”账户的归集

当辅助生产车间规模较小，制造费用较少，产品或劳务的种类单一，且不对外销售时，为了简化核算工作，制造费用可以直接记入“辅助生产成本”账户及明细账中，并按成本项目与费用项目相结合设置专栏，而不是按成本项目设置专栏。

【例 4-1】某企业的供电辅助生产车间规模小，制造费用较少，不设“制造费用”账户，其辅助生产成本明细账如表 4-1 所示。

表 4-1　辅助生产成本明细账

车间名称：供电车间　　20×3 年 5 月　　单位：元

月	日	凭证号	摘要	材料费	水电费	职工薪酬	折旧费	办公费	保险费	其他费用	合计	转出
5	31	略	分配材料费	6 000							6 000	
	31	略	分配外购动力费		8 000						8 000	
	31	略	分配职工薪酬			23 000					23 000	
	31	略	计提折旧费				3 000				3 000	
	31	略	分配办公费					4 000			4 000	
	31	略	分配保险费						800		800	
	31	略	分配其他费用							2 500	2 500	
	31	略	本月合计	6 000	8 000	23 000	3 000	4 000	800	2 500	47 300	
	31	略	本月分配转出									47 300

（二）设置“制造费用”账户的归集

在生产多种产品或提供多种劳务的辅助生产车间，一般应按车间及产品或劳务的种类设置“辅助生产成本”明细账，账内按成本项目设置专栏，进行明细核算，如材料费用、职工薪酬等费用发生时，记入该账户的借方；而对未设置成本项目的辅助生产费用，如制造费用，一般应先通过“制造费用”账户进行归集，然后从该账户的贷方直接转入或分配转入“辅助生产成本”账户及所属明细账的“制造费用”成本项目。

【例 4-2】某企业的机修辅助生产车间，同时为多种产品服务，设置了辅助生产成本和制造费用明细账，其格式分别如表 4-2 和表 4-3 所示。

表 4-2　辅助生产成本明细账

车间名称：机修车间　　20×3 年 5 月　　单位：元

月	日	凭证号	摘要	直接材料	直接人工	制造费用	合计	转出
5	31	略	材料费用分配表	28 000			28 000	
	31	略	职工薪酬分配表		45 000		45 000	
	31	略	制造费用分配表			27 100	27 100	
	31	略	本月合计	28 000	45 000	27 100	100 100	
	31	略	本月分配转出					100 100

表 4-3　　　　制造费用明细账

车间名称：机修车间　　　　20×3 年 5 月　　　　单位：元

月	日	凭证号	摘要	机物料	燃料费	职工薪酬	折旧费	劳保费	运输费	合计	转出
5	31	略	分配材料费	4 000						4 000	
	31	略	分配外购动力费		2 000					2 000	
	31	略	分配职工薪酬			18 000				18 000	
	31	略	计提折旧费				1 500			1 500	
	31	略	分配办公费					1 200		1 200	
	31	略	分配保险费						400	400	
	31	略	本月合计	4 000	2 000	18 000	1 500	1 200	400	27 100	
	31	略	制造费用分配表								27 100

三、辅助生产费用的分配

由于辅助生产车间提供的产品或劳务种类不同，所以其生产费用转出的程序也有所不同。若辅助生产车间生产如工具、模具和自制材料等产品，其发生的费用应在产品完工时，从“辅助生产成本”账户的贷方分别转入“低值易耗品”“原材料”等账户的借方；如果辅助生产车间提供的是水、电、气等，其发生的费用，则要在各受益单位之间按照所耗数量或其他比例进行分配后，从“辅助生产成本”账户的贷方转入“基本生产成本”“制造费用”“管理费用”“销售费用”等账户的借方。

辅助生产车间除主要向基本生产车间提供产品或劳务外，其之间也有相互提供产品或劳务的情况。如供电车间为机修车间提供电力，机修车间为供电车间提供修理服务。这样，为了计算电力成本，就要确定修理成本，而要计算修理成本又要确定电力成本。因此，如何处理辅助生产车间之间的费用分配问题就变得尤为重要和复杂。

辅助生产费用的分配，通常采用直接分配法、交互分配法、计划成本分配法、代数分配法和顺序分配法等。

（一）直接分配法

直接分配法，是指将辅助生产车间发生的实际费用，直接分配给除辅助生产车间之外的各个受益产品或单位，辅助生产车间之间相互提供产品或劳务不分配费用的方法。其计算公式如下。

$$\text{某辅助生产车间单位成本（分配率）}=\frac{\text{该辅助生产车间待分配费用总额}}{\text{该辅助生产车间生产劳务（或产品）总量}-\text{其他辅助生产车间劳务（或产品）消耗量}}$$

辅助生产车间以外受益单位应分配费用额=该受益单位劳务（或产品）耗用量×该辅助生产车间单位成本（分配率）

【例 4-3】乘风公司设有供电、机修两个辅助生产车间，20×3 年 5 月辅助生产车间所发生的费用全部登记在“辅助生产成本明细账”中。供电车间和机修车间本月发生的费用分别为 180 000 元和 90 000 元，两个辅助生产车间提供劳务的情况如表 4-4 所示。

表 4-4　　辅助生产车间劳务供应量汇总表

20×3 年 5 月

受益单位	用电量/千瓦时	修理工时/小时
机修车间	20 000	
供电车间		1 000
小计	20 000	1 000
一车间：甲产品耗用	50 000	
乙产品耗用	40 000	
一般耗用	20 000	8 200
二车间：丙产品耗用	30 000	
一般耗用	10 000	8 800
管理部门耗用	30 000	7 000
合计	200 000	25 000

采用直接分配法进行分配，在计算费用分配率时，应剔除辅助生产单位相互提供的产品和劳务数量（不相互分配费用），其计算过程如下。

$$供电车间费用分配率=\frac{180\ 000}{200\ 000-20\ 000}=1$$

$$机修车间费用分配率=\frac{90\ 000}{25\ 000-1\ 000}=3.75$$

根据上述费用分配率计算各受益对象应负担的辅助生产费用，并编制“辅助生产费用分配表”，具体如表 4-5 所示。

表 4-5　　辅助生产费用分配表（直接分配法）

20×3 年 5 月　　金额单位：元

项目	机修车间		供电车间		金额合计
	数量/小时	金额	数量/千瓦时	金额	
待分配费用		90 000		180 000	270 000
劳务供应总量	25 000		200 000		
其中：辅助生产车间以外单位	24 000		180 000		
费用分配率		3.75		1	
甲产品			50 000	50 000	50 000
乙产品			40 000	40 000	40 000
丙产品			30 000	30 000	30 000
一车间（一般耗用）	8 200	30 750	20 000	20 000	50 750
二车间（一般耗用）	8 800	33 000	10 000	10 000	43 000
管理部门	7 000	26 250	30 000	30 000	56 250
合计	24 000	90 000	180 000	180 000	270 000

根据辅助生产费用分配表，编制会计分录。

借：基本生产成本——甲产品　　50 000
　　　　　　　　——乙产品　　40 000
　　　　　　　　——丙产品　　30 000
　　制造费用——一车间　　50 750
　　　　　　——二车间　　43 000
　　管理费用　　56 250
　　贷：辅助生产成本——机修车间　　90 000
　　　　　　　　　　——供电车间　　180 000

采用直接分配法，各辅助生产费用只是进行一次对外分配，计算手续简便。但是辅助生产车间之间未进行费用的分配，当辅助生产车间相互提供产品或劳务量差异较大时，分配结果往往与实际不符，准确性就较差。因此，这种方法一般只适用于辅助生产车间之间相互提供产品或劳务较少并且不交互分配对产品成本影响不大的情况。

（二）交互分配法

微课堂

交互分配法

交互分配法，是对各辅助生产车间的费用进行交互和对外共两次分配的一种辅助生产费用的分配方法。

第一步是交互分配，即将辅助生产车间的费用在各辅助生产车间之间根据相互提供的产品或劳务进行交互分配。其计算公式如下。

$$交互分配率=\frac{某辅助生产车间交互分配前的费用总额}{该辅助生产车间提供产品或劳务总量}$$

$$某辅助生产车间应分配费用=该辅助生产车间耗用量\times交互分配率$$

第二步是对外分配，即将各辅助生产车间交互分配后的费用（交互分配前归集的辅助生产费用，加上交互分配时从其他辅助生产车间分配转入的数额，减去交互分配时转给其他辅助生产车间的费用），按直接分配法在辅助生产车间以外的各受益对象之间进行分配。其计算公式如下。

某辅助生产车间交互分配后的费用总额=该车间交互分配前待分配费用总额+其他辅助生产车间分配转入的费用-分给其他辅助生产车间的费用

$$对外分配费用分配率=\frac{某辅助生产车间交互分配后的费用总额}{该辅助生产车间供应给辅助生产车间以外各受益对象的劳务总量}$$

$$某受益对象分配额=该受益对象耗用量\times对外分配费用分配率$$

【例 4-4】沿用【例 4-3】资料，采用交互分配法进行辅助生产费用的分配。

第一步：交互分配。

$机修车间费用分配率=\frac{90\ 000}{25\ 000}=3.6$

供电车间应分摊的修理费=1 000×3.6=3 600（元）

$供电车间费用分配率=\frac{180\ 000}{200\ 000}=0.9$

机修车间应分摊的电费=20 000×0.9=18 000（元）

第二步：对外分配。

机修车间对外应分配的费用=90 000 +18 000–3 600=104 400（元）

供电车间对外应分配的费用=180 000 +3 600–18 000=165 600（元）

$机修车间对外分配费用分配率=\frac{104\ 400}{25\ 000-1\ 000}=4.35$

$供电车间对外分配费用分配率=\frac{165\ 600}{200\ 000-20\ 000}=0.92$

根据有关资料和上述计算结果，编制“辅助生产费用分配表”，具体如表 4-6 所示。

表 4-6　　　　辅助生产费用分配表（交互分配法）

20×3 年 5 月　　　　金额单位：元

项目	交互分配				对外分配				金额合计
	机修车间		供电车间		机修车间		供电车间		
	数量/小时	金额	数量/千瓦时	金额	数量/小时	金额	数量/千瓦时	金额	
待分配费用		90 000		180 000		104 400		165 600	270 000
劳务供应总量	25 000		200 000		24 000		180 000		
费用分配率		3.6		0.9		4.35		0.92	
机修车间			20 000	18 000					
供电车间	1 000	3 600							
甲产品							50 000	46 000	46 000
乙产品							40 000	36 800	36 800
丙产品							30 000	27 600	27 600
一车间（一般耗用）					8 200	35 670	20 000	18 400	54 070
二车间（一般耗用）					8 800	38 280	10 000	9 200	47 480
管理部门					7 000	30 450	30 000	27 600	58 050
合计		3 600		18 000		104 400		165 600	270 000

根据辅助生产费用分配表，编制会计分录。

（1）交互分配。

借：辅助生产成本——机修车间　　18 000
　　　　　　　　——供电车间　　3 600
　贷：辅助生产成本——机修车间　　3 600
　　　　　　　　　——供电车间　　18 000

（2）对外分配。

借：基本生产成本——甲产品　　46 000
　　　　　　　　——乙产品　　36 800
　　　　　　　　——丙产品　　27 600
　　制造费用——一车间　　54 070
　　　　　　　二车间　　47 480
　　管理费用　　58 050
　贷：辅助生产成本——机修车间　　104 400
　　　　　　　　　——供电车间　　165 600

交互分配法，对各辅助生产车间之间就相互消耗的产品（或劳务）进行费用的交互分配，使辅助生产车间的成本计算更加准确。但第一步的交互分配，由于不包括耗用其他辅助生产车间劳务的费用，所以，计算出来的费用分配率不是实际的分配率，准确性也会受到一定的影响。为了弥补这一缺点，在各月辅助生产费用水平相差不多的情况下，可以按辅助生产车间提供劳务的计划单位成本或上期实际单位成本进行交互分配。另外，采用交互分配法，需要进行两次费用分配，增加了工作量。

（三）计划成本分配法

计划成本分配法是指根据辅助生产车间提供的产品或劳务的数量及计划单位成本分配辅助生产费用的方法，即将辅助生产费用根据各受益对象（包括辅助生产车间）接受产品或劳务的数量和计划单位成本，计算分配给各受益对象。将各辅助生产车间实际发生的费用（即在计划成本分配之前已归集的费用加上计划成本分配时转入的费用）与各该车间计划成本分配转出的费用之间的差额，对辅助生产车间以外的受益单位进行追加调整分配。其计算公式如下。

各受益对象应分配的辅助生产费用=该受益对象接受产品或劳务的数量×计划单位成本

各辅助生产车间实际发生的费用=计划成本分配之前已归集的费用+分配转入的费用

差异额=某辅助生产车间实际发生的费用-该车间按计划成本分配转出的费用

调整分配一般有两种会计处理方法：一是将差异按辅助生产车间以外各受益单位的受益比例分配；二是将差异全部分配给企业管理部门，记入“管理费用”账户。如果实际成本大于计划成本，超支差异应借记“管理费用”账户；如果实际成本小于计划成本，节约差异应冲减“管理费用”账户，即红字借记“管理费用”账户。这有利于加强对生产车间的业绩考核，但将差异额全部列入“管理费用”账户，会对当期损益有较大的影响。

【例 4-5】假定乘风公司机修车间修理费计划单价为 3 元/小时，供电车间电费的计划单价为 0.8 元/千瓦时，其余资料同【例 4-3】。为了简化核算，实际成本与计划成本的差异全部分配给企业管理部门。采用计划成本分配法，编制辅助生产费用分配表，具体如表 4-7 所示。

表 4-7　　辅助生产费用分配表（计划成本分配法）

20×3 年 5 月　　金额单位：元

项目	机修车间		供电车间		金额合计
	数量/小时	金额	数量/千瓦时	金额	
待分配费用		90 000		180 000	270 000
劳务供应总量	25 000		200 000		
计划分配率		3		0.8	
机修车间			20 000	16 000	16 000
供电车间	1 000	3 000			3 000
甲产品			50 000	40 000	40 000
乙产品			40 000	32 000	32 000
丙产品			30 000	24 000	24 000
一车间（一般耗用）	8 200	24 600	20 000	16 000	40 600
二车间（一般耗用）	8 800	26 400	10 000	8 000	34 400
管理部门	7 000	21 000	30 000	24 000	45 000
按计划成本分配合计		75 000		160 000	235 000
实际辅助生产成本		106 000		183 000	289 000
辅助生产成本差异		31 000		23 000	54 000

根据辅助生产费用分配表，编制会计分录。

借：基本生产成本——甲产品　　40 000
　　　　　　　　——乙产品　　32 000
　　　　　　　　——丙产品　　24 000
　　制造费用——一车间　　40 600
　　　　　　——二车间　　34 400
　　管理费用　　45 000
　　辅助生产成本——机修车间　　16 000
　　　　　　　　——供电车间　　3 000
　贷：辅助生产成本——机修车间　　75 000
　　　　　　　　　——供电车间　　160 000

根据表 4-7 的计算结果，对差异额的会计处理如下。

借：管理费用　　54 000

　　贷：辅助生产成本——机修车间　　31 000

　　　　　　　　　　——供电车间　　23 000

从上述举例我们可以看出，采用计划成本分配法分配辅助生产费用，简化了计算手续并加快了会计核算的速度。按照计划单位成本分配，排除了辅助生产实际费用的高低对各受益单位成本的影响，便于考核各辅助生产车间成本计划的执行情况，有利于明确各单位的经济责任。但若计划单位成本制定不准确，则会影响辅助生产费用分配的准确性。因此，计划成本分配法一般适用于辅助生产计划单位成本制定比较准确的企业。

（四）代数分配法

代数分配法，是指先根据代数中建立多元一次方程并求解的方法，计算出辅助生产单位产品和劳务的实际单位成本，再根据各受益单位（包括辅助生产车间和外部各单位）耗用产品或劳务的数量和实际单位成本，计算分配辅助生产费用。每个方程都是按以下公式建立的。

某辅助生产车间待分配的费用+该辅助生产车间消耗其他辅助生产车间产品或劳务数量×其他辅助生产车间产品或劳务的单位成本=该辅助生产车间提供产品或劳务的数量×该辅助生产车间产品或劳务的单位成本

【例 4-6】沿用【例 4-3】资料，采用代数分配法进行辅助生产费用的分配。

假设每小时修理费为 x 元，每千瓦时电费为 y 元，根据以上资料，可建立以下方程组。

$$\begin{cases} 90\,000+20\,000y=25\,000x \\ 180\,000+1\,000x=200\,000y \end{cases}$$

解方程组得：

$$\begin{cases} x=4.337\,3 \\ y=0.921\,7 \end{cases}$$

根据上述计算结果，编制辅助生产费用分配表，具体如表 4-8 所示。

表 4-8　辅助生产费用分配表（代数分配法）

20×3 年 5 月　　金额单位：元

项目	机修车间		供电车间		金额合计
	数量/小时	金额	数量/千瓦时	金额	
待分配费用		90 000		180 000	270 000
劳务供应总量	25 000		200 000		
费用分配率		4.337 3		0.921 7	
机修车间			20 000	18 434	18 434
供电车间	1 000	4 337.3			4 337.3
甲产品			50 000	46 085	46 085
乙产品			40 000	36 868	36 868
丙产品			30 000	27 651	27 651
一车间（一般耗用）	8 200	35 565.86	20 000	18 434	53 999.86
二车间（一般耗用）	8 800	38 168.24	10 000	9 217	47 385.24
管理部门	7 000	30 362.60	30 000	27 648.30	58 010.90
合计	25 000	108 434	200 000	184 337.30	292 771.30

根据辅助生产费用分配表，编制会计分录。

借：基本生产成本——甲产品	46 085
——乙产品	36 868
——丙产品	27 651
制造费用——一车间	53 999.86
——二车间	47 385.24
管理费用	58 010.90
辅助生产成本——机修车间	18 434
——供电车间	4 337.30
贷：辅助生产成本——机修车间	108 434
——供电车间	184 337.30

采用代数分配法分配辅助生产费用，分配结果准确。但是，当企业的辅助生产车间较多时，需设的未知数就多，计算工作复杂。所以，代数分配法一般适用于辅助生产车间较少或已经实行数字化的企业。

（五）顺序分配法

顺序分配法是按照辅助生产车间受益多少的顺序将各辅助生产车间的费用进行分配的方法。受益少的辅助生产车间排在前面，先将费用分配出去；受益多的辅助生产车间排在后面，后将费用分配出去。分配时，排在前面的辅助生产车间的费用分配给后者，后者的费用不再分配给前者。所以，后面车间应分配的费用要在原来归集费用的基础上加上前面车间分配转入的费用。其相关计算公式如下。

$$受益少的辅助生产车间费用分配率=\frac{该辅助生产车间的费用总额}{该辅助生产车间提供产品或劳务总量}$$

受益多的辅助生产车间费用分配率=

$$\frac{该辅助生产车间的费用总额+从受益少的辅助生产车间分配转入的金额}{该辅助生产车间提供产品或劳务总量-其他辅助生产车间接受的产品或劳务量}$$

某受益对象的费用分配额=该受益对象耗用产品或劳务量×对应的费用分配率

【例 4-7】沿用【例 4-3】资料，采用顺序分配法进行辅助生产费用的分配。

机修车间耗用的电费为 18 000（$\frac{180\ 000}{200\ 000}\times 20\ 000=18\ 000$）元。

供电车间耗用的修理费为 3 600（$\frac{90\ 000}{25\ 000}\times 1\ 000=3\ 600$）元。

因此，应先分配供电车间的费用。

$$供电车间的费用分配率=\frac{180\ 000}{200\ 000}=0.9$$

$$机修车间的费用分配率=\frac{90\ 000+18\ 000}{25\ 000-1\ 000}=4.5$$

根据上述计算结果，编制辅助生产费用分配表，具体如表 4-9 所示。

表 4-9　　　　辅助生产费用分配表（顺序分配法）

20×3 年 5 月　　　　金额单位：元

项目	机修车间		供电车间		金额合计
	数量/小时	金额	数量/千瓦时	金额	
待分配费用		108 000		180 000	288 000
劳务供应总量	25 000		200 000		
费用分配率		4.5		0.9	
机修车间			20 000	18 000	18 000
供电车间	1 000	—			—
甲产品			50 000	45 000	45 000
乙产品			40 000	36 000	36 000
丙产品			30 000	27 000	27 000
一车间（一般耗用）	8 200	36 900	20 000	18 000	54 900
二车间（一般耗用）	8 800	39 500	10 000	9 000	48 600
管理部门	7 000	31 500	30 000	27 000	58 500
合计	24 000	108 000	200 000	180 000	288 000

根据辅助生产费用分配表，编制会计分录。

（1）分配电费。

借：基本生产成本——甲产品　　45 000
　　　　　　　　——乙产品　　36 000
　　　　　　　　——丙产品　　27 000
　　制造费用——一车间　　18 000
　　　　　　——二车间　　9 000
　　管理费用　　27 000
　　辅助生产成本——机修车间　　18 000
　　贷：辅助生产成本——供电车间　　180 000

（2）分配修理费。

借：制造费用——一车间　　36 900
　　　　　　——二车间　　39 600
　　管理费用　　31 500
　　贷：辅助生产成本——机修车间　　108 000

顺序分配法下，各辅助生产车间的费用只分配一次，计算方法简单。排在后面的辅助生产车间的费用由于分担了前面辅助生产车间的费用，归集较全。但由于排在前面的辅助生产车间不负担排在后面的辅助生产车间的费用，所以，分配结果的准确性会受到一定的影响。这种方法适用于各辅助生产车间之间相互受益程度差异较大的情况。

特别提示，在实际工作中，企业应根据其具体情况选择辅助生产费用的分配方法，一经选定不能轻易变更，以保证各期成本费用的可比性。

课堂讨论 4-1

试对以上五种方法的原理、优缺点和适用范围进行比较。

参考答案

任务二 制造费用的归集与分配

一、制造费用概述

制造费用是指工业企业为生产产品（或提供劳务）而发生的应计入产品成本但没有专设成本项目的各项生产费用。制造费用种类多、发生频繁，需要单独核算，一般是间接费用，发生时无法直接计入产品成本，月末需在不同产品之间进行分配。制造费用包括车间机物料的消耗、生产车间机器设备的折旧、车间管理人员的薪酬、车间的照明用电等。

制造费用是产品成本的重要组成部分。正确合理地组织制造费用的核算，对产品成本的核算与控制，费用预算的执行与分析，各部门经济责任的考核与落实都具有重要的现实意义。

二、制造费用的归集

为了核算与监督制造费用，制造费用通过设置“制造费用”账户进行归集与分配。“制造费用”按车间、部门设置明细账，账内按费用项目分设专栏。费用发生时，根据各支出凭证，借记“制造费用”账户并登记所属明细账；月末，应将“制造费用”账户余额从其贷方分配转入有关的“生产成本”账户，“制造费用”账户月末一般无余额。另外，“制造费用”账户不仅核算基本生产车间的制造费用，而且还核算辅助生产车间的制造费用。如果辅助生产车间不设置“制造费用”账户，则制造费用通过“辅助生产成本”账户进行核算。

课堂讨论 4-2

在工业企业中，制造费用是影响产品成本高低的重要因素。所以，企业树立制造费用的能源意识是非常重要的。企业不仅需要关注自身的经济利益，也需要承担起社会责任，积极推动社会可持续发展。

请思考并讨论：工业企业应如何提高能源意识，降低制造费用？

参考答案

三、制造费用的分配

制造费用的分配是指在期末时将归集的制造费用按照一定的方法分配转入相关的产品成本或劳务成本中。如果生产车间只生产一种产品或提供一种劳务，则制造费用可直接计入该产品或劳务成本中。如果一个车间同时生产多种产品，则需要选择合理的标准和方法进行科学分配，否则会影响产品成本的准确性。

制造费用的分配方法一般有生产工人工时比例分配法、生产工人工资比例分配法、机器工时比例分配法、年度计划分配率分配法，前三种方法是实际分配率法，而最后一种方法是计划分配率法。无论企业选择哪种方法，一旦选择，都不得随意变更，以利于各期制造费用的比较和分析。

（一）生产工人工时比例分配法

生产工人工时比例分配法是指以各种产品的生产工时（实际或定额工时）为标准来分配制造费用的一种方法。其计算公式如下。

$$制造费用分配率=\frac{制造费用总额}{各种产品实际（或定额）生产工时之和}$$

某种产品应负担的制造费用=该种产品实际（或定额）生产工时×制造费用分配率

【例 4-8】某企业 20×3 年 5 月一车间生产甲、乙两种产品，归集制造费用 65 000 元，甲产品耗用生产工时 3 000 小时，乙产品耗用 2 000 小时。

要求：采用生产工人工时比例分配法分配制造费用，并编制相关会计分录。

$$一车间制造费用分配率=\frac{65\ 000}{3\ 000+2\ 000}=13$$

甲产品应负担的制造费用=3 000×13=39 000（元）

乙产品应负担的制造费用=2 000×13=26 000（元）

在实际工作中，制造费用的分配是通过编制“制造费用分配表”进行的。制造费用分配表具体如表 4-10 所示。

表 4-10　　制造费用分配表（生产工人工时比例分配法）

20×3 年 5 月　　金额单位：元

分配对象	分配标准（生产工时）/小时	分配率	分配金额
甲产品	3 000	13	39 000
乙产品	2 000	13	26 000
合计	5 000		65 000

根据制造费用分配表，编制会计分录。

借：基本生产成本——甲产品　　39 000
　　　　　　　——乙产品　　26 000
　贷：制造费用——一车间　　65 000

采用这种分配方法，生产工时资料容易获取，计算简便；同时，负担制造费用的多少也能与生产效率联系起来，分配也较合理。但是，如果各种产品的机械化程度不同，采用生产工人工时比例进行分配，会使机械化程度不高的产品负担过多的制造费用，机械化程度高的产品，由于生产工人工时较少，就会负担较少的制造费用，因此就会出现不合理的情况。所以，本方法适用于各种产品机械化程度相差不大的车间。另外，如果采用定额工时比例分配，还要求企业有健全的定额管理制度，提供准确的资料。

（二）生产工人工资比例分配法

生产工人工资比例分配法是以各种产品的生产工人实际工资为标准来分配制造费用的一种方法。其计算公式如下。

$$制造费用分配率=\frac{制造费用总额}{各种产品生产工人实际工资总额}$$

某种产品应负担的制造费用=该种产品生产工人实际工资×制造费用分配率

【例 4-9】某企业生产甲、乙两种产品，20×3 年 5 月基本生产车间的工人工资共发放 70 000 元，其中甲产品生产工人工资为 40 000 元，乙产品生产工人工资为 30 000 元。该基本生产车间本月发生制造费用 210 000 元。

要求：采用生产工人工资比例分配法分配制造费用，并编制相关会计分录。

$$制造费用分配率=\frac{210\,000}{70\,000}=3$$

甲产品应负担的制造费用=40 000×3=120 000（元）

乙产品应负担的制造费用=30 000×3=90 000（元）

根据企业实际情况，编制“制造费用分配表”，具体如表 4-11 所示。

表 4-11　　制造费用分配表（生产工人工资比例分配法）

20×3 年 5 月　　金额单位：元

分配对象	分配标准（生产工人工资）	分配率	分配金额
甲产品	40 000	3	120 000
乙产品	30 000	3	90 000
合计	70 000		210 000

根据制造费用分配表，编制会计分录。

借：基本生产成本——甲产品　　120 000

　　　　　　　　——乙产品　　90 000

　贷：制造费用——基本生产车间　　210 000

采用这种方法，由于生产工人工资易于获取，制造费用分配核算方法简单。当生产工人的工资按照生产工时分配时，应用这种方法实质上同按生产工时比例分配的方法是一样的。与此同时，机械化程度低的产品，生产工人工资费用多，分配的制造费用也多；反之，机械化程度高的产品，生产工人工资费用少，分配的制造费用也少，会出现不合理情况，因此本方法也适用于各种产品生产机械化程度大致相同的情况。

（三）机器工时比例分配法

机器工时比例分配法是以各种产品所用机械设备运行时间为标准来分配制造费用的一种方法。其计算公式如下。

$$制造费用分配率=\frac{制造费用总额}{各种产品耗用的机器工时总额}$$

某种产品应负担的制造费用=该种产品耗用的机器工时×制造费用分配率

【例 4-10】某企业基本生产车间生产甲、乙两种产品，20×3 年 5 月发生制造费用 48 000 元，其中甲产品耗用的机器工时为 5 480 小时，乙产品耗用的机器工时为 4 520 小时。

要求：采用机器工时比例分配制造费用，并编制相关会计分录。

$$制造费用分配率=\frac{48\,000}{5\,480+4\,520}=4.8$$

甲产品应负担的制造费用=5 480×4.8=26 304（元）

乙产品应负担的制造费用=4 520×4.8=21 696（元）

根据企业实际情况，编制“制造费用分配表”，具体如表 4-12 所示。

表 4-12　　制造费用分配表（机器工时比例分配法）

20×3 年 5 月　　金额单位：元

分配对象	分配标准（机器工时）/小时	分配率	分配金额
甲产品	5 480	4.8	26 304
乙产品	4 520	4.8	21 696
合计	10 000		48 000

根据制造费用分配表，编制会计分录。

借：基本生产成本——甲产品　　26 304
　　　　　　　　——乙产品　　21 696
　　贷：制造费用——基本生产车间　　48 000

采用这种方法，必须做好各种产品所耗用机器工时的记录，以保证工时的准确性和可靠性。这种方法适用于机械化程度较高的车间和部门。为了提高分配结果的准确性，可以将机器设备划分为若干类别或者将制造费用按性质和用途分类，分别采用适当的方法分配制造费用。

（四）年度计划分配率分配法

年度计划分配率分配法，是指分配制造费用时不论各月实际发生的制造费用多少，均按各种产品实际产量的定额工时和年度计划分配率，计算各种产品应分配的制造费用的一种方法。年度内如果发现全年的实际制造费用和产品的实际产量与计划数之间有较大的差额，应及时调整年度计划分配率。其计算公式如下。

$$\text{年度计划分配率}=\frac{\text{年度制造费用计划总额}}{\text{该年度各种产品计划产量的定额工时之和}}$$

某种产品应负担的制造费用=该月该种产品实际产量的定额工时数×年度计划分配率

【例 4-11】某基本生产车间全年制造费用计划总额为 94 500 元。该车间年度计划生产甲产品 1 500 件，单位产品定额工时为 6 小时；生产乙产品 4 000 件，单位产品定额工时为 3 小时。20×3 年 12 月，该车间实际产量为甲产品 180 件，乙产品 320 件。本月实际发生制造费用 9 450 元。

要求：采用年度计划分配率分配法分配制造费用，并编制相关会计分录。

$$\text{年度计划分配率}=\frac{94\ 500}{1\ 500\times6+4\ 000\times3}=4.5$$

甲产品 12 月应分配的制造费用=180×6×4.5=4 860（元）

乙产品 12 月应分配的制造费用=320×3×4.5=4 320（元）

该车间按年度计划分配率分配的 12 月制造费用=4 860+4 320=9 180（元）

本月实际制造费用分配后的余额=9 450−9 180=270（元）

根据上述计算结果编制“制造费用分配表”，具体如表 4-13 所示。

表 4-13　　制造费用分配表（年度计划分配率分配法）

20×3 年 12 月　　金额单位：元

分配对象	分配标准（实际产量下的定额工时）/小时	分配率	分配金额
甲产品	1 080	4.5	4 860
乙产品	960	4.5	4 320
合计	2 040		9 180

根据制造费用分配表，编制会计分录。

借：基本生产成本——甲产品　　4 860

——乙产品　　4 320

贷：制造费用——基本生产车间　　9 180

采用年度计划分配率分配法时，每月实际发生的制造费用与分配转出的制造费用金额不等，因此，“制造费用”账户一般月末有余额，既可能是借方余额，也可能是贷方余额，平时不需要调整；如果年末有余额，一般应按照本年各种产品已经负担的制造费用比例，将其调整计入12月各种产品的成本中，借记“生产成本”账户，贷记“制造费用”账户，以使年末“制造费用”账户无余额。其计算和处理过程如下。

【例4-12】已知【例4-11】中的企业20×3年1—12月，按年度计划分配率分配转出的制造费用总额为100 500元，其中甲产品负担58 400元、乙产品负担42 100元，全年实际发生制造费用105 300元，即全年实际发生的制造费用大于已经按年度计划分配率分配转出的制造费用4 800（105 300−100 500= 4 800）元。调整差异额和会计处理如下。

$$调整分配率=\frac{4\ 800}{58\ 400+42\ 100}=0.047\ 8$$

甲产品应分配的差异额=58 400×0.047 8=2 791.52（元）

乙产品应分配的差异额=4 800−2 791.52=2 008.48（元）（倒挤法）

应编制会计分录如下。

借：基本生产成本——甲产品　　2 791.52

——乙产品　　2 008.48

贷：制造费用——基本生产车间　　4 800

采用年度计划分配率分配法，可随时结转完工产品应负担的制造费用，简化分配手续，该方法尤其适用于季节性比较明显的产品。季节性产品在淡旺季的产品产量差别比较大，按实际制造费用分配时，单位产品成本波动比较大，不利于成本的可比性分析，此方法正好可以解决这一问题。

课堂讨论4-3

试对生产工人工时比例分配法、生产工人工资比例分配法、机器工时比例分配法、年度计划分配率分配法等四种方法的分配标准、特点和适用范围进行比较。

参考答案

项目小结

通过本项目的学习，我们知道辅助生产费用的内容，辅助生产费用的归集有两种方式，可以不设置“制造费用”账户，也可以设置“制造费用”账户，选用哪种方式都要符合企业的实际情况。辅助生产费用的分配有直接分配法、交互分配法、计划成本分配法、代数分配法和顺序分配法五种方法，并且每种方法都有自身的优缺点和适用范围。本项目概述了制造费用的特点、制造费用归集的内容和分配的方法。制造费用分配的方法有生产工人工时比例分配法（该方法的生产工时可以是实际工时也可以是定额工时）、生产工人工资比例分配法、机器工时比例分配法和年度计划分配率分配法，其中前三种方法属于实际分配率法。以上每种方法都有各自的分配标准、特点和适用范围，所以，企业应根据自身的生产特点和管理要求，选择适合的制造费用分配方法。

拓展阅读

[1] 冯丽鑫.辅助生产费用分配方法之会计信息质量特征分析[J].中国商论,2017(18):85-88.

[2] 李建发.制造企业辅助生产制造费用核算的实践性分析[J].时代经贸,2019,(06):77-79.

[3] 吴艳红.浅析 SAP ERP 系统下制造费用计划分配率的制定与应用[J].全国流通经济,2021,(26):52-54.

[4] 韩志颖.基于 LUBA 模型的 D 公司制造费用分摊方法设计[D].哈尔滨:哈尔滨理工大学,2021.

思考与练习

1．试比较不同的辅助生产费用分配方法的特点及适用范围。

2．请对比分析直接分配法与交互分配法的区别。

3．计划成本分配法下的差异额如何处理？

4．制造费用有哪些分配方法？各种方法的特点是什么？

即测即评

实训专栏

实训任务一：应用 Excel 进行辅助生产费用的分配

实训资料：甲企业设有修理、运输两个辅助生产车间，20×3 年 5 月发生的辅助生产费用、提供的劳务量如表 4-14 所示。

表 4-14　　　甲企业辅助生产费用及劳务供应量汇总

辅助生产车间名称		修理车间	运输车间
待分配费用		5 040 元	9 000 元
供应劳务量		2 100 小时	7 500 千米
耗用劳务数量	修理车间	—	300 千米
	运输车间	100 小时	—
	基本一车间	1 800 小时	6 600 千米
	基本二车间	200 小时	600 千米

实训要求：采用直接分配法和交互分配法在 Excel 中编制辅助生产费用分配表，并登记两种方法下的记账凭证。

（1）直接分配法。

辅助生产费用分配表（见表 4-15）。

表 4-15　　　辅助生产费用分配表（直接分配法）

20×3 年 5 月　　　金额单位：元

项目	修理车间		运输车间		金额合计
	数量/小时	金额	数量/千米	金额	
待分配费用					
劳务供应总量					
其中：辅助生产车间以外单位					
费用分配率					
基本一车间					
基本二车间					
合计					

根据辅助生产费用分配表，登记记账凭证（见表 4-16）。

表 4-16　　　记账凭证

年　月　日　　　字第　号

摘要	总账科目	明细科目	借方金额	贷方金额	记账
合计					

会计主管　　审核　　制证　　记账

（2）交互分配法。

辅助生产费用分配表见表 4-17。

表 4-17　　辅助生产费用分配表（交互分配法）

20×3 年 5 月　　金额单位：元

项目		修理车间			运输车间			合计
		数量/小时	分配率	分配金额	数量/千米	分配率	分配金额	
待分配辅助生产费用								
交互分配	辅助生产——修理							
	辅助生产——运输							
对外分配辅助生产费用								
对外分配	基本一车间							
	基本二车间							
	合计							

根据辅助生产费用分配表，登记记账凭证（见表 4-18 和表 4-19）。

表 4-18　　记账凭证

年　月　日　　字第　号

摘要	总账科目	明细科目	借方金额	贷方金额	记账
	合计				

会计主管　　审核　　制证　　记账

表 4-19　　记账凭证

年　月　日　　字第　号

摘要	总账科目	明细科目	借方金额	贷方金额	记账
	合计				

会计主管　　审核　　制证　　记账

实训任务二：应用 Excel 进行制造费用的分配

实训资料：乙企业设有一个高度机械化的基本生产车间，生产甲、乙两种产品，20×3 年 5 月根据各项费用分配表归集制造费用 11 000 元，甲、乙两种产品耗用的机器工时情况如表 4-20 所示。

表 4-20　　生产（机器）工时统计

20×3 年 5 月　　单位：小时

产品名称	生产（机器）工时
甲产品	6 000
乙产品	4 000
合计	10 000

实训要求：根据归集的制造费用和生产工时统计表，在 Excel 中编制制造费用分配表（见表 4-21），并据以编制记账凭证（见表 4-22）。

表 4-21　　制造费用分配表

20×3 年 5 月　　金额单位：元

分配对象	分配标准（机器工时）/小时	分配率	分配金额
甲产品			
乙产品			
合计			

表 4-22　　记账凭证

（年　月　日）　　字第　号

摘要	总账科目	明细科目	借方金额	贷方金额	记账
合计					

会计主管　　审核　　制证　　记账

项目五 生产损失的核算

学习目标

知识目标

1. 掌握不可修复废品损失的核算方法及账务处理过程；
2. 掌握可修复废品损失的核算方法及账务处理过程；
3. 了解停工损失的会计核算过程。

能力目标

1. 培养学生分析问题、处理问题的能力；
2. 培养学生理论联系实际的能力。

价值目标

1. 引导学生学会用客观的视角看待问题本身；
2. 引导学生树立质量第一的生产意识。

思维导图

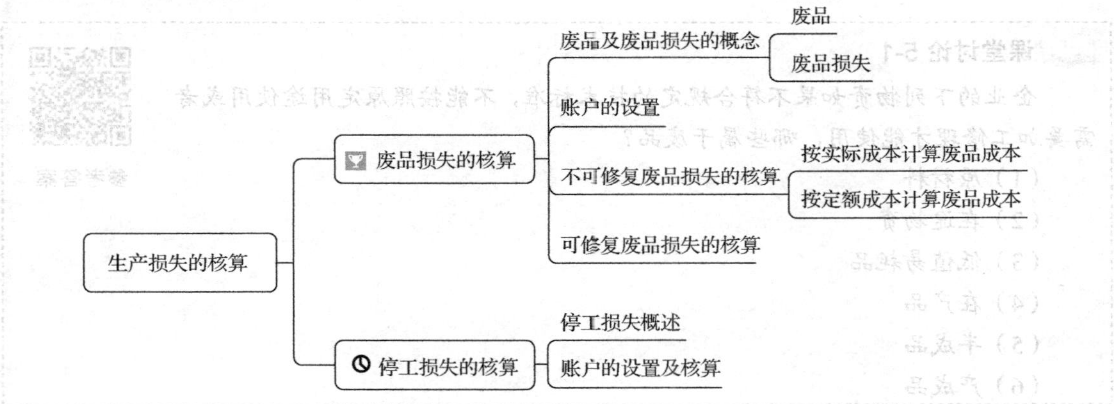

项目导入

加强生产损失控制，树立质量意识

一家板材生产企业，要求一块板上要做一个直径为20mm的孔，一个员工做了两块板，结果一块板的孔的直径是19mm，而另一块板的孔的直径是21mm。对于孔的直径为19mm的板，只要把孔的直径再加工到20mm就合格了，那么这就是可修复废品；但是对于孔的直径为21mm的板则不可能让孔变小，那么这就是不可修复废品。企业生产过程中，不可避免地会发生生产损失，如在产品管理不善造成的短缺和毁损，机器故障造成的停工损失，操作不当造成的废品损失等。企业对生产损失必须加强核算，要及时地、正确地计算生产中的各种损失，加强对生产损失的控制。

请思考并回答以下问题。

1. 企业运营中应该对产品质量持有怎样的态度？
2. 会计人员应如何进行会计处理以达到会计信息质量要求？

任务一 废品损失的核算

一、废品及废品损失的概念

微课堂

废品损失的核算

（一）废品

废品是指不符合规定的技术标准，不能按照原定用途使用或者需要加工修理才能使用的在产品、半成品或产成品。不论是在生产过程中发现的废品，还是在入库后发现的废品，都属于废品。

一般而言，废品可按照是否可修复，分为可修复废品和不可修复废品两类。可修复废品是指技术上、工艺上可以修复，而且所支付的修复费用在经济上合算的废品。不可修复废品是指技术上、工艺上不可修复，或者虽可修复但所支付的修复费用在经济上不合算的废品。

课堂讨论 5-1

企业的下列物资如果不符合规定的技术标准，不能按照原定用途使用或者需要加工修理才能使用，哪些属于废品？

（1）原材料
（2）在途物资
（3）低值易耗品
（4）在产品
（5）半成品
（6）产成品

参考答案

（二）废品损失

废品损失是指在生产过程中因产品质量不符合规定技术标准而发生的额外损耗。在生产过程中，当投入量一定时，发生废品损失必然会使合格品的成本增加。

废品损失包括在生产过程中发现的和入库后发现的不可修复废品的生产成本，以及可修复废品的修复费用，扣除回收的废品残料价值和应由过失单位或个人承担的赔款以后的损失。

即：废品损失=不可修复废品的生产成本+可修复废品的修复费用-回收的废品残料价值和应由过失单位或个人承担的赔款

注意 经过质量检验部门鉴定不需要返修、可以降价出售的不合格品，不应作为废品损失处理；产成品入库后，由于保管不善等原因而损坏变质的损失，也不作为废品损失处理；实行“三包”即包退、包修、包换的企业，在产品出售后发现的废品所发生的一切损失，也不属于废品损失。

二、账户的设置

为了单独核算废品损失，企业在会计账户中应设置“废品损失”账户，在成本项目中应设置废品损失项目。不单独核算废品损失的企业则可不设“废品损失”账户和“废品损失”成本项目，相应成本可直接体现在“基本生产成本”“原材料”等账户中。

“废品损失”账户是为了归集和分配废品损失而设立的。该账户按车间设立明细账，账内按产品品种分设专户，并按成本项目分设专栏或专行，进行明细核算。不可修复废品的生产成本和可修复废品的修复费用，都应在“废品损失”账户的借方进行归集。其中不可修复废品的生产成本，应根据不可修复废品计算表，借记“废品损失”账户，贷记“基本生产成本”账户；可修复废品的修复费用，应根据各种费用分配表，借记“废品损失”账户，贷记“原材料”“应付职工薪酬”“制造费用”等账户。废品残料的回收价值和应收的赔款，应从“废品损失”账户的贷方转出，即借记“原材料”和“其他应收款”等账户，贷记“废品损失”账户。“废品损失”账户上述借方发生额大于贷方发生额的差额，就是废品损失。

月末，应将“废品损失”账户余额结转入同类合格品成本，结转后，该账户应无余额。

三、不可修复废品损失的核算

不可修复废品的损失等于废品成本扣除回收的废品残料价值和应收赔款以后的数额。因此，为计算不可修复废品的损失，需要将废品应承担的生产成本从全部生产费用中分离出来，具体有两种方法：按实际成本计算和按定额成本计算。不可修复废品损失的计算是通过编制“废品损失计算表”进行的。

（一）按实际成本计算废品成本

按实际成本计算是指在废品报废时将废品和合格品发生的全部实际费用，采用一定的分配方法，在合格品和废品之间进行分配，计算出废品的实际成本。

【例 5-1】20×3 年 5 月某企业的一车间生产甲产品 400 件，经验收入库发现不可修复废品 10 件；合格品生产工时为 117 小时，废品生产工时为 3 小时，全部生产工时为 120 小时。

甲产品成本计算单（即基本生产成本明细账）所列合格品和废品的全部生产费用为：原材料 20 000 元，燃料和动力 11 880 元，工资及福利费 12 120 元，制造费用 7 200 元，共计 51 200 元。废品残料回收入库价值 120 元，原材料在生产开工时一次性投入。原材料费用按合格品数量和废品数量的比例分配，其他费用按生产工时比例分配。

要求：

（1）按所耗实际费用计算废品的生产成本，编制废品损失计算表；

（2）编制相关会计分录。

（1）按所耗实际费用计算废品的生产成本和甲产品废品损失的结果如表 5-1 所示。

表 5-1　　不可修复废品损失计算表（按实际成本计算）　　产品名称：甲产品

车间：一车间　　20×3 年 5 月　　废品数量：10 件

项目	数量/件	原材料/元	生产工时/小时	燃料和动力/元	工资及福利费/元	制造费用/元	成本合计/元
费用总额	400	20 000	120	11 880	12 120	7 200	51 200
费用分配率		50		99	101	60	
废品成本	10	500	3	297	303	180	1 280
减：废品残料		120					120
废品损失		380	3	297	303	180	1 160

（2）根据不可修复废品损失计算表，编制会计分录。

① 结转废品成本。

借：废品损失——甲产品　　1 280

　　贷：基本生产成本——甲产品——原材料　　500

　　　　　　　　　　　　　　　——燃料及动力　　297

　　　　　　　　　　　　　　　——工资及福利费　　303

　　　　　　　　　　　　　　　——制造费用　　180

② 回收废品残料入库价值。

借：原材料　　120

　　贷：废品损失——甲产品　　120

③ 废品损失转入该种合格产品成本。

借：基本生产成本——甲产品——废品损失　　1 160

　　贷：废品损失——甲产品　　1 160

（二）按定额成本计算废品成本

按定额成本计算是指按不可修复废品的数量和各项费用定额计算废品的定额成本。

【例 5-2】20×3 年 6 月，某企业二车间当月生产丙产品，验收入库时发现不可修复废品 6 件，按所耗定额费用计算废品的生产成本。原材料费用定额为 200 元，单件工时定额为 20 小时，每小时费用定额为：燃料和动力 2.50 元、工资及福利费 2 元、制造费用 1.50 元。回收废品残值 200 元。编制不可修复废品损失计算表如表 5-2 所示。

表 5-2　　不可修复废品损失计算表（按定额成本计算）　　产品名称：丙产品

车间名称：二车间　　20×3 年 6 月　　废品数量：6 件

单位：元

项目	原材料	燃料和动力	工资及福利费	制造费用	成本合计
费用定额	200	50	40	30	320
废品定额成本	1 200	300	240	180	1 920
减：回收残值	200				200
废品损失	1 000	300	240	180	1 720

四、可修复废品损失的核算

可修复废品损失是指废品在修复过程中所发生的各项修复费用。可修复废品返修以前发生的生产费用，在“基本生产成本”账户及有关的成本明细账中不必转出。

返修时发生的修复费用，应根据原材料、职工薪酬、辅助生产费用和制造费用等分配表借记“废品损失”账户，贷记有关账户；如有残值和应收赔款，根据废料交库凭证及其他有关结算凭证，借记“原材料”“其他应收款”等账户，贷记“废品损失”账户；将废品净损失（修复费用减残值和赔款）从“废品损失”账户的贷方转入“基本生产成本”账户的借方及其有关成本明细账的“废品损失”成本项目，结转后，“废品损失”账户应无余额。

课堂讨论 5-2

某企业 10 月生产乙产品共发生生产费用 80 000 元（无月初月末结存费用），可修复废品率为 6%。废品修复费为 1 600 元。其中耗费材料 800 元，人工费 600 元，制造费用 200 元。应收过失人赔款 300 元。

根据资料，完成可修复废品损失的账务处理，并讨论废品返修对企业产生的影响。

参考答案

任务二 停工损失的核算

一、停工损失概述

停工损失是指生产车间或车间内某个班组在停工期内发生的各项费用，包括停工期间发生的原材料费用、工资及福利费、制造费用等。一般企业停工可分为正常停工和非正常停工。正常停工包括季节性停工、机器设备大修理停工、计划减产停工等，非正常停工包括待料或工具短缺停工、设备故障停工、电力中断停工、自然灾害停工等。

车间发生停工后，应当填制停工报告单作为核算停工损失的原始依据。停工不满一个工作日的，可以不计算停工损失。辅助生产车间一般不单独核算停工损失。

二、账户的设置及核算

为了单独核算停工损失，在会计账户中应增设“停工损失”账户，在成本项目中应增设“停工损失”项目。“停工损失”账户是为了归集和分配停工损失而设立的。该账户应按车间设立明细账，账内按成本项目分设专栏或专行，进行明细核算。停工期间发生、应该计入停工损失的各种费用，都应在该账户的借方归集，借记“停工损失”账户，贷记“燃料”“应付职工薪酬”“制造费用”等账户。

归集在“停工损失”账户借方的停工损失，由于产生的原因不同，其结转分配的方法也不同，主要包括下列情形：

（1）对于应向过失人或保险公司索赔的损失，记入“其他应收款”账户；

（2）属于自然灾害等原因引起的非正常停工损失，记入“营业外支出”账户；

（3）季节性停工、机器设备大修理以及计划减产等正常停工损失由产品成本负担，一般记入“基本生产成本”账户。

项目小结

通过本项目的学习，我们知道了废品及废品损失的基本内容；废品损失由不可修复废品损失和可修复废品损失组成，企业可设置“废品损失”账户进行核算；企业季节性停工、机器设备大修理停工、计划减产停工、待料或工具短缺停工、设备故障停工等造成的损失可通过“停工损失”账户进行核算。

拓展阅读

[1] 崔东顺.废品损失会计处理问题及对策探讨[J].财会通讯上,2018(9):61-64.

[2] 张彦臣.浅论加强质量管理 降低质量损失[J].现代经济信息,2018(04):140.

思考与练习

1．如何理解废品的概念？

2．不可修复废品和可修复废品的区别是什么？

3．如何理解停工损失？

4．试述如何减少企业的生产损失。

即测即评

项目六 生产费用在完工产品与在产品之间的分配

学习目标

知识目标

1. 理解广义在产品与狭义在产品的含义及约当产量的含义；
2. 了解生产费用在完工产品与在产品之间分配的具体条件；
3. 掌握完工产品与在产品之间费用分配的方法。

能力目标

1. 培养学生能够根据企业具体情况选择合理简便的分配方法的应用技能；
2. 培养学生的计算思维能力和对办公软件操作应用的能力。

价值目标

1. 培养学生的职业责任感，使学生成为担当民族复兴大任的时代新人；
2. 培养学生客观、公正、爱岗、敬业的职业素养，建立文化自信和会计情感。

思维导图

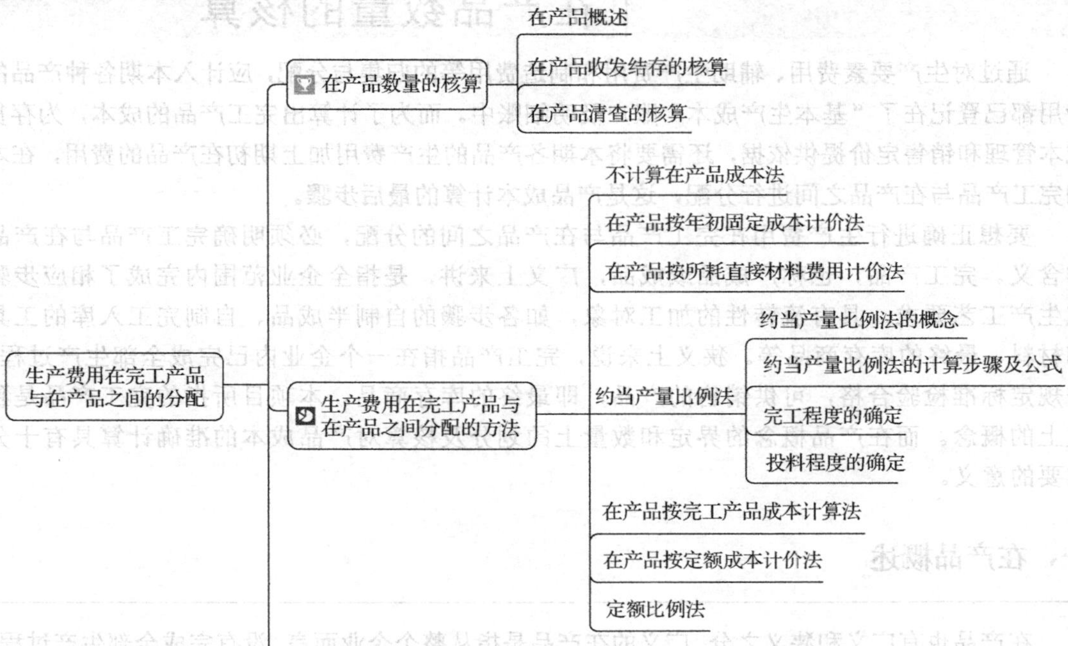

项目导入

大数据时代生产费用的分配

随着大数据时代的到来，企业在生产过程中面临着越来越多的数据收集和处理需求。在这种情况下，如何合理地分配生产费用成为一个重要的问题。根据实际情况，可以将生产过程划分为数据收集、数据存储、数据处理和数据分析等环节。每个环节都需要投入一定的资源和费用，因此需要对各个环节进行详细的成本核算。

A、B两家企业分别生产甲、乙产品，都有较完善的定额管理制度，单位费用定额较为准确、稳定。不同的是，A企业每月末甲产品的在产品数量变化较大，而B企业的乙产品的月末在产品数量则较为稳定，变化较小。两家企业的成本会计根据其生产特点和管理要求，在将生产费用在完工产品与在产品之间分配时选择了合适的方法，并在成本核算的过程中，充分应用了大数据技术工具进行数据的处理与分析。

请思考并回答以下问题。

1. 你认为A、B两家企业应该采用哪种分配方法？
2. 从你的职业能力和素养出发，你选择以上分配方法的理由是什么？
3. 大数据时代，企业进行费用分配的方式和流程发生了哪些变化？
4. 在财务数字化转型与发展中，企业通过什么途径寻求自身的高质量发展？

任务一 在产品数量的核算

通过对生产要素费用、辅助生产费用和制造费用等的归集与分配，应计入本期各种产品的费用都已登记在了“基本生产成本”账户及明细账中。而为了计算出完工产品的成本，为存货成本管理和销售定价提供依据，还需要将本期各产品的生产费用加上期初在产品的费用，在本期完工产品与在产品之间进行分配，这是产品成本计算的最后步骤。

要想正确进行生产费用在完工产品与在产品之间的分配，必须明确完工产品与在产品的含义。完工产品，也称产成品或成品，广义上来讲，是指全企业范围内完成了相应步骤或生产工艺要求，具有流转性的加工对象，如各步骤的自制半成品、自制完工入库的工具和材料、最终的库存商品等。狭义上来说，完工产品指在一个企业内已完成全部生产过程，按规定标准检验合格，可供销售的产品，即最终的库存商品。本项目所指的完工产品是狭义上的概念。而在产品概念的界定和数量上的划分及核算对产品成本的准确计算具有十分重要的意义。

一、在产品概述

在产品也有广义和狭义之分。广义的在产品是指从整个企业而言，没有完成全部生产过程、不能作为商品销售的产品，包括正在各个生产步骤加工的在制品和已经完成一个或多个生产步骤，尚未最终完工而需要继续加工的自制半成品，以及等待验收入库的产品、正在返修或等待返修的废品等，不包括对外销售的自制半成品和不可修复废品。而狭义的在产品是指正在某一车间或某一生产步骤加工的在制品，不包括该生产单位或生产步骤已经完工交付的自制半成品。本项目所指的在产品是狭义的概念。

当月初、月末没有在产品时，本月发生的全部生产费用等于完工产品的成本；如果企业没有完工产品，则本月发生的全部生产费用等于月末在产品的成本。但一般情况是月初、月末都有在产品，则需要将全部的生产费用（包括期初的和本期发生的）在完工产品和在产品之间进行分配。月初在产品成本、本月发生的生产费用、完工产品成本和月末在产品成本之间的关系可用下列公式表示。

月初在产品成本+本月生产费用=完工产品成本+月末在产品成本

或者，本月完工产品成本=月初在产品成本+本月生产费用-月末在产品成本

由上述公式可以看出，月初在产品成本和本月生产费用是确定已知的，在完工产品和月末在产品之间分配费用的方法一般有两种：①先确定月末在产品成本，然后计算完工产品成本；②将月初在产品成本和本月生产费用按一定方法和标准，合理地进行分配，同时计算出完工产品成本和月末在产品成本。但无论采用哪种方法，都必须取得在产品数量的核算资料。

二、在产品收发结存的核算

在产品数量的核算需要同时做好日常的收发结存和清查工作，这样，不仅可以做到账务的动态管理，还可以实时掌控在产品的实际数量，从而保证在产品实物的安全性和完整性，对在产品的资金管理和保证账实相符都有重要意义。

在产品收发结存的日常核算，通常是通过在产品台账进行的。在产品台账的设置需要考虑生产的特点和管理要求，可以按车间、产品的品种和在产品的名称设立，一般由车间或班组核算员根据有关领料单、出库单和入库单等原始凭证进行登记，最后审核汇总。在产品台账的参考格式如表 6-1 所示。

表 6-1　在产品台账

20×3 年 5 月

车间名称：一车间　　零件名称：甲零件　　产品名称：甲产品

日期	摘要	收入		发出		结存	
		凭证号	数量	凭证号	数量	完工	未完工

三、在产品清查的核算

对在产品的清查，可以定期进行，也可以不定期进行。对于没有设置在产品台账的车间，每月末都必须清查一次在产品，以便获取在产品的实际盘存资料。根据盘点的结果，填制“在产品盘存表”，并与“在产品收发结存账”核对。如有不符，还应填制“在产品盘盈盘亏报告表”，并说明发生盈亏的原因及处理意见等。财会部门应对“在产品盘盈盘亏报告表”中的内容进行审核，并按规定程序报经有关部门批准后进行相应的账务处理。

在产品清查的账务处理，和其他材料物资一样，都需经过两个步骤，具体如下。

1. 调整账面记录

（1）盘盈时。

借：基本生产成本

　　贷：待处理财产损溢——待处理流动资产损溢

（2）盘亏时。

借：待处理财产损溢——待处理流动资产损溢

　　贷：基本生产成本

2. 根据处理意见核销

（1）盘盈核销时。

借：待处理财产损溢——待处理流动资产损溢

　　贷：管理费用

（2）盘亏核销时。

借：管理费用（无法收回损失）

　　原材料（回收残料）

　　其他应收款（应获赔数额）

　　营业外支出（非常损失）

　　贷：待处理财产损溢——待处理流动资产损溢

课堂讨论 6-1

在产品盘点需要遵守盘点前、盘点中和盘点后的业务流程，例如，盘点前需要制定盘点计划，需要做一些准备工作等；盘点中，由盘点表到实物，如发现差异，需记录差异数量等；盘点后，需要在盘点表上签字，审计部和财务部共同对差异进行分析等。除此之外，还应注意其他事项。

试讨论：盘点时需哪些人员参与？盘点的时间怎么选择？

参考答案

任务二　生产费用在完工产品与在产品之间分配的方法

生产费用在完工产品与在产品之间的合理分配，直接关系到完工产品与在产品的准确计价。如果核算不清楚，将不能客观反映生产中各要素费用的真实消耗，会造成信息失真，进而影响经营成果和财务状况。特别是对于制造工艺复杂、在产品数量多、波动性强的企业，其更需要选择合适的方法。在选择方法时，企业需要考虑在产品数量的多少、各月在产品数量的波动性、各成本项目费用比重的大小以及企业定额管理制度的好坏等具体条件。常见的分配方法有：不计算在产品成本法、在产品按年初固定成本计价法、在产品按所耗直接材料费用计价法、约当产量比例法、在产品按完工产品成本计算法、在产品按定额成本计价法、定额比例法等。

一、不计算在产品成本法

不计算在产品成本法是指企业月末虽然有在产品，但不计算其成本的方法。这种方法下，产品每月发生的成本，全部由完工产品负担，每月发生的成本之和即为每月完工产品成本，简化了成本核算的手续。其计算公式如下。

本月生产费用=本月完工产品成本

这种方法一般适用于月末在产品数量较少并且各月在产品数量变动不大的企业，如采掘企业、发电企业和自来水公司等。

【例 6-1】某企业生产甲产品，5 月发生原材料费用 72 000 元，工资和福利费用 80 000 元，制造费用 28 000 元。本月完工产品 2 000 件，月末在产品 4 件。由于月末在产品数量较少，每月末在产品数量相对比较稳定，为了简便计算，该企业采用不计算在产品成本法计算产品成本。请计算该企业 5 月完工产品的成本。

甲产品完工产品的总成本=72 000+80 000+28 000=180 000（元）

甲产品完工产品的单位成本=180 000÷2 000=90（元）

二、在产品按年初固定成本计价法

在产品按年初固定成本计价法，是指年内各月末在产品的成本都按照年初在产品成本计算并保持固定不变的方法。月初在产品成本等于月末在产品成本，则本月发生的生产费用就是本月完工产品的成本。其计算公式如下。

本月生产费用=本月完工产品成本

采用这种方法，大大简化了成本计算工作。这种方法适用于月末在产品数量很少的产品或月末在产品数量较多但相对比较稳定的产品，如炼铁或化工等有固定容器装置企业的产品。这类产品不计算各月在产品成本的差额，对计算完工产品的成本影响不大。

在这种分配方法下，无论年末在产品数量是否变动，年终都应根据实际盘点的在产品数量，重新调整计算确定在产品成本，以免在产品成本与实际出入过大，影响成本计算的正确性。

【例 6-2】某企业的在产品成本按固定成本计算，年初在产品成本为：直接材料 4 200 元，直接人工 2 500 元，制造费用 3 800 元。本月发生的费用为：直接材料 72 500 元，直接人工 38 400 元，制造费用 13 478 元。请计算该企业本月完工产品和在产品的成本。

根据题意，本月发生的费用即为完工产品的成本，具体如表 6-2 所示。

表 6-2　产品成本计算单　单位：元

项目	直接材料	直接人工	制造费用	合计
月初在产品成本	4 200	2 500	3 800	10 500
本月生产费用	72 500	38 400	13 478	124 378
本月完工产品成本	72 500	38 400	13 478	124 378
月末在产品成本	4 200	2 500	3 800	10 500

三、在产品按所耗直接材料费用计价法

在产品按所耗直接材料费用计价法是指月末在产品成本只按所耗的原材料费用计算确认，人工成本和制造费用则全部由完工产品承担的方法。这种方法下，只有发生的原材料费用需要在完工产品与在产品之间进行分配。其相关的公式如下。

本月产品发生的直接人工、制造费用=本月完工产品的直接人工、制造费用

月初在产品的直接材料+本月发生的直接材料=本月完工产品的直接材料+月末在产品的直接材料

$$\text{单位产品原材料成本}=\frac{\text{原材料费用总额}}{\text{完工产品数量}+\text{月末在产品数量}}$$

月末在产品成本=月末在产品数量×单位产品原材料成本

月末完工产品成本=月初在产品成本+本月生产费用-月末在产品成本

这种方法适用于各月月末在产品数量过多且变化较大，直接材料费用在成本中所占比重较大，且材料在生产开始时一次性全部投入的产品，如造纸、酿酒等行业的产品。另外，企业采用这种方法时，应经常对各成本项目的金额进行比较，如果材料费用的比重下降，人工和加工费用的比重上升，则应选择其他方法，只有这样才能使成本计算更加准确。

【例 6-3】某企业生产的甲产品直接材料费用在成本中所占比重较大，在产品只计算材料成本。月初在产品的原材料费用为 5 000 元，本月甲产品的直接材料为 25 000 元，直接人工为 800 元，制造费用为 500 元，共计 26 300 元；本月完工产品 800 件，月末在产品 200 件。该种产品的原材料费用是在生产开始时一次性投入的，原材料费用按完工产品和在产品的数量比例分配。请计算该企业本月完工产品和在产品的成本。

原材料费用分配率=（5 000+25 000）÷（800+200）= 30

完工产品应负担的原材料费用= 30×800=24 000（元）

月末在产品应负担的原材料费用= 30×200 =6 000（元）

完工产品成本=24 000+800+500=25 300（元）

月末在产品成本=5 000+26 300-25 300=6 000（元）

根据计算结果，编制的产品成本计算单如表 6-3 所示。

表 6-3　产品成本计算单　单位：元

项目	直接材料	直接人工	制造费用	合计
月初在产品成本	5 000	—	—	5 000
本月生产费用	25 000	800	500	26 300
合计	30 000	800	500	31 300
本月完工产品成本	24 000	800	500	25 300
月末在产品成本	6 000	—	—	6 000
完工产品单位成本	30	1	0.625	31.625

课堂讨论 6-2

在产品按所耗直接材料费用计价法适用于材料费用占比较大的企业，了解企业产品的成本构成是会计人员选择生产费用分配方法的一个重要问题。随着互联网的迅猛发展，互联网企业在全球范围内成了重要的经济力量。然而，对

参考答案

于这些企业来说，其成本结构与传统企业的相比，有很大的差异。了解成本构成有利于企业更好地调整资源配置，并制定有效的经营策略，以提高竞争力和盈利能力。

试讨论：互联网企业的主要成本包括哪几个方面？哪些费用占比最大？

四、约当产量比例法

（一）约当产量比例法的概念

微课堂

约当产量比例法

约当产量比例法是将月末的在产品数量按其完工程度或投料程度折算为相当于完工产品的产量，即约当产量，然后将产品应负担的全部成本按照完工产品产量与月末在产品约当产量的比例分配计算完工产品成本和月末在产品成本的一种方法。

这种方法一般适用于月末在产品数量较多，各月末在产品的数量变化较大，产品成本中直接材料和直接人工、制造费用等各项加工费用所占的比重相差不大，并且费用的发生与加工程度密切相关的情况。

（二）约当产量比例法的计算步骤及公式

约当产量比例法的计算通常按照以下三个步骤进行。

第一步，区分不同成本项目计算月末在产品的约当产量；由于在产品分布在不同的工序上，所以，实际计算时还要根据不同工序的完工程度分别计算每道工序的在产品数量。一般的计算公式如下。

月末在产品约当产量=在产品数量×完工程度（或投料程度）

第二步，根据所有步骤或所有工序的在产品约当产量，计算不同成本项目的分配率或单位成本，通用的计算公式如下。

$$\text{费用分配率（或单位成本）}=\frac{\text{月初在产品成本}+\text{本月发生费用}}{\text{完工产品产量}+\text{月末在产品约当产量}}$$

第三步，计算完工产品成本和月末在产品成本。其计算公式分别如下。

完工产品成本=完工产品产量×费用分配率（或单位成本）

月末在产品成本=月末在产品约当产量×费用分配率（或单位成本）

从计算步骤和公式可以看出，约当产量的正确计算是关键，而其又受到在产品完工程度或投料程度的影响。从产品消耗资源的规律出发，不同的成本项目费用的发生影响因素是不同的。一般来说，直接人工和制造费用等加工费用是陆续、均衡投入的，可以按照生产工时的投入程度来确定完工程度。而直接材料的投料方式有多种，需要根据具体情况来确定投料程度，进而确定各工序的约当产量。

（三）完工程度的确定

测定在产品完工程度的方法一般有两种。

1. 平均计算

平均计算即一律按50%作为各工序在产品的完工程度。这是因为当各工序在产品数量和单位产品在各工序的加工量都相差不多的情况下，后面各工序在产品多加工的程度可以抵补前面各工序少加工的程度。

2. 各工序分别测定完工率

为了保证成本计算的准确性和计算效率，可以按照各工序的累计工时定额占完工产品工时定额的比例计算，事前确定各工序在产品的完工率。其计算公式如下。

$$某工序在产品完工率=\frac{前面各工序工时定额之和+本工序工时定额\times50\%}{产品工时定额}\times100\%$$

式中本工序工时定额之所以乘以50%，是因为该工序中各件在产品完工程度不同，为了简化核算，都按平均完工50%计算。另外，由于上道工序已经完工，所以前面各道工序的工时定额应全部累计转入下一道工序。

【例6-4】假定甲产品经过三道工序加工完成，单位完工产品工时定额180小时，各工序单位工时定额分别为：第一道工序90小时，第二道工序72小时，第三道工序18小时。在产品数量为500件，其中第一道工序240件，第二道工序160件，第三道工序100件。各道工序内各件在产品加工程度均按50%计算。请计算本月月末在产品的约当产量。

（1）计算各工序完工率。

$$第一道工序=\frac{90\times50\%}{180}\times100\%=25\%$$

$$第二道工序=\frac{90+72\times50\%}{180}\times100\%=70\%$$

$$第三道工序=\frac{90+72+18\times50\%}{180}\times100\%=95\%$$

（2）计算各工序在产品约当产量。

第一道工序在产品约当产量=240×25%=60（件）

第二道工序在产品约当产量=160×70%=112（件）

第三道工序在产品约当产量=100×95%=95（件）

在产品约当产量=60+112+95=267（件）

根据各工序的完工率和约当产量的计算结果，编制约当产量计算表，具体如表6-4所示。

表6-4　　约当产量计算表

工序	单位工时定额/小时	在产品完工率	月末在产品数量/件	在产品的约当产量/件
1	90	25%	240	60
2	72	70%	160	112
3	18	95%	100	95
合计	180	—	500	267

（四）投料程度的确定

在产品的投料程度是指在产品已经投入的材料费用占在产品完工时应投入的材料费用总额的比重。不同的投料方式，投料程度的计算也不相同。原材料的投料方式可以归纳为以下四种。

1. 原材料在生产开始时一次性投入

原材料在生产开始时一次性投入，就意味着在产品的投料程度是100%，即在产品消耗的材料费用和完工产品负担的材料成本相等。其计算公式如下。

月末在产品的约当产量=月末在产品的实际数量×100%

【例6-5】某企业生产乙产品，月初在产品与本月材料费用的合计为139 200元、直接工资为123 200元、制造费用为114 400元。本月完工4 000件，月末结存在产品800件，加工程度为50%。

问题：当原材料在生产开始时一次性投入时，请分配完工产品和在产品的材料费用。

月末在产品的约当产量=800（件）

$$原材料费用分配率=\frac{139\ 200}{4\ 000+800}=29$$

完工产品的材料费用=4 000×29=116 000（元）

在产品的材料费用=800×29=23 200（元）

2. *原材料在每道工序开始时投入*

原材料在每道工序开始时投入，由于每道工序的在产品消耗的原材料费用不同，所以应该分工序计算投料程度，一般按照原材料的消耗定额计算，并且本道工序的投料程度是 100%。其计算公式如下。

$$某道工序的投料程度=\frac{前面各工序原材料的累计消耗定额+本工序材料消耗定额}{完工产品材料消耗定额}\times 100\%$$

【例 6-6】华刚公司甲产品经三道工序加工完成，每道工序的材料投料定额和每道工序的在产品数量如表 6-5 所示。

问题：当原材料在每道工序开始时投入，请在 Excel 中完成投料程度和在产品约当产量的计算。

表 6-5　华刚公司甲产品的在产品资料

生产工序	各工序直接材料投料定额/元	投料程度	月末在产品数量/件	在产品约当产量/件
一	500		60	
二	300		350	
三	450		71	
合计	1 250		481	

第一步，在 Excel 中录入表 6-5 的基础数据。

第二步，计算投料程度和约当产量。在单元格 C3:C5、E3:E5 中分别输入公式，然后按回车键，其计算公式如图 6-1 所示。

	A	B	C	D	E
1	华刚公司甲产品的在产品约当产量计算表				
2	生产工序	各工序直接材料投料定额/元	投料程度	月末在产品数量/件	在产品约当产量/件
3	一	500	=B3/B6	60	=C3*D3
4	二	300	=(B3+B4)/B6	350	=C4*D4
5	三	450	=B6/B6	71	=C5*D5
6	合计	=SUM(B3:B5)		=SUM(D3:D5)	=SUM(E3:E5)

图 6-1　投料程度和约当产量的公式

第三步，查看结果。同时按住 Ctrl 键和～键（数字键 1 前的一个键），进行公式和结果的切换。计算结果如图 6-2 所示。

	A	B	C	D	E
1	华刚公司甲产品的在产品约当产量计算表				
2	生产工序	各工序直接材料投料定额/元	投料程度	月末在产品数量/件	在产品约当产量/件
3	一	500	40.00%	60	24
4	二	300	64.00%	350	224
5	三	450	100.00%	71	71
6	合计	1250		481	319

图 6-2　投料程度和约当产量的结果

3. 原材料随加工进度陆续不均衡投入，即投料程度与加工进度不一致

在这种情况下，则应按工序分别确定在产品的投料程度，并且一般以各工序的直接材料消耗定额为依据，投料程度按完成本工序投料的50%折算。其计算公式如下。

$$某道工序的投料程度=\frac{前面各工序原材料的累计消耗定额+本工序材料消耗定额\times 50\%}{完工产品材料消耗定额}\times 100\%$$

【例 6-7】沿用【例 6-6】的资料，当原材料随加工进度陆续不均衡投入，即投料程度与加工进度不一致时，请在 Excel 中完成投料程度和在产品约当产量的计算。

第一步，在 Excel 中录入表 6-5 中的基础数据。

第二步，计算投料程度和约当产量。在单元格 C3:C5、E3:E5 中分别输入公式，然后按回车键，其计算公式如图 6-3 所示。

	A	B	C	D	E
1	华刚公司甲产品的在产品约当产量计算表				
2	生产工序	各工序直接材料投料定额/元	投料程度	月末在产品数量/件	在产品约当产量/件
3	一	500	=(B3*50%)/B6	60	=D3*C3
4	二	300	=(B3+B4*50%)/B6	350	=D4*C4
5	三	450	=(B3+B4+B5*50%)/B6	71	=D5*C5
6	合计	=SUM(B3:B5)		=SUM(D3:D5)	=SUM(E3:E5)

图 6-3 投料程度和约当产量的公式（陆续不均衡投入）

第三步，查看结果。同时按住 Ctrl 键和～键（数字键 1 前的一个键），进行公式和结果的切换。计算结果如图 6-4 所示。

	A	B	C	D	E
1	华刚公司甲产品的在产品约当产量计算表				
2	生产工序	各工序直接材料投料定额/元	投料程度	月末在产品数量/件	在产品约当产量/件
3	一	500	20.00%	60	12
4	二	300	52.00%	350	182
5	三	450	82.00%	71	58.22
6	合计	1250		481	252.22

图 6-4 投料程度和约当产量的结果（陆续不均衡投入）

课堂讨论 6-3

某企业生产甲产品，月初在产品与本月材料费用的合计为 13 920 元、直接工资为 12 320 元、制造费用为 11 440 元。本月完工 400 件，月末结存在产品 80 件，加工程度为 50%。已知原材料在生产开始时投入 80%，加工到 60%时再投入其余的 20%。

试讨论：以上的投料方式下，如何在完工产品与在产品之间分配原材料费用？

参考答案

4. 原材料随加工进度陆续均衡投入，即投料程度与加工进度一致或基本一致

在这种情况下，原材料的投入方式和加工费保持一致，则月末在产品的投料程度可以采用分配加工费用时的完工程度，月末在产品的约当产量与分配加工费用所采用的在产品约当产量一致。

【例 6-8】甲电动葫芦制造厂，生产 A 型电动葫芦，20×3 年 5 月末完工 800 台，期末在产品 200 台，原材料随加工进度陆续均衡投入，在产品完工率为 50%，期初在产品成本、本期发生费用如表 6-6 所示。

表 6-6　　　　A 型电动葫芦费用计算表

20×3 年 5 月 30 日　　　　单位：元

项目	直接材料	直接人工	制造费用	合计
期初在产品成本	80 000	20 000	10 000	110 000
本期发生费用	370 000	160 000	80 000	610 000
合计	450 000	180 000	90 000	720 000

问题：用约当产量法计算期末在产品和完工产品成本。

（1）计算分配率。

材料费用分配率：450 000÷（800+200×50%）=500

人工费用分配率：180 000÷（800+200×50%）=200

制造费用分配率：90 000÷（800+200×50%）=100

（2）计算期末在产品成本。

在产品直接材料成本=200×50%×500=50 000（元）

在产品直接人工成本=200×50%×200=20 000（元）

在产品制造费用成本=200×50%×100=10 000（元）

（3）计算本期完工产品成本。

完工产品直接材料成本=450 000−50 000=400 000（元）

完工产品直接人工成本=180 000−20 000=160 000（元）

完工产品制造费用成本=90 000−10 000=80 000（元）

（4）根据上述计算结果，编制成本计算单，如表 6-7 所示。

表 6-7　　　　产品成本计算单

20×3 年 5 月

完工产品：800 台

单位：元　　　　在产品：200 台

成本项目	期初在产品成本	本期发生费用	合计	期末在产品成本	完工产品成本	
					总成本	单位成本
直接材料	80 000	370 000	450 000	50 000	400 000	500
直接人工	20 000	160 000	180 000	20 000	160 000	200
制造费用	10 000	80 000	90 000	10 000	80 000	100
合计	110 000	610 000	720 000	80 000	640 000	800

五、在产品按完工产品成本计算法

在产品按完工产品成本计算法，是指将在产品视同完工产品，按两者的数量比例分配各项生产费用的一种方法。

本方法适用于月末在产品已接近完工，或者已经完成全部加工程序，只是尚未包装或验收入库的产品。

【例 6-9】某扳手厂 20×3 年 5 月完工 24 寸活动扳手 4 000 个，期末在产品 1 000 个，在产品已接近完工，期初在产品成本、本期发生费用合计为：直接材料 160 000 元，直接人工 54 000 元，制造费用 32 000 元。

问题：计算 20×3 年 5 月期末在产品和完工产品成本。

因为在产品已接近完工，所以采用在产品按完工产品成本计算法。具体计算过程和结果如表 6-8 所示。

表 6-8　　20×3 年 5 月 24 寸活动扳手的成本计算单　　金额单位：元

成本项目	生产费用合计	费用分配率	完工产品		月末在产品	
			数量/个	费用	数量/个	费用
①	②	③=②/（④+⑥）	④	⑤=④×③	⑥	⑦=⑥×③
直接材料	160 000	32	4 000	128 000	1 000	32 000
直接人工	54 000	10.8	4 000	43 200	1 000	10 800
制造费用	32 000	6.4	4 000	25 600	1 000	6 400
合计	246 000	—	—	196 800	—	49 200

六、在产品按定额成本计价法

在产品按定额成本计价法，是指月末在产品成本按预先制定的在产品单位定额成本和月末在产品数量计算，本月累计生产费用减去月末在产品定额成本，即为当月完工产品成本的一种方法。由此可以看出，实际生产费用脱离定额的差异完全由完工产品负担。

虽然该方法简化了成本核算手续，但差异额全部由完工产品承担，是不合理的。所以，这种方法仅适用于定额管理基础比较好，各项定额成本比较准确、稳定，而且各月在产品数量变化不是很大的产品。其计算公式如下。

月末在产品成本=月末在产品数量×在产品单位定额成本

完工产品成本 =（月初在产品成本+本月生产费用）-月末在产品成本

【例 6-10】某厨房用具加工厂生产的菜刀月末在产品按定额成本计算。20×3 年 5 月期末菜刀的在产品数量 1 000 把，完工产品 2 000 把，原材料系生产开始时一次性投入。单把菜刀的原材料消耗定额为 500 克，钢材的计划单价为 6.5 元/500 克，单位在产品的工时定额为 2 小时，每小时人工费用定额为 20 元，每小时制造费用定额为 3 元。月初在产品和本月发生的生产费用如下：原材料 9 000 元，直接人工 52 000 元，制造费用 7 000 元。

问题：计算 20×3 年 5 月期末在产品和完工产品成本。

在产品直接材料定额成本=1 000×1×6.5=6 500（元）

在产品直接人工定额成本=1 000 ×2×20=40 000（元）

在产品制造费用定额成本=1 000×2×3=6 000（元）

菜刀的完工产品与在产品的成本计算如表 6-9 所示。

表 6-9　　菜刀的成本计算单

产品名称：菜刀　　20×3 年 5 月　　完工产品：2 000 把

金额单位：元　　在产品：1 000 把

项目	直接材料	直接人工	制造费用	合计
累计生产费用	9 000	52 000	7 000	68 000
月末在产品成本	6 500	40 000	6 000	52 500
完工产品成本	2 500	12 000	1 000	15 500
完工产品单位成本	1.25	6	0.5	7.75

七、定额比例法

定额比例法，是指按照完工产品与月末在产品的定额耗用量（或定额成本）比例来分配生产费用，确定完工产品成本和月末在产品成本的方法。其中，直接材料的定额耗用量为材料的定额消耗量，直接人工和制造费用的定额耗用量一般按定额工时计算。每月实际费用脱离计划成本的差异，由完工产品和在产品共同负担。其计算公式如下。

$$\text{直接材料分配率}=\frac{\text{月初在产品直接材料实际成本}+\text{本月发生的直接材料实际成本}}{\text{完工产品定额消耗量（定额成本）}+\text{月末在产品定额消耗量（定额成本）}}$$

完工产品直接材料实际成本=完工产品材料定额消耗量（定额成本）×直接材料分配率

月末在产品直接材料实际成本=在产品材料定额消耗量（定额成本）×直接材料分配率

直接人工（制造费用）分配率=

$$\frac{\text{月初在产品直接人工（制造费用）实际成本}+\text{本月发生的直接人工（制造费用）实际成本}}{\text{完工产品定额工时（定额成本）}+\text{月末在产品定额工时（定额成本）}}$$

完工产品直接人工（制造费用）实际成本

=完工产品定额工时（定额成本）×直接人工（制造费用）分配率

月末在产品直接人工（制造费用）实际成本

=月末在产品定额工时（定额成本）×直接人工（制造费用）分配率

这种分配方法适用于定额管理基础良好，各项消耗定额和费用定额比较准确、稳定，各月末在产品数量变动较大的产品。这种方法不仅可以提供实际费用资料，还能提供实际消耗量的资料，便于考核与分析各部门的定额管理制度的执行情况，有利于加强成本管理和控制，以便及时发现问题，采取降低成本的有效措施。但如果产品消耗的材料种类较多，也会增加分配方法的工作量，不过实行电算化的企业可以克服这一问题。

【例 6-11】某企业生产丙产品，单位产品直接材料定额成本为 120 元，单位产品工时定额为 15 小时。5 月，该企业生产完工丙产品 2 000 件，月末实际结存在产品 200 件；原材料为生产开始时一次性投入，加工程度为 50%。丙产品 5 月初在产品成本为：直接材料为 56 000 元，直接人工为 14 000 元，制造费用为 21 000 元；本月发生的实际费用为：直接材料为 500 000 元，直接人工为 136 000 元，制造费用为 120 000 元。

问题：按定额比例法计算 20×3 年 5 月期末在产品和完工产品成本。

根据以上资料，按定额比例法计算的完工产品成本和在产品成本如表 6-10 所示。

表 6-10 产品成本计算单

产品名称：丙产品　　20×3 年 5 月　　金额单位：元

项目		直接材料	直接人工	制造费用	合计
月初在产品成本		56 000	14 000	21 000	91 000
本月生产费用		500 000	136 000	120 000	756 000
生产费用合计		556 000	150 000	141 000	847 000
定额成本（耗用量）合计		264 000	31 500 小时	31 500 小时	—
费用分配率		2.106 1	4.761 9	4.476 2	
完工产品	定额成本（耗用量）	240 000	30 000 小时	30 000 小时	—
	实际成本（倒挤计算）	505 453.6	142 857.15	134 285.7	782 596.45

续表

项目		直接材料	直接人工	制造费用	合计
月末在产品	定额成本（耗用量）	24 000	1 500 小时	1 500 小时	—
	实际成本	50 546.4	7 142.85	6 714.3	64 403.55

表中分配标准的计算如下。

直接材料成本项目。

完工产品定额成本=2 000×120=240 000（元）

在产品定额成本=200×120=24 000（元）

直接人工和制造费用成本项目。

完工产品定额工时=2 000×15=30 000（小时）

在产品定额工时=200×15×50% =1 500（小时）

另外，由于分配率是通过四舍五入得到的，为了保证数据的闭合，完工产品的成本是通过下面公式倒挤出来的。

完工产品的实际成本 =月初在产品成本+本月生产费用-在产品实际成本

如，完工产品中直接人工的实际成本=556 000-50 546.4 =505 453.6（元）

以上介绍的是生产费用在完工产品与在产品之间的分配方法，在实际应用中，企业需要考虑自身的生产组织特点和管理要求，选择合理的方法，并且保持方法的连续性和稳定性，以保证成本数据的可比性。所以，分配方法一旦选择，不得随意变更。

课堂讨论 6-4

在产品按定额成本计价法与定额比例法两种分配方法都用到了定额成本的数据，但它们有很大的区别，因此，企业选择这些方法时一定要注意它们的适用性。

参考答案

试讨论：以上两种方法的区别。

任务三 完工产品成本的结转

企业的生产费用在完工产品和在产品之间分配之后，就确定了完工产品和在产品的成本。这时，就需要将完工产品的成本，从“基本生产成本”总账账户及明细账的贷方，记入有关账户的借方。完工入库的产成品，借记“库存商品”账户；完工的自制零部件和工具等留待自己使用的，借记“原材料”或“低值易耗品”等账户。“基本生产成本”账户的借方余额，则表示月末在产品的成本。

【例 6-12】某家具加工厂，20×3 年 5 月生产了床头柜和椅子两种产品。床头柜完工了 2 000 个，其直接材料费用为 120 000 元，直接人工成本 80 000 元，制造费用为 48 000 元。椅子完工了 1 000 把，其直接材料费用为 48 000 元，直接人工成本 36 000 元，制造费用为 27 000 元。根据床头柜、椅子两种产品的入库单等，编制产成品成本汇总表，如表 6-11 所示。

表 6-11　　产成品成本汇总表

20×3 年 5 月　　金额单位：元

产品名称	产量	直接材料		直接人工		制造费用		合计	
		单位成本	总成本	单位成本	总成本	单位成本	总成本	单位成本	总成本
床头柜	2 000（个）	60	120 000	40	80 000	24	48 000	124	248 000
椅子	1 000（把）	48	48 000	36	36 000	27	27 000	111	111 000
合计			168 000		116 000		75 000		359 000

根据表 6-11，结转完工产品总成本，编制会计分录如下。

借：库存商品——床头柜　　248 000

　　　　　　——椅子　　111 000

　贷：基本生产成本——床头柜　　248 000

　　　　　　　　　——椅子　　111 000

项目小结

通过本项目的学习，我们了解了在产品和完工产品的含义。当月末完工产品和在产品同时存在时，生产过程中发生的生产费用和月初在产品的成本就需要在完工产品和月末在产品之间进行分配，这四项费用遵守这样的规律，即：月初在产品成本+本月生产费用=完工产品成本+月末在产品成本。当然，企业在选择分配方法时，需要考虑企业的生产组织特点和管理要求，并保持方法的相对稳定。常见的分配方法有：不计算在产品成本法、在产品按年初固定成本计价法、在产品按所耗直接材料费用计价法、约当产量比例法、在产品按完工产品成本计算法、在产品按定额成本计价法、定额比例法等。在选择这些方法时，还要注意它们的特点和适用范围，更要熟练掌握计算方法。特别是受科技影响比较大的企业如互联网公司，更应该根据成本的构成，选择合适的分配方法。

拓展阅读

[1] 王利华.浅析约当产量在成本核算和计划中的应用[J].中国集体经济,2019(30):131-132.
[2] 樊淑琴.加强企业存货盘点的内控管理[J].中国乡镇企业会计,2018(04):176-177.
[3] 张凤华.约当产量法在苗木成本核算中的运用[J].财会学习,2016(17):104-105.
[4] 位春苗.定额比例法在成本会计中的应用[J].中国商贸,2015(13):183-185.

思考与练习

1．请概括在产品与产成品的含义。
2．在分配生产费用时，应考虑哪些具体条件？
3．生产费用的分配方法有哪些？其各自的适用范围是什么？
4．约当产量的含义是什么？为什么要引进约当产量的概念？
5．在产品按定额成本计价法与定额比例法有何异同？

即测即评

实训专栏

实训任务一：应用 Excel 进行约当产量比例法的核算

实训资料：某企业甲产品的生产有两道工序，原材料分别在每道工序开始时一次性投入，20×3 年 5 月各工序单位产品原材料消耗定额和在产品数量等有关资料如表 6-12 所示。

表 6-12　　单位产品原材料消耗定额和在产品数量情况

工序	原材料消耗定额/千克	完工产品数量/件	月末在产品数量/件	加工程度
1	480	—	180	40%
2	240	760	120	80%

月初在产品成本和本月发生的生产费用具体如表 6-13 所示。

表 6-13　　月初在产品成本和本月生产费用情况　　单位：元

项目	直接材料	直接人工	制造费用	合计
月初在产品成本	150 000	16 400	18 320	184 720
本月生产费用	400 000	30 000	42 000	472 000
合计	550 000	46 400	60 320	656 720

实训要求：根据上述资料按约当产量比例法在 Excel 中计算本月完工产品和月末在产品成本，并编制完工产品入库的记账凭证。

（1）根据在产品数量和相关定额资料计算各工序在产品投料程度，编制相应的约当产量计算表，分别如表 6-14 和表 6-15 所示。

表 6-14　　甲产品原材料在产品约当产量计算表

工序	材料定额/千克	在产品数量/件	投料程度/%	在产品约当产量/件
1				
2				
合计				

表 6-15　　甲产品直接人工和制造费用在产品约当产量计算表

工序	在产品数量/件	加工程度/%	在产品约当产量/件
1			
2			
合计			

（2）根据约当产量计算表和月初在产品成本及本月生产费用等资料，编制产品成本计算单，如表 6-16 所示。

表 6-16　产品成本计算单

20×3 年 5 月　单位：元

产品名称：甲产品　完工产品：760 件　在产品：300 件

项目	直接材料	直接人工	制造费用	合计
月初在产品成本				
本月生产费用				
生产费用合计				
完工产品数量/件				
月末在产品约当产量/件				
约当总产量/件				
费用分配率				
完工产品成本				
月末在产品成本				

（3）根据编制的产品成本计算单编制记账凭证，如表 6-17 所示。

表 6-17　记账凭证

年　月　日　字第　号

摘要	总账科目	明细科目	借方金额	贷方金额	记账
合计					

会计主管　审核　制证　记账

实训任务二：应用 Excel 进行定额比例法的核算

实训资料：某企业生产乙产品，单位产品直接材料定额成本为 120 元，单位产品工时定额为 15 小时。20×3 年 5 月，该企业生产完工乙产品 800 件，月末实际结存在产品 200 件；原材料为生产开始时一次性投入，加工程度为 50%。乙产品 5 月初在产品成本和本月发生的实际耗费如表 6-18 所示。

表 6-18　月初在产品及本月生产费用　单位：元

项目	直接材料	直接人工	制造费用	合计
月初在产品成本	36 000	8 900	12 470	57 370
本月生产费用	194 400	32 680	31 000	258 080
合计	230 400	41 580	43 470	315 450

实训要求：根据以上资料，按定额比例法在 Excel 中计算完工产品成本和在产品成本，填制产品成本计算单，并编制完工产品入库的记账凭证。

（1）根据乙产品定额资料及生产费用，填制产品成本计算单，具体格式如表 6-19 所示。

表 6-19 产品成本计算单

20×3 年 5 月

金额单位：元
数量单位：件

产品名称：乙产品　　完工产品：800 件　　在产品：200 件

项目	直接材料	直接人工	制造费用	合计
月初在产品成本				
本月生产费用				
生产费用合计				
完工产品定额成本或定额耗用量				
在产品定额成本或定额耗用量				
定额成本或定额耗用量合计				
分配率				
完工产品成本				
月末在产品成本				

（2）根据编制的产品成本计算单编制记账凭证，如表 6-20 所示。

表 6-20 记账凭证

年　月　日　　字第　号

摘要	总账科目	明细科目	借方金额	贷方金额	记账
合计					

会计主管　　审核　　制证　　记账

项目七 产品成本计算方法概述

学习目标

知识目标

1. 了解工业企业的生产类型及其特点；
2. 理解生产类型和管理要求对产品成本计算的影响；
3. 熟悉成本计算的基本方法和辅助方法的分类。

能力目标

1. 培养学生熟练掌握品种法、分批法和分步法的计算对象和适用范围的能力；
2. 培养学生能够根据企业生产类型特点和管理要求选择合适的成本核算方法的应用技能。

价值目标

1. 引导学生在生产管理实践中检验产品成本计算方法的适配性和合理性，贯彻落实“实践是检验真理的唯一标准”这一原则；
2. 培养学生勤于思考，敢于求变的思维能力。

思维导图

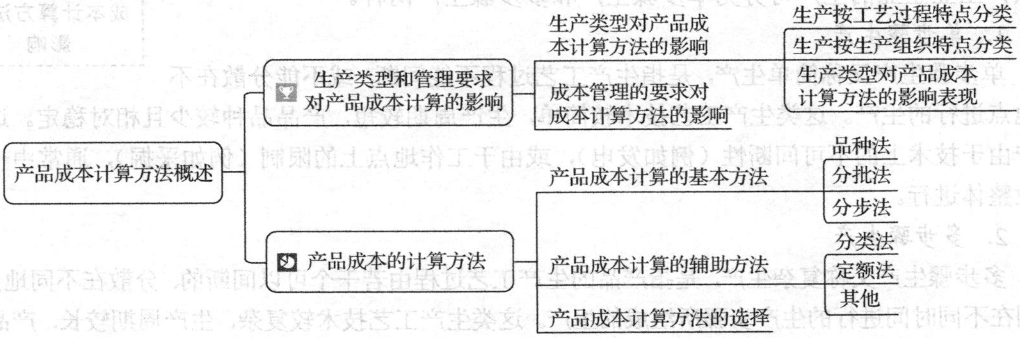

项目导入

产品成本核算：最适合的才是最好的

小王毕业后在一家汽车制造企业担任成本会计，他的大学同学小李在一家服装加工企业担任成本会计。一天，两人在讨论产品成本计算的问题时，发现两家企业的成本核算流程并不一样。小王听说小李所在的企业产品明细账不是按照生产步骤设置的，而是按照产品品种设置的，就觉得小李所在的企业设置的明细账不合理。

请思考并回答以下问题。

1. 小王的观点正确吗？为什么？
2. 汽车制造企业和服装加工企业的成本核算方法和流程可以不同吗？
3. 你认为该如何判断一个企业的产品成本计算方法是否合适？

任务一 生产类型和管理要求对产品成本计算的影响

产品成本是在生产过程中形成的，因此生产的特点在很大程度上影响着成本计算方法的特点。另外，成本计算是为成本管理提供资料的，采用什么方法、提供哪些资料，必须考虑成本管理的要求。因此，每个企业或车间在计算产品成本时，都应根据其生产类型特点和管理要求来确定适宜的成本计算方法。

一、生产类型对产品成本计算方法的影响

企业的生产类型及其特点，对企业选择成本计算方法有着重要的影响。不同部门、行业的生产特点千差万别，工业企业生产类型及其特点主要表现在两个方面，即产品生产工艺过程的特点和生产组织的特点。

微课堂

生产类型对产品成本计算方法的影响

（一）生产按工艺过程特点分类

生产工艺过程是指产品从投产到完工的生产工艺技术过程。按工艺过程特点，工业企业的生产可分为单步骤生产和多步骤生产两种。

1. 单步骤生产

单步骤生产又称简单生产，是指生产工艺过程不能间断，或不能分散在不同地点进行的生产。这类生产工艺技术较简单，生产周期较短，产品品种较少且相对稳定。这类生产由于技术上的不可间断性（例如发电），或由于工作地点上的限制（例如采掘），通常由一个企业整体进行。

2. 多步骤生产

多步骤生产又称复杂生产，是指产品的生产工艺过程由若干个可以间断的、分散在不同地点、分别在不同时间进行的生产步骤所组成的生产。这类生产工艺技术较复杂，生产周期较长，产品品种较多且不甚稳定，一般由一个企业的若干步骤或车间协作进行生产。按产品的加工方式，多步骤生产又可分为连续加工式生产和装配式生产。连续加工式生产是指原材料投入生产后到产品完工，要依次经过各个生产步骤连续加工的生产，前一加工步骤完工的半成品为后一加工步骤加工的对象，如纺织、冶金、造纸等生产。装配式生产，是指各个生产步骤可以在不同地点同时进行，先将原材料平行加工成零件、部件，然后将零件、部件装配成产成品，如机械、仪表等生产。

（二）生产按生产组织特点分类

生产组织是指保证生产过程各个环节、各个因素相互协调的生产工作方式。按生产组织特点，工业企业生产可分为大量生产、成批生产和单件生产三种类型。

大量生产是指不断地大量重复生产相同产品的生产，例如纺织、面粉、采掘等的生产。在这种生产的企业或车间里，往往产品的品种较少、产量较大，而且比较稳定。成批生产是指按照事先规定的产品批别和数量进行的生产，例如服装、机械的生产。在这种生产的企业或车间里，通常产品品种较多、产量较大，生产具有重复性。成批生产按照产品批量的大小，又可分为大批生产和小批生产。大批生产，由于产品批量较大，往往在几个月内不断地重复生产一种或几种产品，因而性质上接近于大量生产；小批生产，由于产品批量较小，一批产品一般可以同时完工，因而性质上接近于单件生产。单件生产类似小批生产，是指根据订货单位的要求，个别的、性质特殊的产品的生产，例如船舶、重型机器、新产品试制等的生产。

将上述生产工艺过程的特点和生产组织的特点相结合，可形成不同的生产类型。单步骤生产和多步骤连续加工式生产，一般是大量大批生产，可分别称为大量大批单步骤生产和大量大批连续式多步骤生产。多步骤装配式加工生产，可以是大量生产，也可以是成批生产，还可以是单件生产，前一种可称为大量大批平行式加工多步骤生产，后两种可统称为单件小批平行式加工多步骤生产。

（三）生产类型对产品成本计算方法的影响表现

生产类型对产品成本计算方法的影响，主要表现在三个方面，即成本计算对象、成本计算期、生产费用在完工产品和在产品之间的分配。

1. 对成本计算对象的影响

（1）大量大批单步骤生产企业，由于生产工艺过程不能间断，故不能分散在不同地点进行生产，又由于大量重复无法分批，成本管理既不能分步计算成本，也不能分批计算成本，而只能按品种计算产品成本。

（2）大量大批连续式多步骤生产企业，生产工艺过程由若干个分散在不同地点、不同时间的连续式加工过程组成，其产品品种相同，产品无法分批，但工艺过程可以划分为若干个生产步骤，可以按生产步骤来计算产品成本。

（3）大量大批装配式加工多步骤生产企业，由于产品品种少而且稳定，在较长时间内生产同种产品，其产品的零件、部件可以在不同地点同时进行加工，然后装配成为最终产品，而零件、部件半成品没有独立的经济意义。因此，不需要按步骤计算半成品成本，而以产品品种为成本计算对象。

（4）单件小批单步骤生产或单件小批平行式加工多步骤生产企业，由于生产的产品批量小，产品按照单件或批别组织生产，一批产品一般在较短时间内完工。因此，通常以单件或每批产品作为成本计算对象，其成本计算对象为批别。

综上所述，在产品成本计算工作中有三种不同的成本计算对象：

（1）以产品品种为成本计算对象；

（2）以产品批别为成本计算对象；

（3）以产品生产步骤为成本计算对象。

2. 对成本计算期的影响

成本计算期是指每次计算产品成本的期间。计算产品成本的期间并不完全与产品的生产周期或会计结算期一致。

在大量大批生产的企业里，在月内一般都有大量的完工产品，产品的生产周期较短。由于随时有完工产品，不能在产品完工的同时就计算它的成本，而应定期地在月末进行计算。这时，产品的成本计算期与会计结算期一致，而与产品的生产周期不一致。

在单件小批生产的企业里，当每一订单产品或每批产品未完工时，产品成本全部是在产品的成本。只有产品全部完工时，才能计算完工产品的成本，故单件小批生产的企业成本计算期是不固定的，与产品的生产周期一致，但与会计结算期不一致。

3. 对生产费用在完工产品和在产品之间分配的影响

在单步骤生产方式下，不论是大量大批生产方式还是单件小批生产方式，因单步骤生产过程不能间断，往往没有月末在产品，或在产品数量很少，因此一般不需要将生产费用在完工产品和月末在产品之间分配。

在大量大批多步骤生产的方式下，由于多步骤生产中间可以间断，且是大量大批的生产，产品不可能同时完工，月末经常有在产品，且在产品数量不稳定，因而在计算成本时，就需要采用适当的方法，将生产费用在完工产品与月末在产品之间进行分配，以便确定完工产品成本和月末在产品成本。

在单件小批多步骤生产方式下，因为生产数量较少，各批产品基本可以同时完工，因此，在产品完工之前，归集在产品成本明细账中的生产费用均为在产品成本，完工后，归集的生产费用就是完工产品成本，一般不需要将生产费用在完工产品与月末在产品之间进行分配。

二、成本管理的要求对成本计算方法的影响

产品生产特点客观上决定着成本计算的对象，即计算什么的成本。但成本计算对象的确定还要考虑管理上的要求，因为成本核算是为成本管理服务并提供资料的。成本管理的要求对成本计算方法的影响主要有以下方面。

（1）单步骤生产或管理上不要求分步骤计算成本的多步骤生产，以品种或批别为成本计算对象，采用品种法或分批法计算产品成本。

（2）管理上要求分步骤计算成本的多步骤生产，以生产步骤为成本计算对象，采用分步法计算产品成本。

（3）在产品品种、规格繁多的企业，管理上要求尽快提供成本资料，简化成本计算工作，可以采用分类法计算产品成本。

（4）定额管理基础较好的企业，为加强定额管理工作，可采用定额法计算产品成本。

综上所述，企业成本计算方法的选择应当根据其实际情况确定，既要考虑生产经营的特点，也要考虑成本管理的现实需要。

课堂讨论 7-1

为什么一个企业在确定产品成本计算方法时，必须同时考虑企业的生产特点和进行成本管理的要求？

参考答案

任务二 产品成本的计算方法

一、产品成本计算的基本方法

为了适应不同类型生产特点和成本管理的要求，在产品成本计算工作中有三种不同的成本

计算对象：产品品种、产品批别和产品的生产步骤。因而以成本计算对象为主要标志的产品成本计算的基本方法也有三种，即品种法、分批法和分步法。

（一）品种法

品种法是指以产品品种为成本计算对象的产品成本计算方法。品种法是产品成本计算中一种比较简单的方法，一般适用于大量大批单步骤生产的企业，如发电，采掘等企业，也可适用于管理上不要求分步计算产品成本的大量大批多步骤生产的企业，如小型造纸厂、水泥厂等。

（二）分批法

分批法又称订单法，是指以产品批别（订单）为成本计算对象的产品成本计算方法。分批法适用于单件小批单步骤生产或单件小批多步骤生产，但管理上不要求分步计算成本的企业，主要包括以下企业。

（1）单件、小批生产的重型机械、船舶、精密工具、仪器等制造企业。

（2）不断更新产品种类的时装等制造企业。

新产品的试制、机器设备的修理作业以及辅助生产的工具、器具、模具的制造等，亦可采用分批法计算成本。

（三）分步法

分步法是指以产品生产步骤为成本计算对象的产品成本计算方法。分步法适用于大量大批多步骤生产，且管理上要求分步骤计算成本的企业，如冶金、纺织、酿酒、砖瓦等企业。这些企业，从原材料投入到产品完工，要经过若干连续的生产步骤，除最后一个步骤生产的是产成品外，其他步骤生产的都是完工程度不同的半成品。这些半成品，除少数可能出售外，都是下一步骤加工的对象。因此，这些企业应按步骤设置产品成本明细账，计算产品成本。

这三种方法之所以称为产品成本计算的基本方法，是因为这三种方法与不同生产类型的特点有着直接联系，而且涉及成本计算对象的确定，因而是计算产品成本必不可少的方法。所有工业企业，不论哪一种生产类型，进行成本计算所采用的基本方法均为这三种方法。产品成本计算的基本方法，如表 7-1 所示。

表 7-1　　产品成本计算的基本方法

产品成本计算基本方法	成本计算对象	适用范围		
		生产工艺特点	生产组织特点	成本管理要求
品种法	产品品种	单步骤、多步骤	大量大批	不要求分步计算成本
分批法	产品批别	单步骤、多步骤	单件小批	不要求分步计算成本
分步法	产品生产步骤	多步骤	大量大批	要求分步计算成本

二、产品成本计算的辅助方法

在实际工作中，除了采用上述三种基本的成本计算方法外，有的企业根据不同的需要，还广泛采用了一些辅助方法。例如企业生产的产品规格繁多，可以将产品结构、耗用材料和工艺过程基本相同的产品作为一类，先按类计算成本，再在类内的不同品种的产品之间进行分配，即采用分类法核算。定额管理制度比较好的企业，为了考核定额的执行情况，便于定额的管理与分析，将符合定额的生产费用和脱离定额差异分别核算，即采用定额法核算。

此外，有些企业为了向企业的决策人提供进行短期生产经营预测和决策的数据，采用只计算产品生产的变动成本，而将固定生产成本直接计入当期损益的变动成本法；有些企业为了加强企业内部成本控制和分析，采用一种只计算产品的标准成本，而将实际成本与标准成本的差异直接计入当期损益的标准成本法；等等。

需要注意的是，上述这些辅助成本计算方法与生产类型的特点没有直接联系，不涉及成本计算对象，它们的应用或者是为了简化成本计算工作，或者是为了加强成本管理，只要条件具备，在哪种生产类型的企业都能用。因此，它们并不是计算产品实际成本所必不可少的，也不能单独使用，而必须与产品成本计算的基本方法结合起来使用。

三、产品成本计算方法的选择

在实际工作中，在同一个企业或同一个车间里，其生产的特点和管理的要求并不完全相同，就有可能在同一个企业或同一个车间里同时采用几种成本计算方法进行成本计算；有时在生产一种产品时，在该产品的各个生产步骤以及各种半成品、各成本项目之间的结转，其生产的特点和管理的要求也不一样，这样，在生产同一种产品时，就有可能同时采用几种成本计算方法来计算产品的成本。

（一）同一个企业或同一个车间里同时采用几种成本计算方法

由于企业内生产的产品种类很多，生产车间也很多，所以就有可能产生几种成本计算方法同时使用的情况。

同一个企业或者同一个生产车间可能不只生产一种产品，而这些产品的特点不同，生产类型也可能不一样，企业应采用不同的成本计算方法计算产品成本。例如，重型机械厂，一般采用分批法计算产品成本，但如果其有其他传统产品，产品已经定型，且属于大量生产，也可采用品种法或分步法计算产品成本。

企业一般都设有基本生产车间和辅助生产车间。基本生产车间和辅助生产车间生产的特点和管理的要求是不一样的，应采用不同的成本计算方法计算产品成本。例如，在钢铁企业里，其基本生产车间的生产是炼铁、炼钢和轧钢，属于大量大批复杂生产，根据其生产的特点和管理的要求，可采用分步法计算产品成本；但企业内部的供电、修理、供气等辅助生产车间的生产则属于大量大批简单生产类型的生产，根据其特点，应采用品种法计算成本。

（二）结合使用几种成本计算方法计算同一种产品的成本

同一种产品的不同生产步骤，由于生产特点和管理要求的不同，可以采用不同的成本计算方法。例如，制鞋厂所产各类各种鞋的成本，可以采用分步法或品种法与分类法结合的方法计算，先采用分步法或品种法计算出各类鞋的成本，再采用分类法计算每类产品内各种规格鞋的成本。另外，如果企业定额管理基础较好，可以将定额法和基本方法中的一种方法结合应用，计算产品成本。

在一个企业里，所采用的成本计算方法并不是一成不变的，企业应根据生产的发展和企业管理水平的提高，修改成本计算方法，以适应新形势的需要。特别是随着我国经济体制改革的深入发展，企业生产类型可能变动。由过去的单件生产转化为大量大批生产，由过去的简单生产变为复杂生产，或成本管理要求提供更多的成本资料，都要求企业对原有的成本计算方法进行调整，以适应新形势的要求。

课堂讨论 7-2

一个企业只能采用一种成本计算方法吗？成本方法一经选定可否变动呢？

参考答案

项目小结

通过本项目的学习，我们知道企业的生产类型、成本管理要求都会对产品成本计算方法的选择产生影响，企业既可能采用单一方法进行成本核算，也可能需要综合运用多种成本计算方法完成成本计算工作。所以不同企业，甚至同一企业的不同生产阶段，其成本计算方法的选择往往是不同的。成本核算既有相对统一的理论，又在运用上千差万别，没有定式。勤于思考是成为一个优秀成本会计必须面对的课题。

拓展阅读

[1] 李彩.基于生命周期法的设备成本计算方法探讨[J].财会通讯,2022 (08):118-120.
[2] 财政部.关于印发《企业产品成本核算制度（试行）》的通知（财会〔2013〕17 号）.
[3] 蒋鹏飞.反季节果蔬产品成本核算方法探讨[J].商业会计,2018 (17):49-51.
[4] 曾富全.产品成本计算方法的“懒人思维”探析[J].中国乡镇企业会计,2015(05):143-144.

思考与练习

1．试述生产类型和管理要求对产品成本计算的影响。
2．常用的成本计算方法有哪些？如何选择应用？
3．什么是产品成本计算的基本方法？什么是产品成本计算的辅助方法？
4．区分成本计算基本方法和辅助方法的主要标志是什么？

即测即评

项目八 产品成本计算的品种法

学习目标

知识目标

1. 了解品种法的含义、特点和适用范围；
2. 熟悉品种法下产品成本的核算流程；
3. 掌握品种法下产品成本计算的方法。

能力目标

1. 培养学生能够根据企业具体案例，进行各品种产品成本计算的能力；
2. 培养学生主动思考、独立思辨的能力和理论指导实践解决问题的能力。

价值目标

1. 培养学生具备求真务实和科学质疑的精神；
2. 培养学生诚信服务、经世济民的职业素养。

思维导图

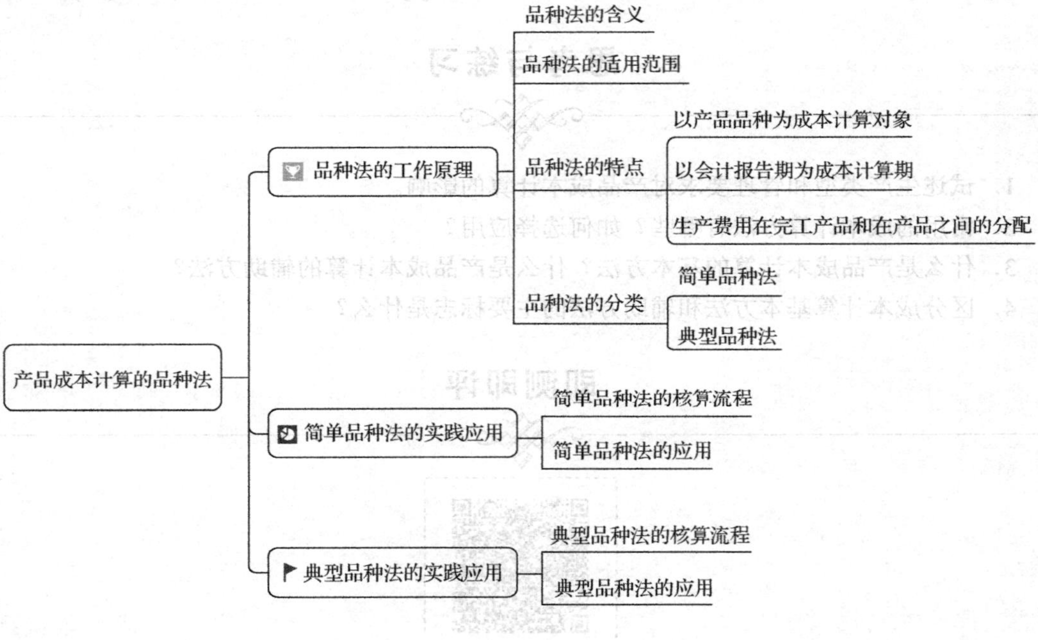

项目导入

数字化转型对品种法核算方法的挑战

小王是一名会计专业的学生，暑假期间到一家发电厂实习。经过企业李会计介绍，该发电厂属于大量大批单步骤生产企业，只生产电力这一种产品，设有燃料、气化、锅炉、电气四个基本生产车间和一个维修辅助生产车间。该企业采用品种法计算电力产品成本，开设了“基本生产成本明细账”，并设置了“材料费”“人工费”“制造费用”等成本项目。

以上是传统的企业成本核算，而企业为了提高竞争能力和创新性，计划进行数字化转型，这就给品种法的成本核算带来了巨大的挑战。李会计为了检验小王的专业水平和思辨的能力，提出了以下问题。

请思考并回答以下问题。

1. 本发电厂应采用何种品种法计算产品成本？
2. 能否描述该品种法的成本核算流程？
3. 数字化转型对品种法成本核算方法带来了哪些挑战？
4. 针对数字化转型对品种法成本核算方法的挑战，企业应该采取哪些措施？

任务一 品种法的工作原理

一、品种法的含义

品种法是以产品品种为成本计算对象，归集生产费用，计算产品成本的一种方法，是最基本的产品成本计算方法。因为无论企业的生产类型和特点如何，以及管理上如何要求，企业最终都是以品种销售产品的，所以，都必须按照不同品种来计算产品的总成本和单位成本。

微课堂

品种法的工作原理

二、品种法的适用范围

品种法一般适用于大量大批单步骤生产类型的企业，例如发电、采掘、供水等企业。在这种类型的企业中，产品生产的工艺流程不能间断，因而没有必要也不可能划分生产步骤计算产品成本。

对于大量大批多步骤生产类型的企业，如果其生产规模较小，或者按流水线组织生产，或者从原材料投入到产品产出的全过程都是在一个车间内进行的，管理上不要求按步骤计算成本，例如小型水泥厂、砖瓦厂、铸造厂和织布厂等，也可以采用品种法计算成本。

此外，供水、供电等辅助生产车间也可以采用品种法计算产品或劳务的成本。

三、品种法的特点

品种法的特点主要体现在成本计算对象、成本计算期和生产费用在完工产品和在产品之间的分配三个方面。

（一）以产品品种为成本计算对象

品种法以各种产品品种为成本计算对象，并据以设置生产成本明细账，用以归集生产费用和计算产品成本。

如果只生产一种产品，品种法成本计算对象就是该种产品，只需开设一本产品成本明细账，账内按成本项目设置专栏或专行。生产中发生的全部生产费用都是直接费用，直接计入该产品成本，就不存在不同产品之间分配费用的问题。

如果生产多种产品，品种法成本计算对象则是每种产品，就要按照产品品种分别设置成本明细账。生产中发生的费用，能分得清是哪一种产品耗用的，应直接记入该产品成本明细账的有关成本项目中；分不清的则要采用适当的方法在各品种之间进行分配或者另行归集汇总为制造费用后再分配，然后记入各产品成本明细账中。

（二）以会计报告期为成本计算期

品种法的成本计算是定期的，一般于每月月末进行。因为在大量大批单步骤生产的企业中，生产过程是连续不断的，无法在产品完工时立即计算产品成本，所以品种法成本计算期与会计报告期一致，与生产周期不一致。

（三）生产费用在完工产品和在产品之间的分配

在大量大批单步骤生产企业中，月末一般没有在产品，或者在产品数量很少，即使不计算在产品成本，也不会对产品成本造成多大影响，所以，月末可以不计算在产品成本。在这种情况下，各产品归集的生产费用，就是该产品的完工产品总成本，完工产品总成本除以产量即单位成本。

在一些大量大批多步骤生产而且管理上不要求按照生产步骤计算成本的企业中，一般月末在产品数量较多，就应选择适当的分配方法，将生产费用在完工产品与月末在产品之间进行分配，以便计算完工产品成本和月末在产品成本。

四、品种法的分类

按照产品的生产类型和成本计算的复杂程度，可将品种法分为简单品种法和典型品种法。

（一）简单品种法

在大量大批单步骤生产类型的企业中，一般产品品种单一，通常没有在产品，即使有，数量也极少并且比较稳定。其成本计算程序相对简单，一般不需要进行费用的分配，故生产单一产品，没有在产品或可以不考虑在产品的成本计算方法，称为简单品种法。

（二）典型品种法

对于生产两种或两种以上产品的大量大批单步骤生产企业或管理上不要求按照生产步骤计算产品成本的大量大批多步骤生产企业，其成本计算要复杂一些，一般需按不同品种设置成本明细账和成本计算单，计算每种产品的完工产品成本和月末在产品成本。这种方法既有别于简单品种法的成本计算程序，又是多数企业普遍采用的，因而称为典型品种法。

课堂讨论 8-1

简单品种法和典型品种法有何异同？

参考答案

任务二 简单品种法的实践应用

一、简单品种法的核算流程

简单品种法的核算流程相对简单，主要体现为成本计算对象品种单一。各生产单位发生的全部生产费用都为直接费用，无须分配，应根据原始凭证或各项费用分配表编制记账凭证，直接登记“基本生产成本明细账”的费用项目。月末汇总“基本生产成本明细账”，编制“产品成本计算单”，并结转完工产品成本。

二、简单品种法的应用

【例 8-1】豫龙自来水厂只生产自来水一种产品，采用简单品种法核算供水成本。该厂只设置了“基本生产成本”账户，按生产费用的内容设置了“直接材料”“直接人工”“制造费用”三个成本项目，没有设置辅助生产成本明细账。因为月末没有在产品，故基本生产成本明细账中归集的当月生产费用，即为当月供水的总成本，供水的总成本除以产水量，即为供水的单位成本。已知该厂 20×3 年 6 月发生以下有关经济业务。

根据银行回单、领料凭证、电费结算单、固定资产折旧计算表、职工薪酬分配表等，已知当月以银行存款支付生产用水资源 110 000 元，消耗净水药剂 80 000 元，支付电费 32 000 元（其中生产车间用电 25 600 元，管理部门用电 6 400 元），生产部门本月计提折旧 9 500 元，生产部门本月人工成本为 145 600 元（其中生产工人工资 98 700 元，车间管理人员工资 46 900 元）。本月水的产量是 340 000 吨。

该厂供水成本计算程序如下。

第一步，根据各经济业务的原始凭证，编制会计分录（该厂在电算化软件中登记的记账凭证，此处不予显示，本书只以会计分录的形式显示）。

（1）支付水资源。

借：基本生产成本　　110 000

　　贷：银行存款　　110 000

（2）领用净水药剂。

借：基本生产成本　　80 000

　　贷：原材料　　80 000

（3）支付电费。

借：制造费用　　25 600

　　管理费用　　6 400

　　贷：应付账款　　32 000

（4）计提折旧。

借：制造费用　　9 500

　　贷：累计折旧　　9 500

（5）计提工资。

借：基本生产成本　　98 700

　　制造费用　　46 900

　　贷：应付职工薪酬——工资　　145 600

第二步，根据各记账凭证，登记当月基本生产成本明细账，如表 8-1 所示。

表 8-1　　基本生产成本明细账

产品名称：自来水　　20×3 年 6 月　　单位：元

月	日	凭证号	摘要	直接材料	直接人工	制造费用	合计
6	30	略	支付水资源	110 000			110 000
	30	略	领用净水药剂	80 000			80 000
	30	略	支付电费			25 600	25 600
	30	略	计提折旧			9 500	9 500
	30	略	计提工资		98 700	46 900	145 600
	30		生产费用合计	190 000	98 700	82 000	370 700
	30		结转完工产品成本	190 000	98 700	82 000	370 700

第三步，根据基本生产成本明细账，编制产品成本计算单，如表 8-2 所示。

表 8-2　　产品成本计算单

产品名称：自来水　　20×3 年 6 月　　单位：元

项目	直接材料	直接人工	制造费用	合计
本月生产费用	190 000	98 700	82 000	370 700
完工产品总成本（340 000 吨）	190 000	98 700	82 000	370 700
单位成本	0.56	0.29	0.24	1.09

任务三　典型品种法的实践应用

一、典型品种法的核算流程

典型品种法的核算流程也是成本计算的一般程序，遵守其程序，是成本管理对成本计算的一般要求。典型品种法的核算流程如图 8-1 所示。

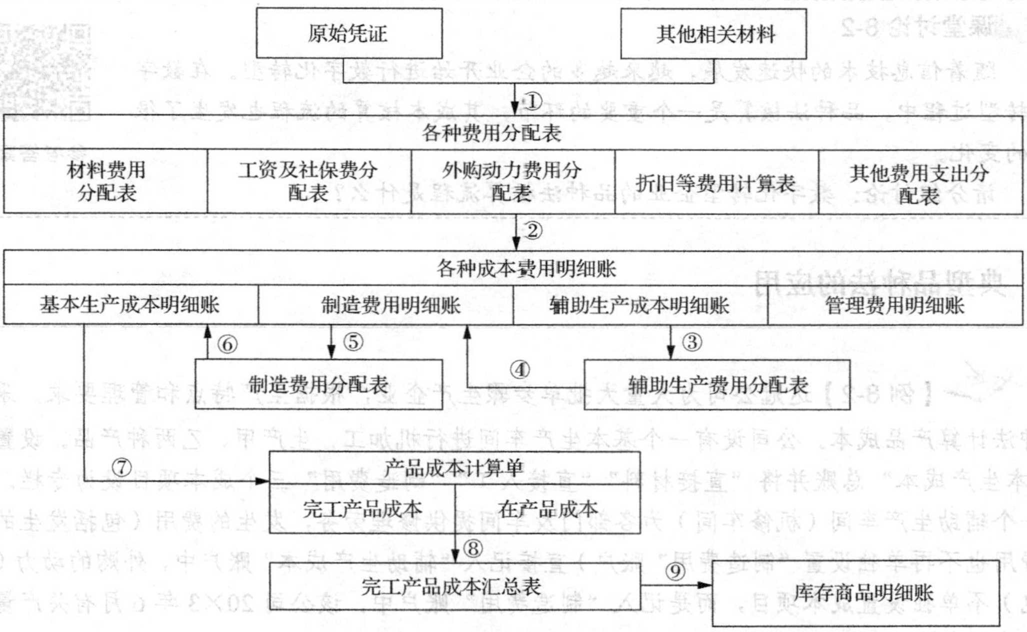

图 8-1 典型品种法的核算流程

说明：①根据发生的各项生产费用，编制各种要素费用分配表。②根据各种要素费用分配表及相关凭证，登记有关成本费用明细账。③分配辅助生产费用。④根据辅助生产费用分配表登记各成本费用明细账。⑤分配制造费用。⑥登记生产成本明细账。⑦在完工产品和月末在产品之间分配生产费用。⑧编制完工产品成本汇总表，计算各种完工产品的总成本和单位成本。⑨登记库存商品明细账。

（1）按产品品种设置“基本生产成本明细账”或“产品成本计算单”，并按直接材料、直接人工和制造费用等成本项目分别设置专栏。上月末的在产品成本即为本月成本明细账中的月初在产品成本。

（2）登记本月发生的各项费用，对其审核、归集和分配，编制材料费用、工资及社保等费用、外购动力费、折旧及其他费用等要素费用分配表，据以登记“基本生产成本明细账”“辅助生产成本明细账”“制造费用明细账”“管理费用明细账”等，平行登记“产品成本计算单”。各种产品的直接费用，直接计入基本生产成本总账及明细账；间接费用，则需要按一定的标准分配记入。

（3）归集和分配辅助生产费用。根据“辅助生产成本明细账”的全部费用，选择合适的分配方法，按照各产品和各单位的受益情况，编制“辅助生产费用分配表”。

（4）根据辅助生产费用分配表，登记各受益产品或部门的明细账。

（5）归集和分配制造费用。将基本生产车间的“制造费用明细账”归集的费用进行汇总，并选择合适的方法，在车间生产的各产品之间进行分配，并编制“制造费用分配表”。

（6）根据制造费用分配表，登记“基本生产成本明细账”。

（7）计算完工产品成本和月末在产品成本。完成前面的程序后，“基本生产成本明细账”中的各项费用都登记到了“产品成本计算单”中，这时，就需要将所有的生产费用（包括月初的在产品成本和本月发生的生产费用）在完工产品与在产品之间进行分配，计算出每种产品的完工产品成本和月末在产品成本。

（8）结转各产品成本计算单中的完工产品成本，汇总编制“完工产品成本汇总表”，并据以结转“基本生产成本明细账”中的完工产品成本。

（9）随着完工产品的验收入库，登记“库存商品明细账”，对企业的各品种产品进行分类储存和管理。

课堂讨论 8-2

随着信息技术的快速发展，越来越多的企业开始进行数字化转型。在数字化转型过程中，品种法核算是一个重要的环节，其成本核算的流程也发生了很大的变化。

请分组讨论：数字化转型企业的品种法核算流程是什么？

参考答案

二、典型品种法的应用

【例 8-2】达冠公司为大量大批单步骤生产企业，根据生产特点和管理要求，采用品种法计算产品成本。公司设有一个基本生产车间进行机加工，生产甲、乙两种产品。设置了“基本生产成本”总账并将“直接材料”“直接人工”“制造费用”三个成本项目设为专栏。另设一个辅助生产车间（机修车间）为各部门及车间提供修理劳务，发生的费用（包括发生的制造费用也不再单独设置“制造费用”账户）直接记入“辅助生产成本”账户中，外购的动力（水和电）不单独设置成本项目，而是记入“制造费用”账户中。该公司 20×3 年 6 月有关产量及成本资料如表 8-3～8-10 所示。

表 8-3　月初在产品成本

20×3 年 6 月 1 日

单位：元

产品	直接材料	直接人工	制造费用	合计
甲产品	32 400	23 600	10 800	66 800
乙产品	21 140	10 240	7 232	38 612
合计	53 540	33 840	18 032	105 412

表 8-4　产品生产资料

20×3 年 6 月

单位：件

产品	月初在产品	本月投入	本月完工	月末在产品
甲产品	30	3 000	3 000	30
乙产品	40	2 000	1 800	240

表 8-5　材料费用资料

20×3 年 6 月

金额单位：元

用途	A 材料	B 材料	C 材料	D 材料	定额耗用量/吨
甲产品	55 000	3 200	—	20 000	300
乙产品	38 000	1 300	—		200
小计	93 000	4 500	—		500
基本生产车间一般耗用			2 900		
机修车间			300		
合计	93 000	4500	3 200	20 000	500

表 8-6　职工薪酬资料

20×3 年 6 月

单位：元

人员类别	职工工资	职工福利等	合计
产品生产工人	64 000	8 960	72 960
基本生产车间管理人员	21 000	2 940	23 940
企业管理人员	50 000	7 000	57 000
机修车间人员	8 000	1 120	9 120
合计	143 000	20 020	163 020

表 8-7　　动力费用资料

20×3 年 6 月　　单位：元

用途	水电费
生产车间生产用	9 600
生产车间一般耗用	3 650
机修车间	1 700
管理部门	1 800
合计	16 750

注：外购动力款未付。

表 8-8　　折旧费用资料

20×3 年 6 月　　单位：元

用途	金额
基本生产车间	8 400
机修车间	1 800
管理部门	2 500
合计	12 700

表 8-9　　其他费用资料

20×3 年 6 月　　单位：元

用途	低值易耗品摊销	保险费	办公费	合计
基本生产车间	3 600	2 000	996	6 596
机修车间	400	1 800	400	2 600
管理部门	1 400	8 200	1 600	11 200
合计	5 400	12 000	2 996	20 396

注：以上低值易耗品摊销采用一次摊销法，其余以银行存款支付。

表 8-10　　辅助生产车间提供的劳务量

20×3 年 6 月　　单位：小时

受益单位	辅助生产车间提供的劳务量
基本生产车间	2 800
管理部门	1 200
合计	4 000

其他有关资料及费用的分配方法如下。

① 甲产品和乙产品共同耗用的材料费用按定额耗用量比例分配。

② 生产工人的工资按两种产品的生产工时比例分配。（产品生产工时：甲产品 6 000 小时；乙产品 4 000 小时。）

③ 制造费用按两种产品的生产工时比例分配。

④ 甲产品的在产品成本按年初固定成本计价法计算；乙产品的在产品成本按约当产量比例法计算，产品的投料方式为开工时一次性投入，在产品的完工程度按 50%计算。

⑤ 辅助生产费用按修理工时采用直接分配法。

要求：根据以上资料，按照典型品种法的核算流程计算甲产品与乙产品的完工成本和月末在产品成本。

根据以上资料，甲、乙产品的成本计算过程和账务处理如下。

1. 成本计算对象和明细账的设置

达冠公司以甲、乙两种产品为成本计算对象，分别设置了甲、乙产品的基本生产成本明细账与产品成本计算单，并设置了“直接材料”“直接人工”“制造费用”三个成本项目，还开设了辅助生产成本明细账和制造费用明细账。

2. 归集和分配各要素费用

（1）编制材料费用分配表，如表 8-11 所示。

表 8-11 材料费用分配表

20×3 年 6 月 金额单位：元

应借科目		直接计入			分配计入			合计
					D 材料			
		A 材料	B 材料	C 材料	定额耗用量/吨	分配率	分配额	
基本生产成本	甲产品	55 000	3 200	—	300	40	12 000	70 200
	乙产品	38 000	1 300	—	200		8 000	47 300
	小计	93 000	4 500	—	500		20 000	117 500
制造费用				2 900				2 900
辅助生产成本	机修车间			300				300
合计		93 000	4 500	3 200			20 000	120 700

根据表 8-11 编制记账凭证 11#，具体如下。

记账凭证

20×3 年 6 月 30 日 记字第 11（1/2）号

摘要	总账科目	明细科目	借方金额	贷方金额	记账
分配材料费用	基本生产成本	甲产品	70 200		
		乙产品	47 300		
	制造费用		2 900		
	辅助生产成本	机修车间	300		
	原材料	A 材料		93 000	
		B 材料		4 500	
合计			120 700	120 700	

会计主管 审核 制证 记账

记账凭证

20×3 年 6 月 30 日 记字第 11（2/2）号

摘要	总账科目	明细科目	借方金额	贷方金额	记账
分配材料费用	原材料	C 材料		3 200	
		D 材料		20 000	
合计			120 700	120 700	

会计主管 审核 制证 记账

（2）编制职工薪酬分配表，如表 8-12 所示。

表 8-12 职工薪酬费用分配表

20×3 年 6 月 金额单位：元

应借科目		职工工资				职工福利	合计
		生产工时/小时	分配率	分配额	直接计入		
基本生产成本	甲产品	6 000	6.4	38 400		5 376	43 776
	乙产品	4 000		25 600		3 584	29 184
	小计	10 000		64 000		8 960	72 960
制造费用					21 000	2 940	23 940
辅助生产成本	机修车间				8 000	1 120	9 120
管理费用					50 000	7 000	57 000
合计				64 000	79 000	20 020	163 020

根据表 8-12 编制记账凭证 12#，具体如下。

记账凭证

20×3 年 6 月 30 日 记字第 12 号

摘要	总账科目	明细科目	借方金额	贷方金额	记账
分配职工薪酬	基本生产成本	甲产品	43 776		
		乙产品	29 184		
	制造费用		23 940		
	辅助生产成本	机修车间	9 120		
	管理费用		57 000		
	应付职工薪酬	工资		143 000	
	应付职工薪酬	职工福利		20 020	
合计			163 020	163 020	

会计主管 审核 制证 记账

（3）编制动力费用分配表，如表 8-13 所示。

表 8-13 动力费用分配表

20×3 年 6 月 金额单位：元

应借科目		直接计入	分配计入			合计
			生产工时/小时	分配率	分配额	
基本生产成本	甲产品		6 000	0.96	5 760	5 760
	乙产品		4 000		3 840	3 840
	小计		10 000		9 600	9 600
制造费用		3 650				3 650
辅助生产成本	机修车间	1 700				1 700
管理费用		1 800				1 800
合计		7 150			9 600	16 750

根据表 8-13 编制记账凭证 13#，具体如下。

记账凭证

20×3 年 6 月 30 日 记字第 13 号

摘要	总账科目	明细科目	借方金额	贷方金额	记账
分配动力费	基本生产成本	甲产品	5 760		
		乙产品	3 840		
	制造费用		3 650		
	辅助生产成本	机修车间	1 700		
	管理费用		1 800		
	应付账款			16 750	
合计			16 750	16 750	

会计主管 审核 制证 记账

（4）编制折旧费用计算表，如表 8-14 所示。

表 8-14　　　　折旧费用计算表

20×3 年 6 月　　　　单位：元

应借科目		应提折旧额
制造费用		8 400
辅助生产成本	机修车间	1 800
管理费用		2 500
合计		12 700

根据表 8-14 编制记账凭证 14#，具体如下。

记账凭证

20×3 年 6 月 30 日　　　　记字第 14 号

摘要	总账科目	明细科目	借方金额	贷方金额	记账
计提折旧	制造费用		8 400		
	辅助生产成本	机修车间	1 800		
	管理费用		2 500		
	累计折旧			12 700	
	合计		12 700	12 700	

会计主管　　　　审核　　　　制证　　　　记账

（5）编制其他费用分配表，如表 8-15 所示。

表 8-15　　　　其他费用分配表

20×3 年 6 月　　　　单位：元

应借科目		低值易耗品摊销	保险费	办公费	合计
制造费用		3 600	2 000	996	6 596
辅助生产成本	机修车间	400	1 800	400	2 600
管理费用		1 400	8 200	1 600	11 200
合计		5 400	12 000	2 996	20 396

根据表 8-15 编制记账凭证 15#，具体如下。

记账凭证

20×3 年 6 月 30 日　　　　记字第 15 号

摘要	总账科目	明细科目	借方金额	贷方金额	记账
分配其他费用	制造费用		6 596		
	辅助生产成本	机修车间	2 600		
	管理费用		11 200		
	低值易耗品			5 400	
	银行存款			14 996	
	合计		20 396	20 396	

会计主管　　　　审核　　　　制证　　　　记账

3. 归集和分配辅助生产费用

（1）根据各费用分配表编制的记账凭证，登记辅助生产成本明细账，如表 8-16 所示。

表 8-16 辅助生产成本明细账

车间名称：机修车间　　20×3 年 6 月　　单位：元

月	日	凭证号	摘要	材料费用	职工薪酬	动力费	折旧费	其他费用	合计
6	30	11#	分配材料费用	300					300
	30	12#	分配职工薪酬		9 120				9 120
	30	13#	分配动力费			1 700			1 700
	30	14#	计提折旧				1 800		1 800
	30	15#	分配其他费用					2 600	2 600
	30		本月发生额	300	9 120	1 700	1 800	2 600	15 520
	30		本月分配转出额	300	9 120	1 700	1 800	2 600	15 520

（2）编制辅助生产费用分配表，如表 8-17 所示。

表 8-17 辅助生产费用分配表

车间名称：机修车间　　20×3 年 6 月　　金额单位：元

应借科目	耗用劳务量/小时	分配率	分配金额
制造费用	2 800	3.88	10 864
管理费用	1 200		4 656
合计	4 000		15 520

根据表 8-17 编制记账凭证 16#，具体如下。

记账凭证

20×3 年 6 月 30 日　　记字第 16 号

摘要	总账科目	明细科目	借方金额	贷方金额	记账
分配辅助生产费用	制造费用		10 864		
	管理费用		4 656		
	辅助生产成本	机修车间		15 520	
	合计		15 520	15 520	

会计主管　　审核　　制证　　记账

4. 归集和分配制造费用

（1）根据各费用分配表编制的记账凭证，登记制造费用明细账，如表 8-18 所示。

表 8-18 制造费用明细账

车间名称：基本生产车间　　20×3 年 6 月　　单位：元

月	日	凭证号	摘要	材料费用	职工薪酬	动力费	折旧费	其他费用	修理费	合计
6	30	11#	分配材料费用	2 900						2 900
	30	12#	分配职工薪酬		23 940					23 940
	30	13#	分配动力费			3 650				3 650
	30	14#	计提折旧				8 400			8 400
	30	15#	分配其他费用					6 596		6 596
	30	16#	分配辅助生产费用						10 864	10 864
	30		本月发生额	2 900	23 940	3 650	8 400	6 596	10 864	56 350
	30		本月分配转出额	2 900	23 940	3 650	8 400	6 596	10 864	56 350

（2）编制制造费用分配表，如表 8-19 所示。

表 8-19　　制造费用分配表

车间名称：基本生产车间　　20×3 年 6 月　　金额单位：元

应借科目		生产工时/小时	分配率	分配金额
基本生产成本	甲产品	6 000	5.635	33 810
	乙产品	4 000		22 540
合计		10 000		56 350

根据表 8-19 编制记账凭证 17#，具体如下。

记账凭证

20×3 年 6 月 30 日　　记字第 17 号

摘要	总账科目	明细科目	借方金额	贷方金额	记账
分配制造费用	基本生产成本	甲产品	33 810		
	基本生产成本	乙产品	22 540		
	制造费用			56 350	
合计			56 350	56 350	

会计主管　　审核　　制证　　记账

5. 计算完工产品成本和在产品成本

（1）根据各项费用分配表、月初在产品成本等资料登记甲、乙产品的成本明细账，如表 8-20 和表 8-21 所示。

表 8-20　　产品成本明细账（甲产品）

产品名称：甲产品　　20×3 年 6 月　　单位：元

月	日	凭证号	摘要	直接材料	直接人工	制造费用	合计
6	1		月初在产品成本	32 400	23 600	10 800	66 800
6	30	11#	分配材料费用	70 200			70 200
	30	12#	分配职工薪酬		43 776		43 776
	30	13#	分配动力费			5 760	5 760
	30	17#	分配制造费用			33 810	33 810
	30		本月生产费用	70 200	43 776	39 570	153 546
	30		生产费用合计	102 600	67 376	50 370	220 346
	30		结转完工产品成本	70 200	43 776	39 570	153 546
	30		结转在产品成本	32 400	23 600	10 800	66 800

表 8-21　　产品成本明细账（乙产品）

产品名称：乙产品　　20×3 年 6 月　　单位：元

月	日	凭证号	摘要	直接材料	直接人工	制造费用	合计
6	1		月初在产品成本	21 140.00	10 240.00	7 232.00	38 612.00
6	30	11#	分配材料费用	47 300.00			47 300.00
	30	12#	分配职工薪酬		29 184.00		29 184.00
	30	13#	分配动力费			3 840.00	3 840.00
	30	17#	分配制造费用			22 540.00	22 540.00
	30		本月生产费用	47 300.00	29 184.00	26 380.00	102 864.00
	30		生产费用合计	68 440.00	39 424.00	33 612.00	141 476.00
	30		结转完工产品成本	60 388.24	36 960.00	31 511.25	128 859.49
	30		结转在产品成本	8 051.76	2 464.00	2 100.75	12 616.51

（2）根据甲、乙产品成本明细账和产品生产资料，编制甲、乙产品成本计算单，如表 8-22 和表 8-23 所示。

表 8-22　　产品成本计算单（甲产品）

20×3 年 6 月　　单位：元

产品名称：甲产品　　完工产品：3 000 件　　在产品：30 件

项目	直接材料	直接人工	制造费用	合计
月初在产品成本	32 400	23 600	10 800	66 800
本月生产费用	70 200	43 776	39 570	153 546
生产费用合计	102 600	67 376	50 370	220 346
完工产品成本	70 200	43 776	39 570	153 546
月末在产品成本	32 400	23 600	10 800	66 800

课堂讨论 8-3

根据表 8-22 的计算结果，你发现了什么规律？原因是什么？

参考答案

表 8-23　　产品成本计算单（乙产品）

20×3 年 6 月　　金额单位：元

产品名称：乙产品　　完工产品：1 800 件　　在产品：240 件

项目	直接材料	直接人工	制造费用	合计
月初在产品成本	21 140	10 240	7 232	38 612
本月生产费用	47 300	29 184	26 380	102 864
生产费用合计	68 440	39 424	33 612	141 476
完工产品数量/件	1 800	1 800	1 800	
月末在产品数量/件	240	240	240	
月末在产品完工程度	100%	50%	50%	
月末在产品约当产量/件	240	120	120	
约当总产量/件	2 040	1 920	1 920	
费用分配率	33.549 0	20.533 3	17.506 25	
完工产品成本	60 388.24	36 960.00	31 511.25	128 859.49
月末在产品成本	8 051.76	2 464.00	2 100.75	12 616.51

注：如果费用分配率不能除尽，则保留四位小数，完工产品成本和在产品成本保留两位小数。

课堂讨论 8-4

表 8-23 中，直接材料项目的月末在产品约当产量与直接人工和制造费用的为什么不一样？其各成本项目的费用分配率是怎么计算的？完工产品成本是如何计算的？一般如何处理尾差？

参考答案

6. 结转完工产品成本

根据甲、乙产品成本计算单，编制完工产品成本汇总表，如表 8-24 所示。

表 8-24　　完工产品成本汇总表

20×3 年 6 月　　金额单位：元

产品名称	产量/件	项目	直接材料	直接人工	制造费用	合计
甲产品	3 000	总成本	70 200	43 776	39 570	153 546
		单位成本	23.4	14.592	13.19	51.18*
乙产品	1 800	总成本	60 388.24	36 960.00	31 511.25	128 859.49
		单位成本	33.549 0	20.533 3	17.506 25	71.59*

注：甲产品的单位成本合计=23.4+14.592+13.19=51.182≈51.18

乙产品的单位成本合计=33.549 0+20.533 3+17.506 25 =71.588 55≈71.59

在企业计算成本时，实际处理可以保留两位小数或保留四位小数，本题单位成本最后保留两位小数。

根据表 8-24，结转完工产品成本，编制记账凭证 18#，具体如下。

记账凭证

20×3 年 6 月 30 日　　记字第 18 号

摘要	总账科目	明细科目	借方金额	贷方金额	记账
结转完工产品成本	库存商品	甲产品	153 546		
	库存商品	乙产品	128 859.49		
	基本生产成本	甲产品		153 546	
	基本生产成本	乙产品		128 859.49	
	合计		282 405.49	282 405.49	

会计主管　　审核　　制证　　记账

项目小结

通过本项目的内容，我们学习了品种法的含义和特点；品种法成本计算对象是产品品种，适用于大量大批单步骤生产类型的企业和大量大批多步骤生产但管理上不要求按步骤计算成本的企业；品种法成本计算期与会计报告期一致，与生产周期不一致；生产费用一般需要在完工产品与在产品之间进行分配。按照产品的生产类型和成本计算的复杂程度，可将品种法分为简单品种法和典型品种法，二者的核算流程和方法有所区别，在企业实践应用时需要根据企业的生产特点和管理要求来选择。品种法是成本计算方法中最基本的方法。数字经济的发展，企业数字化转型的加速，给品种法核算带来了巨大的挑战，如成本核算流程等。所以，企业应该转变观念，找到适合数字化转型特点的成本计算方法。

拓展阅读

[1] 肖秋会,袁丽娜.基于会计品种法的三种数字资源存储方式的成本比较研究[J].档案管理,2021(01):66-67.

[2] 王德祥.数字经济背景下数据要素对制造业高质量发展的影响研究[J].宏观经济研究,2022(09):51-63+105.

[3] 夏萍.《企业产品成本核算制度——煤炭行业》之成本核算与成本管理方法辨析[J].中国农业会计,2017(09):36-38.

[4] 曹洪刚,仲旭.Excel 2007 在品种法中的应用[J].中国管理信息化,2015(23):9-12.

思考与练习

1．什么是品种法？品种法为什么是产品成本计算方法中最基本的方法？

2．品种法的特点和适用范围是什么？

3．品种法的分类有哪两类？二者的区别是什么？

4．简述典型品种法的核算流程。

即测即评

实训专栏

实训任务：应用 Excel 进行典型品种法的核算

实训资料：乘风公司大量生产甲、乙两种产品，设有一个基本生产车间和供电、供气两个辅助生产车间。辅助生产车间发生的费用（包括发生的制造费用也不再单独设置“制造费用”账户）直接记入“辅助生产成本”账户中。

20×3 年 6 月有关成本核算资料如表 8-25～表 8-33 所示。

表 8-25　　月初在产品成本

20×3 年 6 月 1 日　　单位：元

产品名称	直接材料	直接人工	制造费用	合计
甲产品	20 000	16 000	6 000	42 000
乙产品	12 000	7 000	3 000	22 000
合计	32 000	23 000	9 000	64 000

表 8-26　　产量及工时记录

20×3 年 6 月

项目	甲产品	乙产品
本月完工/件	800	400
月末在产品/件	200	100
实际生产工时/小时	37 000	23 000

表 8-27　　辅助生产车间劳务量统计

20×3 年 6 月

辅助生产车间劳务量	甲产品	乙产品	基本生产车间	供电车间	供气车间	管理部门	合计
供电量/千瓦时	26 736	9 600			2 528	120	38 984
供气量/立方米			8 000	600		1 500	10 100

表 8-28　　发出材料汇总

名称：原材料　　20×3 年 6 月　　单位：元

耗用部门	直接耗用	共同耗用	合计
基本生产车间产品耗用	260 000	52 000	312 000
其中：甲产品	200 000		200 000
乙产品	60 000		60 000
基本生产车间一般耗用	3 800		3 800
供电车间耗用	50 000		50 000
供气车间耗用	12 100		12 100
企业管理部门耗用	3 000		3 000
合计	328 900	52 000	380 900

表 8-29　　人工费用结算汇总

20×3 年 6 月　　单位：元

人员类别	费用金额
产品生产工人	264 000
供电车间人员	12 640
供气车间人员	17 360
生产车间技术人员	9 000
企业管理部门人员	35 000
合计	338 000

表 8-30　　固定资产折旧计算表

20×3 年 6 月　　单位：元

<table>
<tr><th colspan="3">部门</th><th>计提折旧额</th></tr>
<tr><td colspan="2" rowspan="3">基本生产车间</td><td>房屋及建筑物</td><td>18 000</td></tr>
<tr><td>机器设备</td><td>14 200</td></tr>
<tr><td>小计</td><td>32 200</td></tr>
<tr><td rowspan="6">辅助生产车间</td><td rowspan="3">供电车间</td><td>房屋及建筑物</td><td>1 800</td></tr>
<tr><td>机器设备</td><td>4 200</td></tr>
<tr><td>小计</td><td>6 000</td></tr>
<tr><td rowspan="3">供气车间</td><td>房屋及建筑物</td><td>1 200</td></tr>
<tr><td>机器设备</td><td>2 800</td></tr>
<tr><td>小计</td><td>4 000</td></tr>
</table>

续表

部门		计提折旧额
管理部门	房屋及建筑物	4 400
	机器设备	5 600
	小计	10 000
合计		52 200

表 8-31　劳保费用分配表

20×3 年 6 月　单位：元

费用项目	基本生产车间	辅助生产车间		管理部门	合计
		供电车间	供气车间		
劳保费用	1 800	800	600	800	4 000

表 8-32　办公用品费用分配表

20×3 年 6 月　单位：元

费用项目	基本生产车间	辅助生产车间		管理部门	合计
		供电车间	供气车间		
办公用品费用	800	700	600	2 500	4 600

表 8-33　水费分配表

20×3 年 6 月　单位：元

费用项目	基本生产车间	辅助生产车间		管理部门	合计
		供电车间	供气车间		
水费	2 800	27 000	16 840	1 200	47 840

实训要求：

（1）设置甲、乙两种产品的“基本生产成本明细账”（见表 8-41、表 8-42）；基本生产车间的“制造费用明细账”（见表 8-39）；供电、供气车间的“辅助生产成本明细账”（见表 8-36、表 8-37）。

（2）填制表 8-34“材料费用分配汇总表”（共同耗用材料按直接耗用材料的比例进行分配）、表 8-35“人工费用分配汇总表”（生产工人工资按实际生产工时的比例进行分配），根据费用分配表编制记账凭证，登记有关账簿。

（3）编制计提折旧，分配劳保费、办公费、水费的记账凭证（格式见表 8-46）（假设办公费的对应科目为“银行存款”，劳保费和水费的对应科目为“应付账款”），并登记有关账簿。

（4）根据“辅助生产成本明细账”归集后的费用总额，采用直接分配法填制表 8-38“辅助生产费用分配表”，编制记账凭证（格式见表 8-46），登记有关账簿。

（5）根据“制造费用明细账”归集后的费用总额，填制表 8-40“制造费用分配表”（按生产工时分配），编制记账凭证（格式见表 8-46），登记有关账簿。

（6）根据甲、乙产品“基本生产成本明细账”归集后的生产费用资料，填制表 8-43“甲产品成本计算单”和表 8-44“乙产品成本计算单”（采用约当产量比例法，原材料为一次性投入，人工费用和制造费用的月末在产品完工程度均为 50%），填制表 8-45“完工产品成本汇总表”并编制记账凭证（格式见表 8-46），登记有关账簿。

本实训所涉及表格，如表 8-34 至表 8-46 所示。

表 8-34　　材料费用分配汇总表

20×3 年 6 月　　金额单位：元

耗用部门			直接耗用	分配率	共同耗用	合计
基本生产车间	基本生产产品	甲产品				
		乙产品				
		小计				
	一般耗用					
辅助生产车间	供电车间					
	供气车间					
管理部门						
合计						

表 8-35　　人工费用分配汇总表

20×3 年 6 月　　金额单位：元

耗用部门		生产工时/小时	应付职工薪酬	
			分配率	分配额
基本生产车间	甲产品			
	乙产品			
	小计			
	一般耗用			
辅助生产车间	供电车间			
	供气车间			
管理部门				
合计				

表 8-36　　辅助生产成本明细账（供电车间）

车间名称：供电车间　　金额单位：元

20×3 年		凭证字号	摘要	材料费	人工费	制造费用	发生额合计		余额
月	日						借方	贷方	

表 8-37　　辅助生产成本明细账（供气车间）

车间名称：供气车间　　金额单位：元

20×3 年		凭证字号	摘要	材料费	人工费	制造费用	发生额合计		余额
月	日						借方	贷方	

表 8-38　　辅助生产费用分配表

20×3 年 6 月　　金额单位：元

项目				供电车间	供气车间	金额合计
待分配费用						
对外提供劳务数量						
费用分配率						
基本生产车间	生产耗用	甲产品	数量			
			金额			
		乙产品	数量			
			金额			
		小计	数量			
			金额			
	一般耗用		数量			
			金额			
管理部门			数量			
			金额			
分配费用合计						

表 8-39　　制造费用明细账

车间名称：基本生产车间　　金额单位：元

20×3 年		凭证字号	摘要	材料费	人工费	折旧费	劳保费	办公费	水电费	辅助生产费用	其他	发生额合计		余额
月	日											借方	贷方	

表 8-40　　制造费用分配表

20×3 年 6 月　　金额单位：元

产品名称	生产工时/小时	分配率	分配额
甲产品			
乙产品			
合计			

表 8-41　　基本生产成本明细账（甲产品）

产品名称：甲产品　　金额单位：元

20×3 年		凭证字号	摘要	直接材料	直接人工	制造费用	发生额合计		余额
月	日						借方	贷方	

表 8-42　基本生产成本明细账（乙产品）

产品名称：乙产品　　金额单位：元

20×3 年		凭证字号	摘要	直接材料	直接人工	制造费用	发生额合计		余额
月	日						借方	贷方	

表 8-43　甲产品成本计算单

本月完工：

月末在产品：

产品名称：甲产品　　20×3 年 6 月　　金额单位：元

成本项目				生产量					单位产品成本	在产品成本	完工产品成本
项目	月初在产品成本	本月生产费用	合计	完工产品数量/件	在产品			合计			
					数量/件	完工程度	约当产量/件				
直接材料											
直接人工											
制造费用											
合计											

表 8-44　乙产品成本计算单

本月完工：

月末在产品：

产品名称：乙产品　　20×3 年 6 月　　金额单位：元

成本项目				生产量					单位产品成本	在产品成本	完工产品成本
项目	月初在产品成本	本月生产费用	合计	完工产品数量/件	在产品			合计			
					数量/件	完工程度	约当产量/件				
直接材料											
直接人工											
制造费用											
合计											

表 8-45　完工产品成本汇总表

20×3 年 6 月　　金额单位：元

产品名称	产量/件	项目	直接材料	直接人工	制造费用	合计
甲产品		总成本				
		单位成本				
乙产品		总成本				
		单位成本				

表 8-46　　　　记账凭证

年　月　日　　　　字第　号

摘要	总账科目	明细科目	借方金额	贷方金额	记账
合计					

会计主管　　审核　　制证　　记账

项目九　产品成本计算的分批法

学习目标

知识目标

1. 了解分批法的含义和特点；
2. 熟悉一般分批法和简化分批法的核算流程；
3. 掌握一般分批法和简化分批法在企业中的具体应用。

能力目标

1. 培养学生能够根据企业的生产特点和管理要求选择合适的分批法的能力；
2. 培养学生具备处理问题的应变能力和团队协作的能力。

价值目标

1. 培养学生的公平正义价值观；
2. 引导学生勇于迎接新挑战，实现中华民族伟大复兴的中国梦；
3. 引导学生贯彻落实科技自立自强是国家发展的战略支撑的重要部署。

思维导图

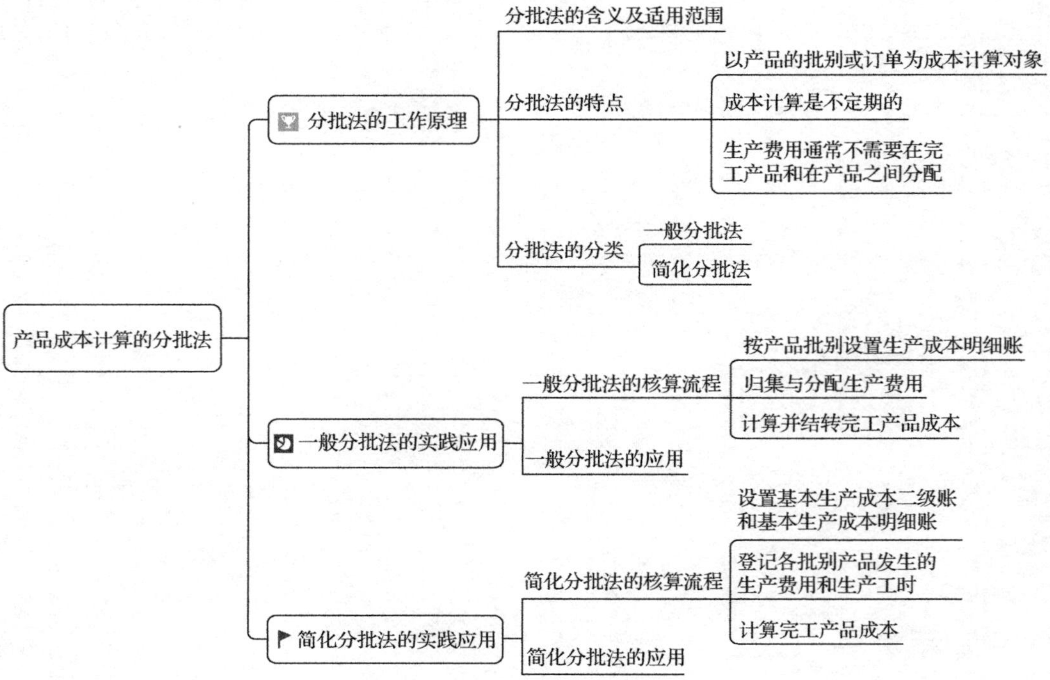

项目导入

分批法的“公平与正义”

在当今竞争激烈的市场环境下，企业需要精确计算产品成本以制定合理的定价策略、评估盈利能力和做出有效决策。而成本核算作为一个重要工具，在企业管理中起到了至关重要的作用。其中，分批法作为一种常见且实用的成本核算方法，在企业中得到了广泛应用。

一家制造业企业，主要依据客户订单生产特定的精密仪器，属于单件小批量生产型企业。该企业在生产过程中涉及原材料采购、加工和劳动力投入等环节，需要进行准确的成本核算来支持经营决策。该企业通过对生产过程中的原材料和劳动力成本进行数据收集和分析，发现原材料成本占总成本的比例较高，劳动力成本随着生产数量的增加而增加，但与生产数量并非线性关系。为了更准确地计算产品成本，并提供有价值的管理决策信息，该企业决定采用分批法进行成本核算。

分批法是一种常见的资源分配策略。它在实践中经常用于解决资源有限而需求众多的问题，保障公平正义的原则。在社会主义市场经济条件下，探讨和应用分批法对培养学生正确的价值观和公平意识具有重要意义。

请思考并回答以下问题。

1. 上述企业为什么采用分批法进行成本核算？
2. 分批法与品种法有什么区别？分批法的优点是什么？
3. 分批法可以运用到哪些领域，以体现公平与正义的原则，更高效地进行资源配置？

任务一 分批法的工作原理

一、分批法的含义及适用范围

微课堂

分批法的工作原理

分批法，又称订单法，是以产品的批别为成本计算对象，按照产品的批别归集生产费用，计算产品成本的一种方法。

分批法主要适用于单件小批单步骤生产或单件小批多步骤生产，但管理上不要求分步计算成本的企业。这类企业生产的产品品种、规格和批量大小都是根据客户的订单要求确定的，一批产品一般不重复生产，即使重复也是不定期的，并且批别不同，其产品的工艺、特点也有所不同，按照订单计算产品成本是较为准确、合理的方法。除了项目七任务二中介绍的分批法具体适用范围外，分批法还适用于咨询公司、建筑公司、设计公司、会计师或税务师事务所等服务性企业。

二、分批法的特点

分批法相对于品种法，其特点表现在成本计算对象、成本计算期和生产费用的分配问题等三个方面。

（一）以产品的批别或订单为成本计算对象

分批法以产品的批别或订单为成本计算对象，并据此来设置产品成本明细账或产品成本计算单，归集生产费用。与批次相关的直接费用，可以直接计入该批产品的成本项目；如果是几个批次的产品共同消耗的费用，就需要将费用在不同批次之间进行分配。

当企业接到客户订单时，生产计划部门应当按订单要求的产品种类、数量、投产和完成日期签发“生产任务通知单”，同时，通知供应部门根据该通知单及时准备材料；生产部门组织安排生产；会计部门根据生产任务通知单进行成本的核算。生产任务通知单内对该批任务的编号，即为产品批号。

但是，在确定成本计算的批别时，不能完全按照订单来组织安排生产和成本计算，而还要看订单的具体情况。

（1）如果一张订单只有一种产品，其数量可以组织一次生产，就可以把该订单作为一个批别。

（2）如果在一张订单中虽然只有一种产品，但其数量较大，客户又要求分批交货或者订单中是大型、复杂的单件产品（如大型船舶或飞机等），价值大、生产周期长，不便于集中生产，此时就可以将一个订单按照交货时间分为几个批次或者按照产品的组成部分分批进行生产和成本计算。同时，在成本计算时注意生产费用在不同批次之间的分配。

（3）如果一张订单中有几种产品，为了合理地组织安排生产、考核和分析成本的执行，生产计划部门可以将这一订单按产品品种划分批别。

（4）如果同一时期内不同订单要求生产相同的产品，而且数量都不多并且交货时间相近，也可以将几张订单合为一个批次来组织生产和进行成本计算。

课堂讨论 9-1

分批法又称订单法，那么一个订单就是一个批别吗？请讨论分批法下，如何确定产品的批别。

参考答案

（二）成本计算是不定期的

分批法以产品的批别或订单为成本计算对象，所以，只有该批次或该订单全部完工，才能计算其实际成本。如果某批次产品尚未完工，则不计算其成本。因此，分批法的产品成本计算是不定期的，即其成本计算期与产品的生产周期基本一致，而与会计报告期不一致。

（三）生产费用通常不需要在完工产品和在产品之间分配

在单件小批量生产中，批内产品一般都能同时完工，产品完工前，生产成本明细账中所归集的生产费用就是在产品成本；产品完工时，生产成本明细账中所归集的生产费用，就是完工产品的成本。因此，通常情况下，生产费用不必在完工产品和在产品之间进行分配。

但是，当出现批内产品陆续完工的情况时，就需要将生产费用在完工产品与在产品之间进行分配。采用的分配方法根据批内产品跨月陆续完工的数量占批量的比重大小确定。

如果批内产品跨月陆续完工数量较多，完工产品数量占批量比重较大时，则应采用适当的方法，如约当产量比例法等，在完工产品和在产品之间分配费用。

如果批内产品跨月陆续完工数量不多，完工产品数量占批量比重较小时，则可以按计划成本、定额成本或近期同种产品的实际成本来估算完工产品成本，完工产品成本转出后剩余的生产费用即为在产品成本。待该批产品全部完工时，再计算该批产品的实际总成本和单位成本，但对已经转出的完工产品成本不做账面调整。

为了减少完工产品与月末在产品的费用分配工作，提高成本核算效率，企业应合理组织安排生产，适当缩小产品的批量，使同一批产品尽可能同时完工，避免或减少跨月陆续完工的情况。

三、分批法的分类

分批法因其采用的间接计入费用的分配方法不同，分为一般分批法和简化分批法。

（一）一般分批法

一般分批法是指把当月发生的生产费用按照一定的方法计入各批别产品中，无论各批次或各订单产品是否完工，都要按当月分配率分配其应负担的间接费用的方法。一般分批法也称为“当月分配法”。

这种方法的特点是，对于企业发生的直接费用直接登记在产品成本明细账中；而对于发生的间接费用需要按照一定的标准进行分配，分别计入各批别产品成本明细账中，不论产品是否完工。即各月份月末间接费用明细账没有余额，未完工批次或订单也要按月结转间接费用。

其相关的计算公式如下。

$$间接费用分配率=\frac{当月发生的间接费用}{当月分配标准总数}$$

某批别产品应分配的间接费用=该批别产品当月发生的分配标准数×间接费用分配率

在单件、小批生产的企业中，如果投产批次较多且多数为未完工批次或订单时，各种间接费用在各批别之间按月进行分配的手续就比较烦琐。为了简化核算，这种情况的企业可以考虑采用“累计间接费用分配法”分配间接费用，即简化分批法。

（二）简化分批法

简化分批法是指在计算产品成本时，各批产品完工之前，产品成本明细账或产品成本计算单只需按月登记直接费用（如直接材料）和生产工时；每月发生的各项间接费用，先不逐月在各批别产品之间进行分配，而是将这些费用按成本项目分别累计起来，在生产成本二级账中以总额反映，待到有完工产品的月份，根据各成本项目的累计间接费用和累计工时，计算出累计间接费用分配率，通过累计间接费用分配率求出完工产品应负担的间接费用，未完工产品不分配结转间接费用。所以，简化分批法也称为不分批计算在产品成本的分批法或称为“累计间接费用分配法”，是一般分批法的简化形式。

该方法的特点主要表现在：①必须设立“基本生产成本二级账”；②累计间接计入费用不在在产品之间分配即不分批计算月末在产品成本；③通过计算累计间接费用分配率来分配间接计入费用，简化了完工产品与在产品之间费用的分配。

其相关的计算公式如下。

$$某成本项目累计间接费用分配率=\frac{该成本项目累计间接费用}{全部产品累计生产工时}$$

某批别完工产品应分配的间接费用

= 该批别完工产品累计生产工时×该成本项目累计间接费用分配率

采用“累计间接费用分配法”，间接费用明细账月末留有余额，完工批次或订单一次负担其间接费用，因此，可以简化成本核算工作。但是，如果各月份的间接费用水平相差悬殊，采用这种方法会影响到各月成本计算的准确性。

课堂讨论 9-2

品种法和分批法都是核算产品成本的重要方法，试从适用范围和各自的特点比较二者的区别。

参考答案

任务二 一般分批法的实践应用

一、一般分批法的核算流程

一般分批法的成本核算流程通常包括以下几个步骤。

（一）按产品批别设置生产成本明细账

会计部门根据生产计划部门签发的“生产任务通知单”中的产品批别设置产品基本生产成本明细账、辅助生产成本明细账，账内按成本项目设置专栏，按车间设置制造费用明细账。

（二）归集与分配生产费用

1. 分配各要素费用

根据各生产费用的原始凭证或原始凭证汇总表和其他有关资料，编制各种要素费用分配表，并据以登记成本、费用明细账。对于直接费用，应按产品批别或订单直接计入各个批别的产品成本明细账；对于几批产品共同承担的间接费用，应按生产地点和用途，选择适当的方法分配计入各个批别的产品成本明细账。

2. 归集和分配辅助生产费用

对于辅助生产车间发生的直接费用，直接记入辅助生产成本明细账进行归集；期末再将辅助生产费用总额，按其提供的劳务数量，在各批别或订单产品、基本生产车间以及其他受益对象之间进行分配，属于基本生产车间的费用，转入“制造费用”账户。

3. 归集和分配制造费用

基本生产车间发生的间接费用，按照费用发生的地点，先归集在制造费用明细账中，然后根据投产的批别或订单的完成情况，选择采用“当月分配法”或“累计间接费用分配法”分配制造费用。

（三）计算并结转完工产品成本

月末会计部门根据完工通知单，将已完工批别产品的成本明细账所归集的生产费用，按成本项目加以汇总，计算出该批完工产品的总成本和单位成本。如果出现某批产品批量较大，批内产品跨月陆续完工或分次交货的情况，应采用适当的方法将生产费用在完工产品和月末在产品之间分配，计算出该批已完工产品的总成本和单位成本。

最后，将各批完工产品成本以及批内陆续完工产品的成本加以汇总，编制“完工产品成本汇总表”，结转完工入库产品的成本。

一般分批法的成本核算流程具体如图9-1所示。

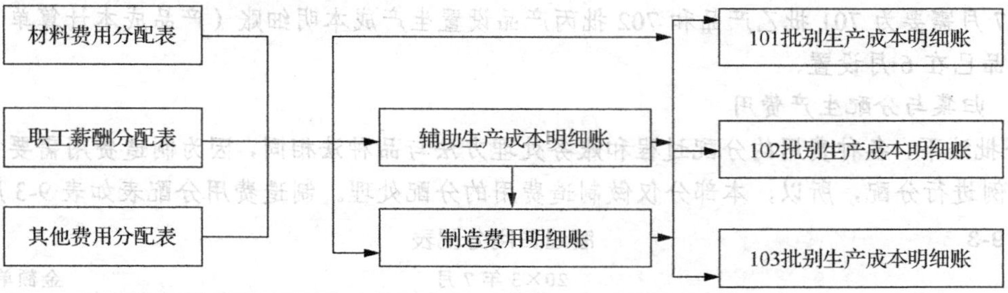

图9-1 一般分批法的成本核算流程

二、一般分批法的应用

【例9-1】蜀元公司属于单件小批多步骤生产企业，根据客户的订单组织生产甲、乙、丙三种产品，计算产品成本采用分批法，设置了直接材料、直接人工和制造费用三个成本项目。该厂有两个生产车间，原材料在一车间生产开始时一次投入。20×3年7月的有关资料如下。

（1）各批产品的生产情况如表9-1所示。

表9-1 各批产品的生产情况

产品批号	产品名称	开工日期	批量/台	完工产量/台		本月耗用工时/小时	
				6月	7月	一车间	二车间
601	甲产品	6月	20		20	3 000	1 600
701	乙产品	7月	20		12	1 500	2 000
702	丙产品	7月	10			1 000	1 500

（2）601批甲产品6月有关资料如下。

直接材料为10 500元，直接人工为18 900元，制造费用为6 050元。

（3）7月份各批产品耗用材料的情况如下。

701批乙产品耗用材料40 500元，702批丙产品耗用材料9 500元。

（4）7月的直接人工费用资料如表9-2所示。

表9-2 各批产品7月直接人工费用 单位：元

项目	一车间	二车间
601批甲产品	9 900	4 000
701批乙产品	4 950	5 010
702批丙产品	3 300	3 750

（5）7月的制造费用资料如下。

一车间制造费用为5 500元，二车间制造费用为6 120元。制造费用按生产工时比例分配。

（6）计算完工产品成本的要求如下。

三种产品的原材料都是在投产时一次性投入，三批产品的购货单位都是同一家公司。

对订单内跨月陆续完工的701批乙产品，由于其7月完工产品数量所占比重较大（60%），所以采用约当产量比例法在完工产品与在产品之间分配费用，在产品的完工程度为50%。

问题：请帮助蜀元公司计算各批次产品的成本。

1. 按产品批别设置生产成本明细账

由于蜀元公司没有辅助生产车间，只需按批号设置产品生产成本明细账（产品成本计算单）即可，7月需要为701批乙产品和702批丙产品设置生产成本明细账（产品成本计算单），601批甲产品已在6月设置。

2. 归集与分配生产费用

分批法下，各种费用的分配过程和账务处理方法与品种法相同，因为制造费用需要按生产工时比例进行分配，所以，本部分仅做制造费用的分配处理。制造费用分配表如表9-3所示。

表9-3　制造费用分配表

20×3年7月　金额单位：元

产品批别		601批	701批	702批	合计
一车间	生产工时	3 000	1 500	1 000	5 500
	分配率	1			—
	分配金额	3 000	1 500	1 000	5 500
二车间	生产工时	1 600	2 000	1 500	5 100
	分配率	1.2			
	分配金额	1 920	2 400	1 800	6 120
合计		4 920	3 900	2 800	11 620

3. 列出各批别产品的成本计算单

（1）601批甲产品成本计算单，如表9-4所示。

表9-4　产品成本计算单

批号：601　产品名称：甲产品　产品批量：20台

开工日期：20×3年6月　完工日期：20×3年7月　完工数量：20台

20×3年7月　单位：元

项目	直接材料	直接人工	制造费用	合计
月初在产品成本	10 500	18 900	6 050	35 450
本月生产费用		13 900	4 920	18 820
生产费用合计	10 500	32 800	10 970	54 270
完工产品总成本	10 500	32 800	10 970	54 270
单位成本	525	1 640	548.5	2 713.5

注：表9-4中，本月的直接人工=9 900+4 000=13 900（元）。

（2）701批乙产品成本计算单，如表9-5所示。

表9-5　产品成本计算单

批号：701　产品名称：乙产品　产品批量：20台

开工日期：20×3年7月　完工日期：20×3年7月　完工数量：12台

20×3年7月　金额单位：元

项目	直接材料	直接人工	制造费用	合计
月初在产品成本				
本月生产费用	40 500	9 960	3 900	54 360
生产费用合计	40 500	9 960	3 900	54 360
本月完工产品数量/台	12	12	12	
月末在产品数量/台	8	8	8	

续表

项目	直接材料	直接人工	制造费用	合计
月末在产品完工程度	100%	50%	50%	
月末在产品约当产量/台	8	4	4	
约当总产量/台	20	16	16	
费用分配率	2 025	622.5	243.75	2 891.25
本月完工产品成本	24 300	7 470	2 925	34 695
月末在产品成本	16 200	2 490	975	19 665

注：表 9-5 中，本月的直接人工=4 950+5 010=9 960（元）。

（3）702 批丙产品成本计算单，如表 9-6 所示。

表 9-6　　产品成本计算单

批号：702　　产品名称：丙产品　　产品批量：10 台

开工日期：20×3 年 7 月　　完工日期：20×3 年 7 月　　完工数量：

20×3 年 7 月　　单位：元

项目	直接材料	直接人工	制造费用	合计
月初在产品成本				
本月生产费用合计	9 500	7 050	2 800	19 350
本月完工产品成本				
月末在产品成本	9 500	7 050	2 800	19 350

注：表 9-6 中，本月的直接人工=3 300+3 750=7 050（元）。

因为 702 批丙产品本月没有完工产品，所以，本月生产费用=月末在产品成本。

4. 结转完工入库产品成本

编制完工产品成本汇总表，如表 9-7 所示。

表 9-7　　完工产品成本汇总表

20×3 年 7 月　　单位：元

批别	产品名称	产量/件	项目	直接材料	直接人工	制造费用	合计
601 批	甲产品	20	总成本	10 500	32 800	10 970	54 270
			单位成本	525	1 640	548.5	2 713.5
701 批	乙产品	12	总成本	24 300	7 470	2 925	34 695
			单位成本	2 025	622.5	243.75	2 891.25

根据表 9-7，结转完工产品成本，可以编制会计分录如下。

借：库存商品——甲产品　　54 270

　　库存商品——乙产品　　34 695

　　贷：基本生产成本——601 批　　54 270

　　　　基本生产成本——701 批　　34 695

课堂讨论 9-3

在当今充满变革和竞争激烈的商业环境中，创新成为了企业生存和发展的关键。而对于创新型企业来说，如何有效地管理和推动创新项目的实施，成为一个重要而复杂的挑战。分批法作为一种常用的项目管理方法，在创新型企业中得到了广泛应用。

请围绕分批法在创新型企业中的应用现状及存在的问题展开讨论。

参考答案

任务三 简化分批法的实践应用

一、简化分批法的核算流程

简化分批法大大简化了成本核算的工作，特别适用于投产批别较多，且月末未完工产品批别数也较多并且各月份间接计入费用水平相差不大的企业。

简化分批法的成本核算流程有别于一般分批法，具体如下。

（一）设置基本生产成本二级账和基本生产成本明细账

简化分批法下，将每月发生的间接费用与每月发生的工时数，分别予以累计，登记在基本生产成本二级账。在有产品完工的月份，计算累计间接费用分配率，然后根据当月各批完工产品的累计工时分配间接费用，并计入各批完工产品的成本计算单。尚未完工的各批产品应负担的间接费用，暂时不计算分配，保留在有关费用明细账内。

（二）登记各批别产品发生的生产费用和生产工时

在生产成本明细账中只需按月登记直接费用和生产工时，而不登记间接费用，待该批产品有完工产品入库时，再按完工产品累计工时分配间接费用。

（三）计算完工产品成本

某批产品完工时，该批产品的直接费用加上分配转入的间接费用就是完工产品的总成本。结转完工产品成本后，基本生产成本明细账中的余额，就是所有批次的月末在产品成本。

简化分批法的成本核算流程具体如图 9-2 所示。

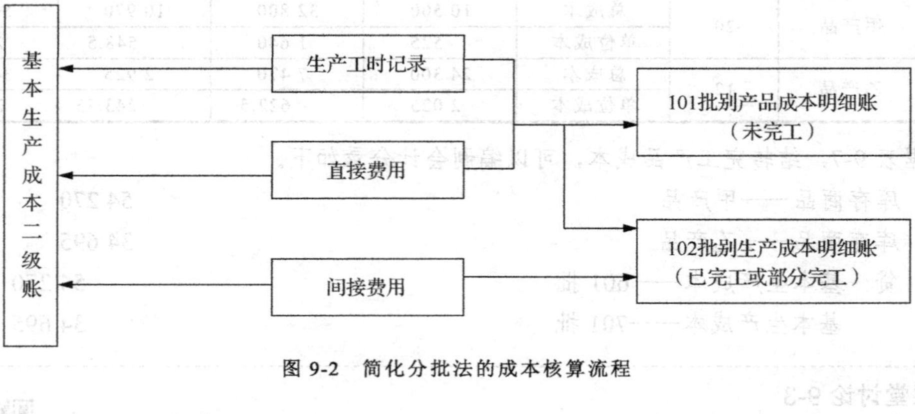

图 9-2 简化分批法的成本核算流程

二、简化分批法的应用

【例 9-2】风华工厂是小批量、多批次生产的企业，且月末未完工产品多，所以，采用简化分批法计算产品成本。20×3 年 6 月共有 601、602、603、604、605 五张订单的产品投产，其中 601 号订单当月全部完工，604 号订单完工 10 件，602 号、603 号、605 号订单未完工。

（1）20×3 年 6 月各批产品生产及完成情况如表 9-8 所示。

表 9-8　各批产品生产及完成情况

产品批号	产品名称	批量/件	开工日期	完工日期
601	A 产品	20	4 月	6 月
602	B 产品	30	4 月	7 月
603	C 产品	40	5 月	8 月
604	D 产品	50	6 月	7 月
605	E 产品	60	6 月	8 月

（2）月初在产品成本及累计工时情况如表 9-9 所示。

表 9-9　月初在产品成本及累计工时

20×3 年 6 月　金额单位：元

产品批号	产品名称	直接材料	累计工时/小时	直接人工	制造费用
601	A 产品	163 000	70 000		
602	B 产品	187 654	60 000		
603	C 产品	99 346	30 000		
合计		450 000	160 000	340 000	100 000

（3）本月发生的生产费用和耗用工时如表 9-10 所示。

表 9-10　本月生产费用及耗用工时

20×3 年 6 月　金额单位：元

产品批号	产品名称	直接材料	生产工时/小时	直接人工	制造费用
601	A 产品	1 500	5 000		
602	B 产品	1 100	8 000		
603	C 产品	2 400	8 000		
604	D 产品	80 000	12 000		
605	E 产品	35 000	15 000		
合计		120 000	48 000	110 000	40 000

其中，D 产品在产品的定额工时为 5 000 小时。

问题：请运用简化分批法计算风华工厂各批次产品的成本。

（1）设置基本生产成本二级账，具体如表 9-11 所示。

表 9-11　基本生产成本二级账

20×3 年 6 月　金额单位：元

月	日	摘要	直接材料	生产工时/小时	直接人工	制造费用	合计
6	1	月初在产品成本	450 000	160 000	340 000	100 000	890 000
6	30	本月生产费用	120 000	48 000	110 000	40 000	270 000
6	30	累计生产费用	570 000	208 000	450 000	140 000	1 160 000
6	30	累计间接费用分配率	—	—	2.16	0.67	
6	30	本月完工产品成本转出	180 500	82 000	177 120	54 940	412 560
6	30	月末在产品成本	389 500	126 000	272 880	85 060	747 440

注：累计工资费用分配率=450 000÷208 000=2.16

累计制造费用分配率=140 000÷208 000=0.67

完工产品直接材料费用=164 500+16 000=180 500（元）

完工产品生产工时=75 000+7 000=82 000（小时）

（2）登记各批产品的基本生产成本明细账，具体如表9-12～表9-16所示。

对于未完工产品，只登记直接费用和耗用的生产工时，完工产品还要登记间接费用。

表9-12　　基本生产成本明细账（A产品）

批号：601　　产品名称：A产品　　产品批量：20件

开工日期：20×3年4月　　完工日期：20×3年6月　　完工数量：20件

20×3年6月　　金额单位：元

月	日	摘要	直接材料	生产工时/小时	直接人工	制造费用	合计
6	1	月初在产品成本	163 000	70 000			
6	30	本月发生额	1 500	5 000			
6	30	累计生产费用	164 500	75 000			
6	30	累计间接费用分配率			2.16	0.67	
6	30	转出完工产品总成本	164 500	75 000	162 000	50 250	376 750
6	30	完工产品单位成本	8 225		8 100	2 512.5	18 837.5

注：完工产品成本中的直接人工=75 000×2.16=162 000（元）

完工产品成本中的制造费用= 75 000×0.67=50 250（元）

表9-13　　基本生产成本明细账（B产品）

批号：602　　产品名称：B产品　　产品批量：30件

开工日期：20×3年4月　　完工日期：20×3年7月　　完工数量：

20×3年6月　　金额单位：元

月	日	摘要	直接材料	生产工时/小时	直接人工	制造费用	合计
6	1	月初在产品成本	187 654	60 000			
6	30	本月发生额	1 100	8 000			
6	30	本月止累计余额	188 754	68 000			

表9-14　　基本生产成本明细账（C产品）

批号：603　　产品名称：C产品　　产品批量：40件

开工日期：20×3年5月　　完工日期：20×3年8月　　完工数量：

20×3年6月　　金额单位：元

月	日	摘要	直接材料	生产工时/小时	直接人工	制造费用	合计
6	1	月初在产品成本	99 346	30 000			
6	30	本月发生额	2 400	8 000			
6	30	本月止累计余额	101 746	38 000			

表9-15　　基本生产成本明细账（D产品）

批号：604　　产品名称：D产品　　产品批量：50件

开工日期：20×3年6月　　完工日期：20×3年7月　　完工数量：10件

20×3年6月　　金额单位：元

月	日	摘要	直接材料	生产工时/小时	直接人工	制造费用	合计
6	1	本月发生额	80 000	12 000			
6	30	累计生产费用	80 000	12 000			
6	30	累计间接费用分配率			2.16	0.67	
6	30	转出完工产品总成本	16 000	7 000	15 120	4 690	35 810
6	30	完工产品单位成本	1 600		1 512	469	3 581
6	30	月末在产品成本	64 000	5 000			

注：完工产品成本中的直接材料=80 000÷50×10=16 000（元）

完工产品成本中的直接人工= 7 000×2.16= 15 120（元）

完工产品成本中的制造费用=7 000×0.67 =4 690（元）

完工产品的生产工时=12 000−5 000=7 000（小时）

表 9-16　　基本生产成本明细账（E 产品）

批号：605　　产品名称：E 产品　　产品批量：60 件
开工日期：20×3 年 6 月　　完工日期：20×3 年 8 月　　完工数量：
20×3 年 6 月　　金额单位：元

月	日	摘要	直接材料	生产工时/小时	直接人工	制造费用	合计
6	30	本月发生额	35 000	15 000			
6	30	本月止累计余额	35 000	15 000			

（3）编制完工产品成本汇总表，具体如表 9-17 所示。

表 9-17　　完工产品成本汇总表

20×3 年 6 月　　金额单位：元

批别	产品名称	产量/件	项目	直接材料	直接人工	制造费用	合计
601 批	A 产品	20	总成本	164 500	162 000	50 250	376 750
			单位成本	8 225	8 100	2 512.5	18 837.5
604 批	D 产品	10	总成本	16 000	15 120	4 690	35 810
			单位成本	1 600	1 512	469	3 581

根据表 9-17，结转完工产品成本，可以编制会计分录如下。

借：库存商品——A 产品　　376 750
　　　　　——D 产品　　35 810
　贷：基本生产成本——601 批　　376 750
　　　　　　　　——604 批　　35 810

课堂讨论 9-4

通过学习简化分批法的原理及应用，请客观评价简化分批法及该方法的应用条件。

参考答案

项目小结

通过本项目的学习，我们了解了分批法的含义和特点。分批法的特点是：其成本计算对象是产品批别或订单，适用于小批、单件生产的企业；成本计算期与生产周期一致，与会计报告期不一致；生产费用一般不需要在完工产品与在产品之间分配。根据采用的间接计入费用的分配方法不同，分批法分为一般分批法和简化分批法，二者的核算流程和方法有所区别，企业实践应用时需要根据企业的生产特点和管理要求来选择。除了分批法在成本核算中的应用，我们也应该知道分批法是资源配置的一种策略。例如，高考志愿中的分批录取，职工薪酬管理中的分批计算工资报酬，都是对公平与正义的很好诠释。

拓展阅读

[1] 杨鹤.基于大数据背景的企业成本核算与管理分析[J].商场现代化,2023(05):180-182.

[2] 路迎.财务共享模式下企业成本核算管理研究[J].全国流通经济,2022(36):141-144.
[3] 王国芬.解析“简化分批法”在产品成本核算中的运用[J].济南职业学院学报,2015(03):80-82.

思考与练习

1．一般分批法的特点有哪些？
2．描述一般分批法的核算流程。
3．简化分批法的特点有哪些？
4．描述简化分批法的核算流程。
5．一般分批法与简化分批法的区别有哪些？
6．分批法与品种法的区别有哪些？

即测即评

实训专栏

实训任务：应用 Excel 进行简化分批法的核算

实训资料：某制造企业属于小批生产企业，产品批次多，为了简化核算，采用简化分批法计算产品成本。

（1）该厂 20×3 年 6 月各批产品生产情况如表 9-18 所示。

表 9-18　各批产品生产情况

产品批号	产品名称	投产日期	数量/件	本月完工情况
401	甲产品	4 月	16	全部完工
502	乙产品	5 月	30	完工 20 件
603	丙产品	6 月	25	尚未完工

（2）各批产品月初生产费用及生产工时情况如表 9-19 所示。

表 9-19　各批产品月初生产费用及生产工时　金额单位：元

产品批号	产品名称	直接材料	生产工时/小时	直接人工	制造费用
401	甲产品	300 000	48 900		
502	乙产品	225 000	22 100		
603	丙产品				
合计		525 000	71 000	131 000	181 000

（3）各批产品本月生产费用及生产工时情况如表 9-20 所示。

表 9-20 各批产品本月生产费用及生产工时

金额单位：元

产品批号	产品名称	直接材料	生产工时/小时	直接人工	制造费用
401	甲产品		29 100		
502	乙产品		28 900		
603	丙产品	275 000	41 000		
合计		275 000	99 000	158 000	210 000

另外，502 批乙产品，原材料在生产开始时一次性投入，本月末在产品定额工时为 11 000 小时。

实训要求：根据上述资料，在 Excel 中计算完工产品成本，登记基本生产成本二级账及各批产品的基本生产成本明细账。

（1）登记基本生产成本二级账，具体如表 9-21 所示。

表 9-21 基本生产成本二级账

金额单位：元

20×3 年		凭证号	摘要	直接材料	生产工时/小时	直接人工	制造费用	合计
月	日							
6	1	略	月初在产品成本					
	30		本月生产费用					
	30		累计生产费用					
	30		累计间接费用分配率					
	30		本月完工产品成本转出					
	30		月末在产品成本					

（2）登记各批产品基本生产成本明细账，具体如表 9-22～表 9-24 所示。

表 9-22 基本生产成本明细账（甲产品）

批号：401　　产品名称：甲产品　　产品批量：16 件

开工日期：20×3 年 4 月　　完工日期：20×3 年 6 月　　完工数量：16 件

20×3 年 6 月　　金额单位：元

月	日	摘要	直接材料	生产工时/小时	直接人工	制造费用	合计
6	1	月初在产品成本					
6	30	本月发生额					
6	30	累计生产费用					
6	30	累计间接费用分配率					
6	30	转出完工产品总成本					
6	30	完工产品单位成本					

表 9-23 基本生产成本明细账（乙产品）

批号：502　　产品名称：乙产品　　产品批量：30 件

开工日期：20×3 年 5 月　　完工日期：20×3 年 6 月　　完工数量：20 件

20×3 年 6 月　　金额单位：元

月	日	摘要	直接材料	生产工时/小时	直接人工	制造费用	合计
6	1	月初在产品成本					
6	30	本月发生额					
6	30	累计生产费用					
6	30	累计间接费用分配率					
6	30	转出完工产品总成本					
6	30	完工产品单位成本					
6	30	月末在产品成本					

表 9-24 基本生产成本明细账（丙产品）

批号：603　产品名称：丙产品　产品批量：25 件
开工日期：20×3 年 6 月　完工日期：　完工数量：
20×3 年 6 月　金额单位：元

月	日	摘要	直接材料	生产工时/小时	直接人工	制造费用	合计
6	30	本月发生额					
6	30	本月止累计余额					

（3）结转本月完工产品成本。

根据成本计算结果，编制完工产品成本汇总表，如表 9-25 所示。

表 9-25 完工产品成本汇总表

20×3 年 6 月　金额单位：元

批别	产品名称	产量/件	项目	直接材料	直接人工	制造费用	合计
401 批	甲产品		总成本				
			单位成本				
502 批	乙产品		总成本				
			单位成本				

（4）根据完工产品成本汇总表，编制记账凭证，如表 9-26 所示。

表 9-26 记账凭证

年　月　日　字第　号

摘要	总账科目	明细科目	借方金额	贷方金额	记账
合计					

会计主管　审核　制证　记账

项目十 产品成本计算的分步法

学习目标

知识目标

1. 了解分步法的特点及适用范围；

2. 掌握分步法（逐步结转分步法和平行结转分步法）的核算流程及方法。

能力目标

1. 培养学生能够熟练运用逐步结转分步法（综合逐步结转分步法、分项逐步结转分步法）、平行结转分步法进行产品成本核算的能力；

2. 培养学生能根据案例资料进行成本还原的能力；

3. 培养学生能够独立编制成本计算单并进行账务处理的能力。

价值目标

1. 通过分步法的学习，培养学生一丝不苟、严谨务实、不畏困难的职业精神；

2. 引导学生深刻理解事物的发展是量变与质变的统一，产品成本的核算是每一生产步骤中成本量的积累，有计划、分阶段、分步骤地进行成本核算，最终正确核算产品成本，实现质的飞跃。

思维导图

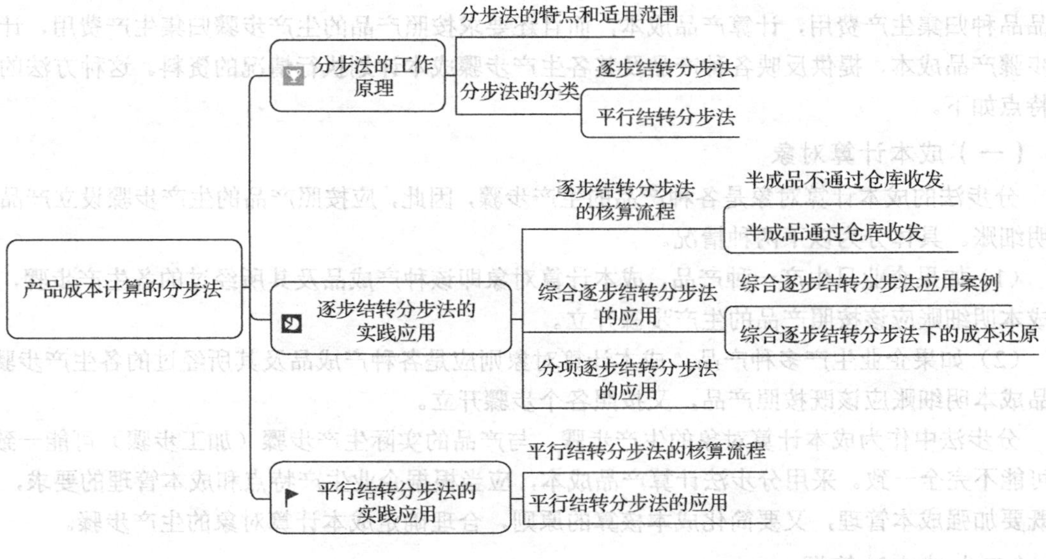

项目导入

一步一脚印，量变到质变

成本会计小张所在的棉布制造企业，虽然生产普通棉布，但是生产工艺却是非常复杂的，包括纺纱和织布两大步骤。在纺纱步骤中，原料（原棉）投入生产后，经过清花、梳棉、并条、粗纺、细纱等工序，纺成各种棉纱；在织布步骤中，棉纱经过络筒、整经、浆纱、穿筘、织造等工序，织成各种棉布，再经过整理、打包，才可入库待售。这些步骤缺一不可，且该棉布制造企业管理上要求分步骤计算成本。

请思考并回答以下问题。

1. 该棉布制造企业应该使用什么方法计算产品成本？
2. 小张觉得企业的成本核算方法太难，可否替换为较简单的核算方法？
3. 若该棉布制造企业不按既定步骤生产，会产生什么后果？

任务一 分步法的工作原理

一、分步法的特点和适用范围

产品成本计算的分步法，是按照产品的生产步骤归集生产费用，计算产品成本的一种方法。它适用于大量、大批且管理上要求分步计算成本的多步骤生产。在多步骤生产的企业中，例如，棉纺织企业的生产可分为纺纱、织布等步骤，冶金企业的生产可分为炼铁、炼钢、轧钢等步骤，机械制造企业的生产可分为铸造、加工、装配等步骤，为了加强成本管理，往往不仅要求按照产品品种归集生产费用，计算产品成本，而且还要求按照产品的生产步骤归集生产费用，计算各步骤产品成本，提供反映各种产品及其各生产步骤成本计划执行情况的资料。这种方法的主要特点如下。

（一）成本计算对象

分步法的成本计算对象是各种产品的生产步骤，因此，应按照产品的生产步骤设立产品成本明细账。具体分为以下两种情况。

（1）如果企业只生产一种产品，成本计算对象即该种产成品及其所经过的各生产步骤，产品成本明细账应该按照产品的生产步骤开立。

（2）如果企业生产多种产品，成本计算对象则应是各种产成品及其所经过的各生产步骤。产品成本明细账应该既按照产品，又按照各个步骤开立。

分步法中作为成本计算对象的生产步骤，与产品的实际生产步骤（加工步骤）可能一致，也可能不完全一致。采用分步法计算产品成本，应当根据企业生产特点和成本管理的要求，本着既要加强成本管理，又要简化成本核算的原则，合理确定成本计算对象的生产步骤。

（二）成本计算期

根据会计分期，分步法的成本计算一般按月定期进行，成本计算期与生产周期不一致。由于在大批的多步骤生产中，生产过程较长、可以间断，而且产品往往都是跨月陆续完工的，所以成本计算一般都是按月、定期进行的。

（三）费用在完工产品与在产品之间的分配

由于大量、大批多步骤生产的产品往往跨月陆续完工，月末各步骤一般都存在未完工的在产品，所以在计算成本时，还需要采用适当的分配方法，将汇集在各种产品、各生产步骤产品成本明细账中的生产费用，在完工产品与在产品之间进行分配，计算各产品、各生产步骤的完工产品成本和在产品成本。

（四）各步骤之间成本的结转

在采用分步法计算产品成本时，在各步骤之间还有个成本结转问题，这是分步法有别于前述品种法和分批法的一个重要特点。在分步法下，由于产品生产是分步骤进行的，上一步骤生产的半成品是下一步骤的加工对象，因此在计算各种产品的产成品成本时，还需要按照产品品种，结转各步骤成本。

二、分步法的分类

分步法是按照各个生产步骤来归集生产费用，再汇总据以计算产品成本的，因此，需要将各生产步骤归集的生产费用采用一定的方式、方法结转到下一个步骤，以确定最终完工产品成本。根据企业内部成本管理对各生产步骤成本资料的需求，分步法按照各生产步骤是否计算半成品，成本分为逐步结转分步法和平行结转分步法两种方法。

逐步结转分步法又称为顺序结转分步法，按照各生产步骤先后顺序，逐步计算并结转每步骤半成品成本，直到最后一个步骤计算出产成品成本。

平行结转分步法又称为不计算半成品成本的分步法，其各生产步骤不计算本步骤所产半成品成本，也不计算本步骤所耗上一步骤半成品成本，而只计算本步骤发生的各项费用及这些费用中应计入最终完工产成品成本的“份额”，然后将相同产品的各步骤成本明细账的“份额”平行结转汇总，计算出最终完工产成品成本。

任务二 逐步结转分步法的实践应用

一、逐步结转分步法的核算流程

逐步结转分步法是计算半成品成本的一种方法。在大量大批连续式复杂生产的企业中，产品生产从原料投入到产品制成，中间须经过一系列循序渐进、性质不同的生产步骤，各个步骤生产的半成品既可以作为下一步骤继续加工的对象，又可以作为商品对外销售。例如棉纺织企业生产工艺过程主要包括纺纱和织布两大步骤，为了计算最终产品棉布的成本，需要先计算出半成品棉纱的成本，有的棉纺织企业还可能直接把半成品棉纱直接对外销售，因此此种情形下较适用逐步结转分步法来进行成本核算。

微课堂

逐步结转分步法的核算流程

采用逐步结转分步法计算各步骤产品成本时，由于上一步骤的半成品将作为下一步骤的加工对象，上一步骤计算的半成品成本要随着半成品实物的转移一起从上一步骤的基本生产成本明细账转入下一步骤相同产品的基本生产成本明细账，以便依次计算各步骤的半成品成本和最后步骤的产成品成本。

在逐步结转分步法的核算流程中，半成品的流转有两种情况。

（一）半成品不通过仓库收发

半成品不通过仓库收发，则半成品成本就在各步骤的产品成本明细账之间直接结转，下一步骤直接领用上一步骤的完工半成品，其半成品成本也直接转入下一步骤的成本计算单，不必通过自制半成品进行核算，也不必编制结转半成品成本的会计分录。其核算流程如图 10-1 所示。

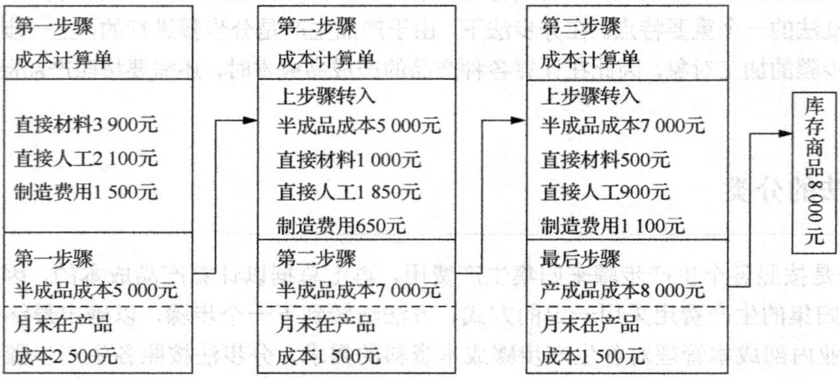

图 10-1　逐步结转分步法的核算流程（不通过半成品仓库）

（二）半成品通过仓库收发

半成品通过仓库收发，下一步骤不能直接领用上一步骤的完工半成品，而是通过半成品库进行。因此，需要设置自制半成品明细账来反映半成品的收、发、存情况。

半成品通过仓库收发的核算流程如图 10-2 所示。半成品收发时都需进行账务处理，当半成品验收入库时，借记"自制半成品"科目，贷记"基本生产成本"科目，下一步骤领用半成品时，做相反的会计分录。

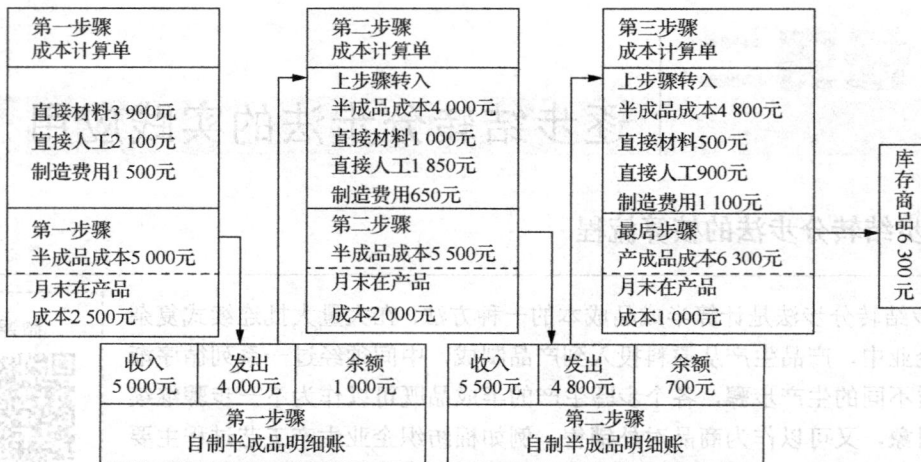

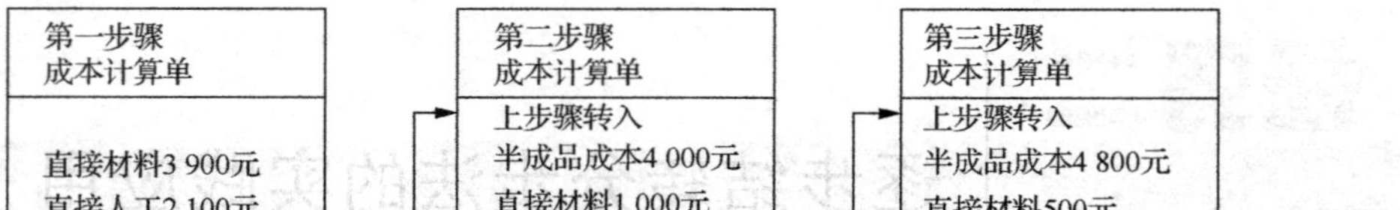

图 10-2　逐步结转分步法的核算流程（通过半成品仓库）

在实际工作中，逐步结转分步法按照半成品转入下一生产步骤基本生产成本明细账中的反映方式不同，可分为综合逐步结转分步法和分项逐步结转分步法。

二、综合逐步结转分步法的应用

综合逐步结转分步法是指在逐步结转各步骤半成品成本时，上一步骤的综合成本（不分成本项目）结转到下一步骤成本计算单中的“直接材料”或“自制半成品”项目，直至累积到最后步骤计算出完工产品成本的一种方法。

（一）综合逐步结转分步法应用案例

【例 10-1】某企业大量生产甲产品，甲产品经三个基本生产车间（三个生产步骤）连续加工而成。第一车间为第二车间提供半成品 A，第二车间为第三车间提供半成品 B，第三车间生产最终产品甲。原材料在生产开始时一次性投入，各步骤完工的半成品直接交下一步骤加工，不通过半成品仓库收发。半成品成本按实际成本综合结转，各步骤在产品完工程度均为 50%，完工产品和在产品之间生产费用的分配采用约当产量比例法。甲产品 20×4 年 5 月的产量记录和有关费用资料如表 10-1 和表 10-2 所示。

表 10-1　　产品产量记录　　单位：件

项目	一车间	二车间	三车间
月初在产品	50	20	70
本月投入或上步骤转入	300	250	200
本月完工	250	200	250

表 10-2　　生产费用资料　　单位：元

项目	车间	直接材料	半成品	直接人工	制造费用	合计
月初在产品成本	一车间	4 500		550	950	6 000
	二车间		3 000	480	520	4 000
	三车间		17 500	3 850	3 150	24 500
本月发生费用	一车间	27 000		6 050	10 450	43 500
	二车间			10 800	11 700	22 500
	三车间			24 750	20 250	45 000

要求：根据以上资料，采用综合逐步结转分步法计算产品成本，并编制产品成本计算单。

第一车间产品成本计算单如表 10-3 所示。

表 10-3　　第一车间产品成本计算单

产品：A 半成品　　完工数量：250 件　　金额单位：元

项目	直接材料	直接人工	制造费用	合计
月初在产品成本	4 500	550	950	6 000
本月生产费用	27 000	6 050	10 450	43 500
生产费用合计	31 500	6 600	11 400	49 500
完工半成品数量/件	250	250	250	
在产品约当产量/件	100	50	50	
约当产量合计/件	350	300	300	
分配率（即单位成本）	90	22	38	150
完工半成品成本	22 500	5 500	9 500	37 500
月末在产品成本	9 000	1 100	1 900	12 000

第一车间产品成本计算具体过程如下。

（1）计算分配率。

直接材料分配率=31 500÷（250+100）= 90

直接人工分配率=6 600÷（250+100×50%）= 22

制造费用分配率=11 400÷（250+100×50%）=38

（2）计算第一车间完工半成品成本。

完工A半成品直接材料成本=250×90=22 500（元）

完工A半成品直接人工成本=250×22=5 500（元）

完工A半成品制造费用成本=250×38=9 500（元）

（3）计算月末在产品成本。

在产品直接材料成本=100×90=9 000（元）

在产品直接人工成本=50×22=1 100（元）

在产品制造费用成本=50×38=1 900（元）

注：若分配率为除不尽的数，在产品成本的计算采用倒挤法，即月末在产品成本=生产费用合计-完工产品成本。

第二车间产品成本计算单如表10-4所示。

表10-4　　第二车间产品成本计算单

产品：B半成品　　完工数量：200件　　金额单位：元

项目	直接材料	直接人工	制造费用	合计
月初在产品成本	3 000	480	520	4 000
本月生产费用	37 500	10 800	11 700	60 000
生产费用合计	40 500	11 280	12 220	64 000
完工半成品数量/件	200	200	200	
在产品约当产量/件	70	35	35	
约当产量合计/件	270	235	235	
分配率（即单位成本）	150	48	52	250
完工半成品成本	30 000	9 600	10 400	50 000
月末在产品成本	10 500	1 680	1 820	14 000

注：第一车间完工的半成品成本37 500元综合转入第二车间产品成本计算单中的“直接材料”成本项目中，即第一车间的半成品成本37 500元包含直接材料22 500元、直接人工5 500元和制造费用9 500元，但不分项目转入下一车间的相应项目中，而是汇总转入下一车间的“直接材料”项目。

第二车间产品成本计算具体过程如下。

（1）计算分配率。

直接材料分配率=40 500÷（200+70）= 150

直接人工分配率=11 280÷（200+70×50%）=48

制造费用分配率=12 220÷（200+70×50%）=52

（2）计算第二车间完工半成品成本。

完工B半成品直接材料成本=200×150=30 000（元）

完工B半成品直接人工成本=200×48=9 600（元）

完工B半成品制造费用成本=200×52=10 400（元）

（3）计算月末在产品成本。

在产品直接材料成本=70×150=10 500（元）

在产品直接人工成本=35×48=1 680（元）

在产品制造费用成本=35×52=1 820（元）

第三车间产品成本计算单如表10-5所示。

表 10-5　　第三车间产品成本计算单

产品：甲产品　　完工数量：250 件　　金额单位：元

项目	直接材料	直接人工	制造费用	合计
月初在产品成本	17 500	3 850	3 150	24 500
本月生产费用	50 000	24 750	20 250	95 000
生产费用合计	67 500	28 600	23 400	119 500
完工产品数量/件	250	250	250	
在产品约当产量/件	20	10	10	
约当产量合计/件	270	260	260	
分配率（即单位成本）	250	110	90	450
完工产品成本	62 500	27 500	22 500	112 500
月末在产品成本	5 000	1 100	900	7 000

第三车间产品成本计算具体过程如下。

（1）计算分配率。

直接材料分配率=67 500÷（250+20）= 250

直接人工分配率=28 600÷（250+20×50%）=110

制造费用分配率=23 400÷（250+20×50%）=90

（2）计算完工产品甲的成本。

甲产品直接材料成本=250×250=62 500（元）

甲产品直接人工成本=250×110=27 500（元）

甲产品制造费用成本=250×90=22 500（元）

（3）计算月末在产品成本。

在产品直接材料成本=20×250=5 000（元）

在产品直接人工成本=10×110=1 100（元）

在产品制造费用成本=10×90=900（元）

【例 10-2】某工业企业大量生产乙产成品。生产分为两个步骤，分别由两个车间进行，第一车间生产乙半成品 1 000 件，交半成品库验收；第二车间将乙半成品加工成乙产成品。第二车间所耗半成品费用按全月一次加权平均单位成本计算。两个车间的月末在产品均按定额成本计价。该企业为加强成本管理，采用综合逐步结转分步法计算产品成本，有关产量和费用资料如表 10-6 至表 10-8 所示。

要求：根据所提供的资料，将产品成本明细账和自制半成品明细账中的括号处填写完整，并编制相关会计分录。

第一车间产品成本明细账如表 10-6 所示。

表 10-6　　第一车间产品成本明细账　　单位：元

产品：乙半成品　　20×3 年 4 月　　产量：1 000 件

项目	直接材料	直接人工	制造费用	合计
月初在产品成本（定额成本）	3 800	2 200	4 600	10 600
本月生产费用	12 600	6 000	12 200	30 800
合计	16 400	8 200	16 800	41 400
完工转出半成品成本	（10 800）	（5 600）	（3 400）	（19 800）
月末在产品成本（定额成本）	5 600	2 600	13 400	21 600

第一车间乙半成品成本明细账中，根据各种生产费用分配表和第一车间在产品定额成本资料，可以计算出完工转出乙半成品成本，其等于生产费用合计数减去月末在产品成本，具体计算过程如下。

完工转出乙半成品直接材料=16 400−5 600=10 800（元）

完工转出乙半成品直接人工=8 200−2 600=5 600（元）

完工转出乙半成品制造费用=16 800−13 400=3 400（元）

编制乙半成品入库分录。

借：自制半成品　　19 800

　　贷：基本生产成本——第一车间——乙半成品　　19 800

自制半成品明细账如表 10-7 所示。

表 10-7　　自制半成品明细账（乙半成品）　　金额单位：元

计量单位：件

月份	月初余额		本月增加		合计			本月减少	
	数量	实际成本	数量	实际成本	数量	实际成本	单位成本	数量	实际成本
4	800	20 700	1 000	（19 800）	（1 800）	（40 500）	（22.5）	1 400	（31 500）
5	400	（9 000）	—	—	—	—	—	—	—

20×3 年 4 月领用乙半成品单位成本=（20 700+19 800）÷（800+1 000）=22.5（元/件）

第二车间领用乙半成品成本=1 400×22.5=31 500（元）

编制领用乙半成品分录。

借：基本生产成本——第二车间——乙产品　　31 500

　　贷：自制半成品　　31 500

第二车间产品成本明细账如表 10-8 所示。

表 10-8　　第二车间产品成本明细账　　单位：元

产品：乙产成品　　20×3 年 4 月　　产量：700 件

项目	直接材料	直接人工	制造费用	合计
月初在产品成本（定额成本）	12 000	2 400	5 000	19 400
本月生产费用	（31 500）	7 400	17 700	（56 600）
合计	（43 500）	（9 800）	（22 700）	（76 000）
产成品成本	（38 300）	（8 800）	（19 900）	（67 000）
月末在产品成本（定额成本）	5 200	1 000	2 800	9 000

第二车间乙产成品成本明细账中，根据各种生产费用分配表和第二车间在产品定额成本资料，可以计算出完工产成品成本，其等于生产费用合计数减去月末在产品成本，具体计算过程如下。

完工转出乙产成品直接材料=43 500−5 200=38 300（元）

完工转出乙产成品直接人工=9 800−1 000=8 800（元）

完工转出乙产成品制造费用=22 700−2 800=19 900（元）

编制乙产成品完工入库分录。

借：库存商品——乙产成品　　67 000

　　贷：基本生产成本——第二车间——乙产成品　　67 000

从上述案例可以看出，采用综合逐步结转分步法结转半成品成本，各步骤耗用上一步骤半成品的费用，可以直接从成本计算单中反映出来。这样，对加强各步骤耗用半成品情况的监督、分析、考核及提高成本管理水平，都有重要作用。但这种方法在成本计算单里，不能直接提供按原始成本项目反映的成本资料。为此，管理上要求从整个企业角度考核和分析产品成本构成时，还应将综合逐步结转计算出的产成品成本进行成本还原。

（二）综合逐步结转分步法下的成本还原

所谓成本还原就是恢复产品成本结构的本来面目，把各步骤耗用的半成品成本，逐步分解还原为“直接材料”“直接人工”“制造费用”等项目。

成本还原通常从最后一个生产步骤开始，将所耗用的上一生产步骤自制半成品的综合成本，按本月所生产这种半成品的成本结构比例逐步还原，直至还原到第一个生产步骤，使产成品成本中半成品成本还原成原始成本项目。若生产步骤有 N 个，则还原次数为 N-1 次。成本还原的方法一般有两种：成本还原率法和项目比重还原法。

1. 成本还原率法

成本还原率法，是指将本月产品成本中所耗费的上一生产步骤半成品的综合成本占该种半成品的总成本的比例，分别乘以所耗费该种半成品的各个成本项目金额进行还原，从而取得产成品原始成本结构的方法。其计算公式如下。

$$\text{成本还原率}=\frac{\text{本月完工产品耗用上一生产步骤半成品成本}}{\text{本月生产该种半成品总成本}}\times 100\%$$

还原为上一生产步骤各成本项目的金额=上一生产步骤本月完工各成本项目的金额×成本还原率

【例 10-3】沿用【例 10-1】资料，运用成本还原率法来进行成本还原，如表 10-9 所示。

表 10-9　产品成本还原计算表（成本还原率法）

产品：甲产品　　完工数量：250 件　　金额单位：元

成本项目	还原前总成本	第二步半成品成本	还原额或还原率	第一步半成品成本	还原额或还原率	还原后总成本
成本还原率			1.25		1	
直接材料（半成品）	62 500	30 000	37 500	22 500	22 500	22 500
直接人工	27 500	9 600	12 000	5 500	5 500	45 000
制造费用	22 500	10 400	13 000	9 500	9 500	45 000
合计	112 500	50 000	62 500	37 500	37 500	112 500

具体计算过程如下。

（1）找还原起点。

还原起点即第一次还原的对象，为最后一个生产步骤产成品成本中包含的“半成品”项目的金额。例 10-1 中为 62 500 元（见表 10-5）。

（2）第一次还原。

还原率=62 500÷50 000=1.25

还原为第二生产步骤各成本项目的金额如下。

①“半成品”项目还原金额：30 000×1.25=37 500（元）

②“直接人工”项目还原金额：9 600×1.25=12 000（元）

③“制造费用”项目还原金额：10 400×1.25=13 000（元）

（3）第二次还原。

还原率=37 500÷37 500=1

还原为第一生产步骤各成本项目的金额如下。

①“直接材料”项目还原金额：22 500×1=22 500（元）

②“直接人工”项目还原金额：5 500×1=5 500（元）

③“制造费用”项目还原金额：9 500×1=9 500（元）

（4）计算还原后总成本（分项目计算后汇总）。

各项目总成本=各次还原的该项目金额+最后生产步骤该项目金额

直接材料总成本=22 500（元）

直接人工总成本=27 500+12 000+5 500=45 000（元）

制造费用总成本=22 500+13 000+9 500=45 000（元）

2. 项目比重还原法

项目比重还原法，是指根据本月产品成本中所耗费的上一生产步骤本月完工半成品各成本项目金额占本月完工该种半成品总成本的比重，将本步骤耗费的半成品成本还原，从而计算出产成品原始成本结构的方法。其计算公式如下。

$$各成本项目比重=\frac{上一生产步骤完工半成品各成本项目的金额}{本月完工该种半成品总成本}$$

还原为上一生产步骤各成本项目的金额=各成本项目比重×本月产成品耗用上一生产步骤半成品的成本

【例 10-4】沿用【例 10-1】的资料，运用项目比重还原法来进行成本还原，核算过程及结果如表 10-10 所示。

表 10-10　产品成本还原计算表（项目比重还原法）

产品：甲产品　　完工数量：250 件　　金额单位：元

成本项目	还原前总成本	第二步半成品成本	还原率	还原额	第一步半成品成本	还原率	还原额	还原后总成本
栏目	（1）	（2）	（3）=（2）栏各项目的结构比	（4）=（1）半成品成本×（3）	（5）	（6）=（5）栏各项目的结构比	（7）=（4）半成品成本×（6）	（8）
直接材料（半成品）	62 500	30 000	60.00%	37 500	22 500	60.00%	22 500	22 500
直接人工	27 500	9 600	19.20%	12 000	5 500	14.67%	5 500	45 000
制造费用	22 500	10 400	20.80%	13 000	9 500	25.33%	9 500	45 000
合计	112 500	50 000	100.00%	62 500	37 500	100.00%	37 500	112 500

还原后的直接材料总成本=22 500（元）

还原后的直接人工总成本=27 500+12 000+5 500=45 000（元）

还原后的制造费用总成本=22 500+13 000+9 500=45 000（元）

还原后总成本=还原后的直接材料成本+还原后的直接人工成本+还原后的制造费用成本=22 500+45 000+45 000=112 500（元）

以上两种成本还原方法所得到的结果是一样的，因为成本还原所采用的条件是一样的，只是计算的方法有所不同。采用综合逐步结转分步法，在成本计算过程中，可以反映各步骤耗用上一步骤半成品的费用和本步骤发生的加工费用，有利于各步骤的成本控制和管理，但成本还原的工作量较大。

课堂讨论 10-1

成本还原计算过程复杂，是成本核算中的难点。成本还原是企业成本核算的必须程序吗？请同学们思考讨论成本还原的意义。

参考答案

三、分项逐步结转分步法的应用

分项逐步结转分步法的特点是将各步骤所耗用的上一步骤半成品成本，按照成本项目分项转入各步骤产品成本明细账的各个成本项目中。如果半成品通过半成品库收发，在自制半成品明细账中登记半成品成本时也要按照成本项目分别登记。现举例说明这种方法的核算过程。

【例 10-5】某企业生产乙产品，由两个车间进行，采用分项逐步结转分步法计算产品成本，原材料在开始生产时一次性投入，各工序在产品完工率为 50%，月末在产品按定额成本计价法计算。产量资料和定额及生产费用资料如表 10-11 和表 10-12 所示。

表 10-11 产品产量记录 单位：件

项目	一车间	二车间
月初在产品	100	80
本月投产	200	250
本月完工	250	300
月末在产品	50	30

表 10-12 定额及生产费用资料 单位：元

成本项目	单件定额成本		月初在产品成本（定额成本）		本月发生生产费用	
	一车间	二车间	一车间	二车间	一车间	二车间
直接材料	200	200	20 000	16 000	41 000	—
直接人工	30	20	1 500	3 200	6 100	4 800
制造费用	40	10	2 000	3 600	6 500	2 200
合计	270	230	23 500	22 800	53 600	7 000

根据上述资料，可编制“一车间产品成本计算单”，如表 10-13 所示。

表 10-13 一车间产品成本计算单

产品：乙产品 完工数量：250 件 单位：元

项目	直接材料	直接人工	制造费用	合计
月初在产品成本（定额成本）	20 000	1 500	2 000	23 500
本月发生费用	41 000	6 100	6 500	53 600
合计	61 000	7 600	8 500	77 100
完工半成品成本	51 000	6 850	7 500	65 350
月末在产品成本（定额成本）	10 000	750	1 000	11 750

一车间转出完工半成品成本，分成本项目转入二车间产品成本计算单中相同成本项目中，即可编制“二车间产品成本计算单”，如表 10-14 所示。

表 10-14　　　　　　　　　　二车间产品成本计算单

产品：乙产品　　　　　　　　　　完工数量：300 件　　　　　　　　　　单位：元

项目	直接材料	直接人工	制造费用	合计
月初在产品成本（定额成本）	16 000	3 200	3 600	22 800
本月发生费用	—	4 800	2 200	7 000
上车间转入	51 000	6 850	7 500	65 350
合计	67 000	14 850	13 300	95 150
完工产品成本	61 000	13 650	11 950	86 600
月末在产品成本（定额成本）	6 000	1 200	1 350	8 550

注：表 10-11 中月末在产品成本按定额成本计件时，二车间月末在产品为 30 件，直接材料=30×200=6 000（元）；直接人工=30×（30+20×50%）=1 200（元）；制造费用=30×（40+10×50%）=1 350（元）。

完工产品成本=合计生产费用-月末在产品成本（定额成本）

从上述案例可以看出，企业采用分项逐步结转分步法能够直接、准确地按原始成本项目反映企业的产品成本构成，不需要进行成本还原。但采用这种方法，成本结转工作比较复杂，而且在各步骤完工产品成本中看不出所耗上一步骤半成品成本以及本步骤发生的加工费用。所以，这种方法适用于管理上不要求计算各步骤完工产品所耗上一步骤半成品费用和本步骤加工费用，而要求按原始成本项目计算产品成本的企业。

总地来说，逐步结转分步法的优点主要表现在：成本计算步骤符合产品价值形成和资金耗费的客观过程，易于理解和掌握；不仅提供产成品成本资料，而且提供各步骤半成品成本资料，半成品成本随实物转移而结转，有利于加强半成品和其在产品的实物和资金管理，有利于加强各步骤半成品成本的管理；能反映各步骤在产品结存情况，有利于成本的日常管理。但在这种成本计算方法下，下一步骤的成本计算必须等待上一步骤成本计算的结果，往往影响成本计算的及时性，且成本计算方法较为复杂。

课堂讨论 10-2

综合逐步结转分步法和分项逐步结转分步法有何异同？逐步结转分步法在核算产品成本时，核算过程十分烦琐，你认为应该如何简化核算过程？

参考答案

任务三　平行结转分步法的实践应用

一、平行结转分步法的核算流程

在采用分步法计算成本的大量大批多步骤生产的企业中，如果各生产步骤所生产的半成品种类较多，但又不需要计算半成品的成本，为了简化和加速成本计算工作，可以采用平行结转分步法计算产品成本。

平行结转分步法，即各步骤不计算半成品成本，而是只归集各步骤本身所发生的费用及各步骤应计入产成品成本的“份额”，然后将各步骤应计入产成品成本的“份额”进行平行汇总，计算出产成品成本的一种方法。其成本计算的具体程序如下。

（1）按产品生产步骤和产品品种开设生产成本明细账，各步骤成本明细账按成本项目归集本步骤发生的生产费用（不包括耗用上一步骤半成品的成本）。

（2）月终，将各步骤归集的生产费用在最终产成品与广义在产品之间进行分配，计算各步骤应计入产成品成本的费用"份额"。

广义在产品是指本步骤加工中的在产品和本步骤已完工转入下一步骤或半成品库但尚未形成最终产品的半成品。

（3）将各步骤应计入产成品成本的费用份额平行相加汇总后，就得到产成品总成本，产成品总成本除以产成品数量，即为单位成本。

课堂讨论 10-3

广义在产品和狭义在产品两个概念是并列关系，还是包含与被包含的关系？

参考答案

平行结转分步法的成本计算程序如图 10-3 所示。

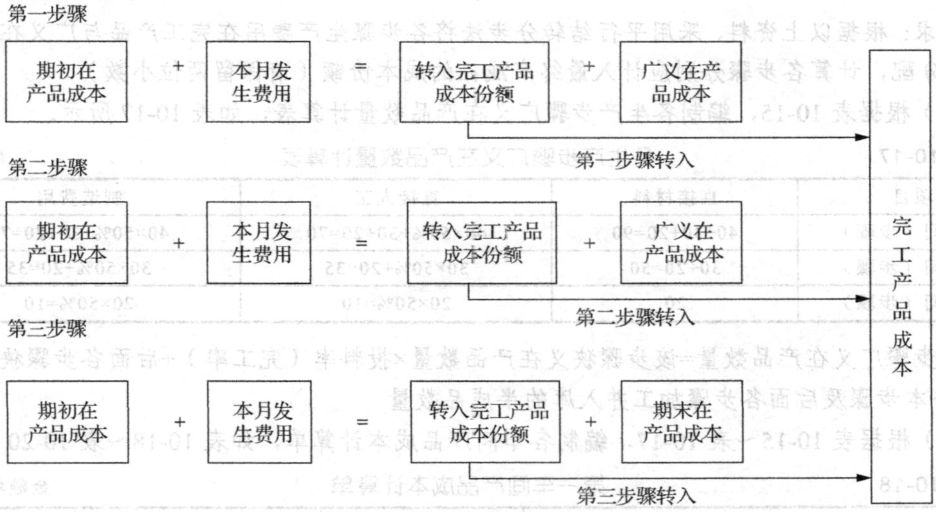

图 10-3　平行结转分步法成本计算程序

在平行结转分步法下，合理确定各步骤应计入产成品成本中的费用"份额"是该种方法的关键。在实际工作中，一般按约当产量比例法或者定额比例法来进行最终产成品和广义在产品之间的费用分配。

二、平行结转分步法的应用

【例 10-6】某企业生产的丙产品经过三个车间连续加工制成，第一车间生产的 C 半成品，直接转入第二车间加工制成 D 半成品，D 半成品直接转入第三车间加工成丙产成品。其中，1 件丙产品耗用 1 件 D 半成品，1 件 D 半成品耗用 1 件 C 半成品。

原材料于第一车间生产开始时一次性投入，第二车间和第三车间不再投入材料。各车间月末在产品完工率均为50%。各车间生产费用在完工产品和在产品之间的分配采用约当产量比例法。当月有关产量记录和生产费用记录资料如表10-15和表10-16所示。

表10-15　　产品产量记录　　单位：件

项目	第一车间	第二车间	第三车间
月初在产品数量	20	50	40
本月投产数量或上步转入	180	160	180
本月完工产品数量	160	180	200
月末在产品数量	40	30	20

表10-16　　生产费用资料　　单位：元

项目		直接材料	直接人工	制造费用	合计
第一车间	月初在产品成本	1 000	60	100	1 160
	本月生产费用	18 400	2 200	2 400	23 000
第二车间	月初在产品成本	—	200	120	320
	本月生产费用	—	3 200	4 800	8 000
第三车间	月初在产品成本	—	180	160	340
	本月生产费用	—	3 450	2 550	6 000

要求：根据以上资料，采用平行结转分步法将各步骤生产费用在完工产品与广义在产品之间进行分配，计算各步骤分别应计入最终产成品的成本份额（请保留两位小数）。

（1）根据表10-15，编制各生产步骤广义在产品数量计算表，如表10-17所示。

表10-17　　各生产步骤广义在产品数量计算表　　单位：件

项目	直接材料	直接人工	制造费用
第一车间（步骤）	40+30+20=90	40×50%+30+20=70	40×50%+30+20=70
第二车间（步骤）	30+20=50	30×50%+20=35	30×50%+20=35
第三车间（步骤）	20	20×50%=10	20×50%=10

某步骤广义在产品数量=该步骤狭义在产品数量×投料率（完工率）+后面各步骤狭义在产品数量+本步骤及后面各步骤加工并入库的半成品数量

（2）根据表10-15～表10-17，编制各车间产品成本计算单，如表10-18～表10-20所示。

表10-18　　第一车间产品成本计算单　　金额单位：元

项目	直接材料	直接人工	制造费用	合计
月初在产品成本	1 000	60	100	1 160
本月生产费用	18 400	2 200	2 400	23 000
生产费用合计	19 400	2 260	2 500	24 160
完工产品数量/件	200	200	200	—
广义在产品约当产量/件	90	70	70	—
约当总产量/件	290	270	270	—
单位产品成本	66.90	8.37	9.26	84.53
应计入产品成本的份额	13 380	1 674	1 852	16 906
月末在产品成本	6 020	586	648	7 254

单位产品成本：直接材料=19 400÷290=66.90（元/件）

直接人工=2 260÷270=8.37（元/件）

制造费用=2 500÷270=9.26（元/件）

第一车间应计入产品成本的份额：

直接材料=66.90×200=13 380（元）

直接人工=8.37×200=1 674（元）

制造费用=9.26×200=1 852（元）

表 10-19　　第二车间产品成本计算单　　金额单位：元

项目	直接人工	制造费用	合计
月初在产品成本	200	120	320
本月生产费用	3 200	4 800	8 000
生产费用合计	3 400	4 920	8 320
完工产品数量/件	200	200	—
广义在产品约当产量/件	35	35	—
约当总产量/件	235	235	—
单位产品成本	14.47	20.94	35.41
应计入产品成本的份额	2 894	4 188	7 082
月末在产品成本	506	732	1 238

单位产品成本：直接人工=3 400÷235=14.47（元/件）

制造费用=4 920÷235=20.94（元/件）

第二车间应计入产品成本的份额：直接人工=14.47×200=2 894（元）

制造费用=20.94×200=4 188（元）

注：平行结转分步法各步骤成本明细账按成本项目归集本步骤发生的生产费用（不包括耗用上一步骤半成品的成本），因本案例中第二、第三步骤中未投入材料，所以在成本明细账中不涉及材料费用分配。

表 10-20　　第三车间产品成本计算单　　金额单位：元

项目	直接人工	制造费用	合计
月初在产品成本	180	160	340
本月生产费用	3 450	2 550	6 000
生产费用合计	3 630	2 710	6 340
完工产品数量/件	200	200	—
广义在产品约当产量/件	10	10	—
约当总产量/件	210	210	—
单位产品成本	17.29	12.90	30.19
应计入产品成本的份额	3 458	2 580	6 038
月末在产品成本	172	130	302

单位产品成本：直接人工=3 630÷210=17.29（元/件）

制造费用=2 710÷210=12.90（元/件）

第三车间应计入产品成本的份额：直接人工=17.29×200=3 458（元）

制造费用=12.90×200=2 580（元）

（3）根据各车间生产成本明细账所计算的各步骤生产费用应计入产成品成本的份额，平行汇总计算产成品成本，如表 10-21 所示。根据计算结果，编制结转分录。

表 10-21　　产成品成本汇总计算表　　单位：元

成本项目	第一车间	第二车间	第三车间	产成品总成本	产成品单位成本
直接材料	13 380	—	—	13 380	66.90
直接人工	1 674	2 894	3 458	8 026	40.13
制造费用	1 852	4 188	2 580	8 620	43.10
合计	16 906	7 082	6 038	30 026	150.13

借：库存商品——丙产品　　30 026

　　贷：基本生产成本——丙产品　　30 026

综上所述，采用平行结转分步法时，各生产步骤（或车间）可以同时计算应计入产品成本的份额，无须等待上一步骤半成品成本计算和结转，从而可以简化和加速成本计算工作。由于是按成本项目进行汇总，应计入产品成本的份额反映了产品成本的原始构成，无须进行成本还原，有利于成本结构分析。但是，由于不能提供各步骤半成品成本资料，不利于分析和考核各步骤生产耗费水平，各步骤半成品实物转移与其成本结转脱节，各步骤在产品的实际价值与账面价值不一致，不利于加强在产品的实物管理和资金管理。平行结转分步法的优缺点恰恰与逐步结转分步法的优缺点相反。采用平行结转分步法，应加强各步骤在产品实物的数量核算及清查工作，以利于在产品管理和全面反映各步骤的生产耗费水平。

项目小结

通过本项目的学习，我们可以了解到分步法是按照产品生产步骤计算产品成本的方法。由于分步法的内容较多，也比较复杂，所以，分步法是基本成本计算方法中难度较高的方法，其特点主要体现在：①成本计算对象是各种产品的生产步骤；②成本计算期与会计报告期一致，与生产周期不一致；③通常需要将生产费用在完工产品与期末在产品之间进行分配。为了计算产品成本，各步骤间有一个成本结转的问题，结转方法有逐步结转分步法（包括综合逐步结转分步法和分项逐步结转分步法）和平行结转分步法，其中，综合逐步结转分步法还涉及成本还原的问题，平行结转分步法则需要将生产费用在完工产品和广义在产品之间进行分配。

拓展阅读

[1] 何雍泽.分步法在企业产品成本核算实际应用中的困境和出路[J].商场现代化,2023(03):183-185.

[2] 赵盈盈.逐步综合结转分步法下成本还原方法的 Excel 应用[J].绿色财会,2017 (09):20-23.

[3] 余景选.中美产品成本计算分步法的比较[J].会计之友,2017(04):27-29.

[4] 李琳霖.成本会计产品成本计算方法中平行结转分步法的创新研究[J].经济研究导刊,2015(01):138-139.

[5]周志勇,蒋昕.综合结转分步法成本还原的 Excel 模型设计[J].财会月刊,2014(06):93-95.

[6]袁太芳.产品成本计算分步法创新：分项分步结转法[J].财会月刊,2013(09):12-15.

思考与练习

1. 试述分步法的特点和适用范围。
2. 在逐步结转分步法下，若半成品通过半成品库收发，应如何进行会计核算？
3. 什么是综合逐步结转分步法？综合逐步结转半成品成本的优缺点是什么？
4. 什么是成本还原？为什么要进行成本还原？如何进行成本还原？
5. 什么是分项逐步结转分步法？分项逐步结转分步法有什么特点？
6. 试述平行结转分步法的成本计算程序。
7. 比较逐步结转分步法和平行结转分步法，两者的优缺点和适用的条件有何不同？

即测即评

实训专栏

实训任务一：应用 Excel 进行综合逐步结转分步法的核算

某企业丙产品生产分为两个步骤，分别由两个车间进行，第一步骤完工的半成品全部为第二步骤领用，不通过半成品库收发，本月生产产品成本明细账如下所示。

实训要求：采用综合逐步结转分步法在 Excel 中计算丙产品第一、第二步骤完工产品成本，将结果填在其成本明细账（见表 10-22 和表 10-23）中，并进行成本还原，填写成本还原计算表（见表 10-24）。

表 10-22　　产品成本明细账

第一车间丙半成品　　单位：元

项目	原材料	工资及福利费	制造费用	合计
月初在产品成本	8 000	2 400	5 600	16 000
本月生产费用	20 000	3 600	12 400	36 000
生产费用合计	28 000	6 000	18 000	52 000
完工半成品成本				
月末在产品成本	12 000	2 000	8 000	22 000

表 10-23　　产品成本明细账

第二车间丙产成品　　单位：元

项目	半成品	工资及福利费	制造费用	合计
月初在产品成本	6 000	3 000	1 000	10 000
本月生产费用		16 000	6 000	
生产费用合计				
完工产品成本				
月末在产品成本	9 000	3 200	1 200	13 400

表 10-24　　成本还原计算表　　金额单位：元

项目	成本还原率	半成品	原材料	工资及福利费	制造费用	成本合计
还原前产成品成本	—		—			
本月所产半成品成本		—				
成本还原	—	—				
还原后产成品成本	—	—				

实训任务二：应用 Excel 进行平行结转分步法的核算

实训资料：阳光机械有限责任公司是一家多步骤生产企业，管理上不要求计算各步骤半成品成本，其生产的 H 产品需要经过三个基本生产车间加工完成。第一车间将完工的甲半成品全部移交第二车间，第二车间将甲半成品进一步加工为乙半成品并全部移交给第三车间，最后由第三车间将乙半成品进一步加工成 H 产品；H 产品耗用甲、乙半成品的数量比例为 1∶1。H 产品的原材料在第一车间生产开始时一次性投入；各车间月末在产品的完工程度均为 50%。

（1）20×3 年 9 月产量资料如表 10-25 所示。

表 10-25　　产量资料

20×3 年 9 月　　单位：件

项目	第一车间	第二车间	第三车间
月初在产品	50	100	200
本月投产或上步骤转入	550	500	500
本月完工	500	500	550
月末在产品	100	100	150

（2）20×3 年 9 月初的在产品成本资料如表 10-26 所示。

表 10-26　　月初在产品成本资料

20×3 年 9 月 1 日　　单位：元

项目	第一车间	第二车间	第三车间
直接材料	175 000		
直接人工	81 250	100 000	40 000
制造费用	65 000	75 000	30 000
合计	321 250	175 000	70 000

（3）20×3 年 9 月发生的生产费用如表 10-27 所示。

表 10-27　　　　本月生产费用

20×3 年 9 月　　　　单位：元

项目	第一车间	第二车间	第三车间
直接材料	275 000		
直接人工	131 250	200 000	210 000
制造费用	105 000	150 000	157 500
合计	511 250	350 000	367 500

实训要求：在 Excel 中完成以下任务。

（1）采用平行结转分步法计算 H 产品各步骤的约当产量，填制表 10-28。

（2）填制表 10-29，登记有关明细账。

（3）根据前述资料设置第一、第二、第三基本生产车间的生产成本明细账，登记期初和本期发生的费用，填制表 10-30～表 10-32。

表 10-28　　　　约当产量计算表

20×3 年 9 月　　　　数量单位：件

项目	第一车间		第二车间		第三车间	
	投料约当产量	加工约当产量	投料约当产量	加工约当产量	投料约当产量	加工约当产量
最终步骤完工产品数量						
本步骤狭义在产品数量						
完工程度						
本步骤狭义在产品约当产量						
以后步骤广义在产品数量						
约当总产量						

表 10-29　　　　产品成本计算表

20×3 年 9 月　　　　金额单位：元

成本项目		直接材料	直接人工	制造费用	合计
第一车间	月初在产品成本				
	本月生产费用				
	生产费用合计				
	约当总产量/件				
	费用分配率				
	最终步骤完工产品数量/件				
	应计入产成品成本份额				
第二车间	月初在产品成本				
	本月生产费用				
	生产费用合计				
	约当总产量/件				
	费用分配率				
	最终步骤完工产品数量/件				
	应计入产成品成本份额				
第三车间	月初在产品成本				
	本月生产费用				
	生产费用合计				
	约当总产量/件				
	费用分配率				
	最终步骤完工产品数量/件				
	应计入产成品成本份额				
完工产品单位成本					
完工产品总成本					

表 10-30 生产成本明细账（甲半成品）

车间名称：第一车间 完工产量：500 件

产品名称：甲半成品

20×3 年		凭证字号	摘要	借方	贷方	方向	余额	（借）方发生额分析		
月	日							直接材料	直接人工	制造费用
9	1	略								
	30									
	30									
	30									
	30									

表 10-31 生产成本明细账（乙半成品）

车间名称：第二车间 完工产量：500 件

产品名称：乙半成品

20×3 年		凭证字号	摘要	借方	贷方	方向	余额	（借）方发生额分析		
月	日							直接材料	直接人工	制造费用
9	1	略								
	30									
	30									
	30									
	30									

表 10-32 生产成本明细账（H 产品）

车间名称：第三车间 完工产量：550 件

产品名称：H 产品

20×3 年		凭证字号	摘要	借方	贷方	方向	余额	（借）方发生额分析		
月	日							直接材料	直接人工	制造费用
9	1	略								
	30									
	30									
	30									
	30									

产品成本计算的辅助方法　项目十一

学习目标

知识目标

1. 掌握分类法和定额法的工作原理；
2. 掌握联产品、副产品的成本计算；
3. 理解不同情况下成本计算方法的选用。

能力目标

1. 培养学生理论联系实际，分析问题、解决问题的能力；
2. 培养学生的团队交流、协作能力。

价值目标

1. 引导学生形成会计理论知识与实际联系的思想；
2. 培养学生严谨、细致的职业精神。

思维导图

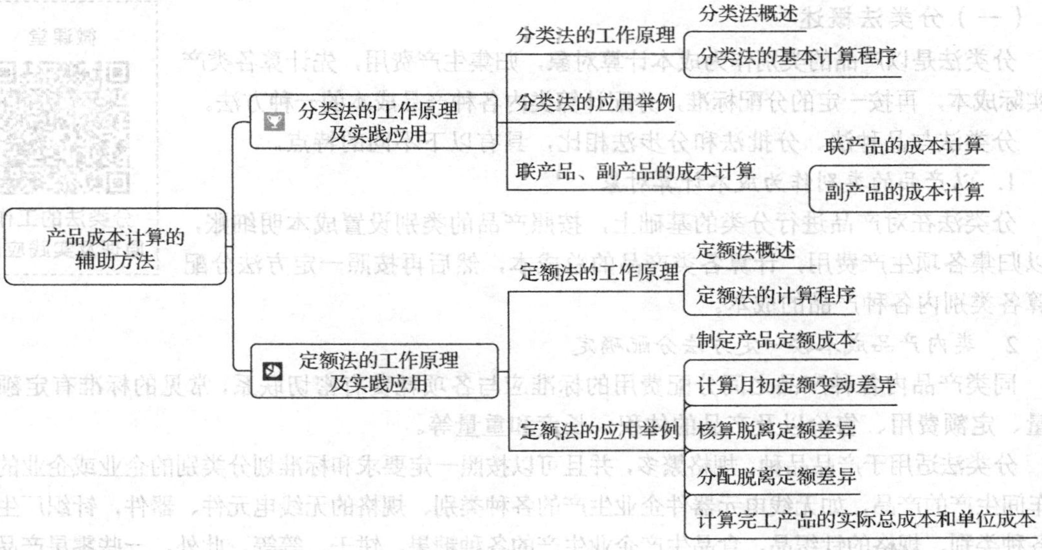

项目导入

以科学合理的方法助推企业的管理

除了前文讲解的三种基本成本计算方法，在企业的实际产品成本核算工作中还有分类法、定额法等成本计算的辅助方法，这些方法通常不单独使用，而是结合基本成本计算法使用，以满足成本计算或成本管理过程中的某一方面的需要。分类法是为了简化成本计算的手续，在产品的型号、规格繁多或生产联产品的企业成本计算中，根据产品结构、耗用原材料和工艺过程等的不同，将产品划分为若干类后进行产品成本计算而所采用的方法。定额法是在定额管理工作比较好的企业中，为了更有效地控制生产费用的发生，降低产品成本，进行成本分析和考核而采用的方法。本章将主要围绕分类法和定额法展开介绍。

请思考并回答以下问题。

1. 你认为企业应该如何选择合适的产品成本计算方法？

2. 作为未来的一名合格会计人员，你认为自己应该具备哪些职业精神和职业技能？

任务一 分类法的工作原理及实践应用

一、分类法的工作原理

（一）分类法概述

微课堂

分类法的工作原理及实践应用

分类法是以产品的类别作为成本计算对象，归集生产费用，先计算各类产品实际成本，再按一定的分配标准，分配计算类内各种产品成本的一种方法。

分类法与品种法、分批法和分步法相比，具有以下不同的特点。

1. 以产品的类别作为成本计算对象

分类法在对产品进行分类的基础上，按照产品的类别设置成本明细账，用以归集各项生产费用，计算各类产品的总成本，然后再按照一定方法分配计算各类别内各种产品的成本。

2. 类内产品成本按一定方法分配确定

同类产品内各种产品之间分配费用的标准应与各项耗费有密切联系，常见的标准有定额消耗量、定额费用、售价以及产品的体积、长度和重量等。

分类法适用于产品品种、规格繁多，并且可以按照一定要求和标准划分类别的企业或企业的生产车间生产的产品，如无线电元器件企业生产的各种类别、规格的无线电元件、器件，针织厂生产的各种类别、规格的针织品，食品生产企业生产的各种糖果、饼干，等等。此外，一些零星产品，虽然它们所耗原材料、生产工艺不同，但由于数量少、费用较小，为简化计算，也可以分类计算产品成本。

（二）分类法的基本计算程序

分类法的基本计算程序如下。

（1）按产品类别设置产品成本计算单（或生产成本明细账），计算出该类产品实际总成本。

（2）选择合理的分配标准，分配计算类内各种产品的实际成本。

类内各种产品之间费用的分配标准确定后，可以将分配标准预先折算成相对固定的系数，并以此进行费用的分配，这种方法称为系数法，也称标准产量分配法。

系数的确定一般选择一种产量较大、生产较为稳定、规格适中的产品作为标准产品，把此产品单位系数定为"1"；将同类内其他各种产品的分配标准额与标准产品的分配标准额相比，计算出其他产品的分配标准额与标准产品的分配标准额的比率，即"系数"。系数一经确定，在一定时期内应保持相对稳定。

计算公式如下。

单位产品系数=该种产品的分配标准 ÷ 标准产品分配标准（定额成本、产量等）

某种产品总系数=该种产品的实际产量×该产品单位产品系数

费用分配率=该类别完工产品的总成本（分成本项目）÷各种产品总系数之和

某种产品应分配的成本=该种产品的总系数×分配率

系数法方便且实用，系数一经确定不得随意变更。

二、分类法的应用举例

【例 11-1】某企业为大量大批单步骤小型生产的企业，设有第一、第二两个基本生产车间，大量生产六种不同规格型号的电子元器件，根据产品的结构特点和所耗的原材料、工艺技术过程的不同等，将六种产品分为甲、乙两大类。甲类产品包括 101、102、103 三种不同规格的产品，乙类产品包括 201、202、203 三种不同规格的产品。根据企业生产的特点和管理要求，先采用品种法计算甲、乙两大类产品的成本，然后再采用系数法分配类内各种规格产品的成本。

（一）品种法下，分类计算甲、乙两类产品成本

某企业 6 月甲、乙两类产品的成本已经按照品种法进行了各项费用的归集与分配，两类产品当月完工产品和月末在产品成本分别如表 11-1 和表 11-2 所示。

表 11-1　甲类产品成本计算单

20×3 年 6 月

单位：元

项目	直接材料	直接人工	制造费用	合计
月初在产品成本	20 000	4 000	3 000	27 000
本月生产费用	100 000	30 000	22 000	152 000
合计	120 000	34 000	25 000	179 000
本月完工产品成本	100 000	31 875	23 375	155 250
月末在产品成本	20 000	2 125	1 625	23 750

表 11-2　乙类产品成本计算单

20×3 年 6 月

单位：元

项目	直接材料	直接人工	制造费用	合计
月初在产品成本	10 000	3 000	2 700	15 700
本月生产费用	96 000	60 000	54 000	210 000
合计	106 000	63 000	56 700	225 700
本月完工产品成本	99 715	60 800	54 800	215 315
月末在产品成本	6 285	2 200	1 900	10 385

（二）系数法下，计算类内各种产品成本

1. 选定标准产品

该企业生产的两大类产品中，产量较大、生产较为稳定、规格适中的产品编号为103、201，因此，选定其为标准产品，系数为1。

2. 确定各种产品的系数

该企业两类产品中，直接材料按照消耗定额比例计算系数，直接人工和制造费用按工时消耗定额确定系数。类内产品系数计算结果如表11-3和表11-4所示。

表 11-3　　甲类产品系数计算表

20×3年6月

类内产品名称	材料消耗定额	系数	工时消耗定额	系数
101	2.0	0.8	0.58	1.16
102	2.75	1.1	0.45	0.9
103	2.5	1.0	0.5	1.0

表 11-4　　乙类产品系数计算表

20×3年6月

类内产品名称	材料消耗定额	系数	工时消耗定额	系数
201	5.0	1.0	0.6	1.0
202	5.5	1.1	0.864	1.44
203	4.9	0.98	0.54	0.9

3. 计算各种产品的总系数

根据表11-3、表11-4所示的各种产品的系数和当月各种产品资料，编制总系数计算表，如表11-5和表11-6所示。

表 11-5　　甲类产品总系数计算表

20×3年6月

类内产品名称	产品产量/件	材料		工时	
		系数	总系数	系数	总系数
101	11 500	0.8	9 200	1.16	16 100
102	8 000	1.1	8 800	0.9	7 200
103	22 000	1.0	22 000	1.0	22 000
合计			40 000		42 500

表 11-6　　乙类产品总系数计算表

20×3年6月

类内产品名称	产品产量/件	材料		工时	
		系数	总系数	系数	总系数
201	2 900	1.0	2 900	1.0	2 900
202	8 000	1.1	8 800	1.44	11 520
203	28 420	0.98	27 851.6	0.9	25 578
合计			39 551.6		39 998

4. 计算各种产品的总成本和单位成本

根据表11-1至表11-6，两类产品成本项目的费用分配率如下。

甲类产品：

直接材料分配率=100 000÷40 000=2.5（元/件）

直接人工分配率=31 875÷42 500=0.75（元/件）

制造费用分配率=23 375÷42 500=0.55（元/件）

乙类产品：

直接材料分配率=99 715÷39 551.6=2.52（元/件）

直接人工分配率=60 800÷39 998=1.52（元/件）

制造费用分配率=54 800÷39 998=1.37（元/件）

根据各产品系数和费用分配率，编制产品成本计算表如表 11-7 和表 11-8 所示。

表 11-7 甲类各产品成本计算表

20×3 年 6 月

类内产品名称	产品产量/件	材料总系数	直接材料分配额（2.5）	工时总系数	直接人工分配额（0.75）	制造费用分配额（0.55）	总成本/元	单位成本/元
101	11 500	9 200	23 000	16 100	12 075	8 855	43 930	3.82
102	8 000	8 800	22 000	7 200	5 400	3 960	31 360	3.92
103	22 000	22 000	55 000	22 000	16 500	12 100	83 600	3.8
合计		40 000	100 000	42 500	31 875	23 375	155 250	

表 11-8 乙类各产品成本计算表

20×3 年 6 月

类内产品名称	产品产量/件	材料总系数	直接材料分配额（2.52）	工时总系数	直接人工分配额（1.52）	制造费用分配额（1.37）	总成本/元	单位成本/元
201	2 900	2 900	7 308	2 900	4 408	3 973	15 689	5.41
202	8 000	8 800	22 176	11 522	17 513.44	15 785.14	54 474.58	6.93
203	28 420	27 851.5	70 231*	25 578	38 878.56	35 041.86	144 151.4	5.07
合计		40 700	99 715	40 000	60 800	54 800	215 315	

注：*因分配率保留小数产生的尾数调整全部计入。

三、联产品、副产品的成本计算

（一）联产品的成本计算

联产品是指企业利用相同的原材料，在同一生产过程中，同时生产出的几种使用价值不同，但具有同等地位的主要产品。例如，炼油企业在原油加工过程中提炼出的各种汽油、煤油、柴油等，都属于联产品。

联产品在生产过程中使用同样的原材料，并且是在同一生产过程中生产出来的。在联产品分离之前，不可能按照每种产品归集和分配生产费用，而只能将其归为一类，按照分类法的成本计算原理计算其总成本。然后，再采用适当的方法，分配计算联产品中每种产品的成本。联产品的成本应该包括其所应负担的联合成本和分离后的继续加工成本。

在联产品成本的计算中，各种联合成本的分配可以按各种联产品的产量比例、售价比例或定额成本比例等进行，也可以将这些分配标准预先折算为系数，再按系数进行分配。

【例 11-2】某企业生产甲、乙两种联产品，20×3 年 7 月发生的联合成本为 50 000 元，分别根据各种产品的产量、售价比例进行联合成本的分配，联产品的成本计算如表 11-9 和表 11-10 所示。

表 11-9　　　　联合产品成本计算单（产量比例）

20×3 年 7 月

产品名称	产品产量/件	分配率	应分配的成本/元	单位成本/（元/件）
甲	2 000		20 000	10
乙	3 000	10	30 000	10
合计	5 000		50 000	

注：按产品产量计算的联合成本分配率=50 000÷5 000=10。

表 11-10　　　　联合产品成本计算单（售价比例）

20×3 年 7 月

产品名称	产品产量/件	销售单价/元	销售收入/元	分配率	应分配的成本/元	单位成本/（元/件）
甲	2 000	13.25	26 500		21 200	10.6
乙	3 000	12	36 000	0.8	28 800	9.6
合计	5 000		62 500		50 000	

注：按产品售价计算的联合成本分配率=50 000÷62 500=0.8。

课堂讨论 11-1

结合【例 11-2】，讨论联合成本按联产品的产量比例和按售价比例进行分配这两种方法各自的优缺点。

参考答案

（二）副产品的成本计算

副产品是指企业在生产产品的过程中，附带生产出的一些非主要产品，如洗煤生产中生产出的煤泥，制皂生产中生产出的甘油等副产品。主副产品之间的成本划分，也非常适宜采用分类法。还有生产零星产品的企业，由于零星产品的品种、规格繁多，数量少，费用比重小，即使所耗原材料和工艺过程不一定完全相近，为了简化工作，这些零星产品也可采用分类法计算成本。

副产品与主产品分离后，可以直接作为产品销售，或进一步加工后才能销售。因此，副产品成本的计算在不同情况下有所不同。

1. 直接销售的副产品成本的计算

由于副产品和主产品是在同一生产过程中产出的，而且副产品所占费用比重不大，为了简化核算，对于副产品可采用与分类法相类似的方法计算成本，即将副产品与主产品合为一类开设成本明细账，归集它们所发生的各项费用，计算该类产品的总成本；然后，对副产品按简化的方法计价，副产品的计价方法一般有以下几种。

（1）副产品不计价。在实际工作中，对于分离后不需要继续加工的副产品，如果其价值非常低，可以不负担分离前的联合成本，联合成本全部由主产品负担，副产品不计价，涉及的销售收入直接作为收益处理。

（2）副产品按照副产品的销售价格减去销售税费和销售利润后的余额计价。这种情况往往以其销售价格作为计价的依据。通常按售价减去销售费用和销售税金后的金额确定副产品成本，从联合成本中扣除。可以从材料成本项目中一笔扣除，也可以按比例从各成本项目中扣除。这种方法适用于副产品价值较高的情况。如果副产品在分离后还需进一步加工才能出售，则按这一方法确定副产品成本时，还应从售价中扣除分离后的加工费。

（3）副产品按照计划单位成本计价。在副产品加工处理时间不长、费用不多的情况下，为简化核算，副产品亦可按计划单位成本计价。从主、副产品生产费用总额中扣除按计划成本计算的副产品成本后的余额作为主要产品的成本。

2. 需要进一步加工的副产品成本的计算

在副产品与主产品分离后需要进一步加工后才能出售的情况下，应根据副产品生产加工的特点和管理要求，采用适当方法单独计算确定副产品成本。

【例 11-3】某企业在生产甲产品（主要产品）的同时，附带生产出副产品乙产品。8 月生产的 2 000 千克甲产品已全部完工，没有月末在产品，甲产品生产成本明细账归集的生产费用合计为 780 000 元，其中，直接材料 420 000 元，直接人工 200 000 元，制造费用 160 000 元。当月附带生产的 100 千克乙产品已全部入库，乙产品每千克售价 80 元，销售环节应交税费每千克 4 元，同类产品正常销售利润率为 10%。乙产品成本从甲产品直接材料项目中扣除。根据上述资料，甲产品和乙产品成本计算如下。

乙产品单位成本=80−4−80×10%=68（元/千克）

乙产品总成本=68×100=6 800（元）

甲产品总成本=780 000−6 800=773 200（元）

甲产品单位成本=773 200÷2 000=386.6（元／千克）

借：库存商品——甲产品　　773 200
　　　　　　——乙产品　　6 800
　贷：基本生产成本——甲产品　　780 000

【例 11-4】某企业在生产甲产品时产生的乙副产品由生产车间进一步加工后再出售。由于乙产品加工处理的时间不长，加工费用不大，不单独设置生产成本明细账，全部费用在甲产品成本计算单中归集。9 月甲产品成本计算单中归集的生产费用合计为 778 370 元，其中，直接材料 417 200 元，直接人工 200 675 元，制造费用 160 495 元。乙产品成本按计划单位成本计价，从甲产品成本中扣除。当月附带生产的乙产品为 90 千克，计划单位成本为 93 元，其中，直接材料 80 元，直接人工 7.50 元，制造费用 5.50 元。根据上述资料，乙产品和甲产品成本计算如下。

乙产品总成本=93×90=8 370（元）

其中：直接材料=80×90=7 200（元）

直接人工=7.5×90=675（元）

制造费用=5.5×90=495（元）

甲产品总成本=778 370−8 370=770 000（元）

借：库存商品——甲产品　　770 000
　　　　　　——乙产品　　8 370
　贷：基本生产成本——甲产品　　778 370

任务二 定额法的工作原理及实践应用

一、定额法的工作原理

（一）定额法概述

定额法是以产品的定额成本为基础，加减脱离定额差异、材料成本差异和定额变动差异，来计算产品实际成本的一种成本计算辅助方法。定额法具有以下特点。

（1）事先制定产品定额成本。

（2）分别计算符合定额差异和脱离定额差异。

（3）月末，根据定额成本计算实际成本。

（4）作为成本计算的辅助方法，通常不独立使用，而是与品种法等成本计算基本方法结合使用。

定额法适用于与生产的类型没有直接关系，定额管理制度比较健全，定额管理工作基础较好，产品的生产已经定型，消耗定额比较准确、稳定的企业产品成本的计算。

（二）定额法的计算程序

定额法的计算程序如下。

第一，制定产品定额成本。

第二，按成本计算对象设置产品成本明细账，成本项目设多个专栏，专栏内设置小栏。

第三，在定额成本修订的当月，调整月初在产品的定额成本，计算月初定额变动差异。

第四，核算脱离定额差异。在生产费用发生时，按成本项目将符合定额的费用和脱离定额的差异分别核算，并予以汇总。

第五，在当月完工产品和月末在产品之间分配脱离定额差异。

第六，计算当月完工产品的实际总成本和单位成本。

二、定额法的应用举例

（一）制定产品定额成本

产品的定额成本是根据企业现行材料消耗定额、工时消耗定额、费用定额以及其他有关资料制定的成本控制目标。它一般由企业的计划、技术、会计等部门共同制定。

产品的定额成本，包括零、部件的定额成本和产成品的定额成本，在零、部件不多的情况下，一般先制定零件的定额成本，然后再汇总计算部件和产成品的定额成本。零、部件定额成本还可以作为在产品和报废零、部件计价的依据。如果产品的零、部件比较多，可不计算零件定额成本，而是根据记录各种零件原材料消耗定额和工时定额的“零件定额卡”，以及原料的计划单价、计划小时工资和计划小时费用率计算部件定额成本，然后汇总计算产品定额成本；也可以根据零、部件的定额卡直接计算产品定额成本。

【例 11-5】某企业大量生产甲、乙、丙三种产品，采用定额法计算产品成本，产品定额成本根据“零件定额卡”“部件定额卡”直接计算，20×3 年 10 月有关“零件定额卡”“部件定额卡”“产品消耗定额计算表”“产品定额成本计算汇总表”如表 11-11～表 11-14 所示。

表 11-11　零件定额卡

零件名称/编号：L/L101　　20×3 年 10 月

材料编号	材料名称	计量单位	材料消耗定额
01	C1	千克	6
02	C2	千克	8
工序	工时定额/小时		累计工时定额/小时
1	6		6
2	7		13
3	7		20

表 11-12　部件定额卡

部件名称：B　　20×3 年 10 月　　实物单位：千克

部件编号：B201　　金额单位：元

工序	耗用零件数量	材料定额成本							工时消耗定额/小时
		C1 材料			C2 材料			材料金额合计	
		数量	计划单价	金额	数量	计划单价	金额		
1	1	6	8	48	8	9	72	120	20
2	4	20	8	160	40	9	360	520	50
3	2	10	8	80	20	9	180	260	10
组装									20
合计		36	8	288	68	9	612	900	100

表 11-13　产品消耗定额计算表（以甲产品示例）

产品名称：甲　　20×3 年 10 月　　金额单位：元

工序	耗用部件数量	材料费用定额		工时消耗定额/小时	
		部件定额	产品定额	部件定额	产品定额
1	1	900	900	100	100
2	2	800	1 600	200	400
3	4	500	2 000	200	800
装配					200
合计			4 500		1 500

表 11-14　产品定额成本计算汇总表

20×3 年 10 月　　金额单位：元

产品名称	直接材料定额成本	工时消耗定额/小时	直接人工		制造费用		定额成本合计
			计划小时工资率	定额成本	计划制造费用率	定额成本	
甲	4 500	1 500	3	4 500	2	3 000	12 000
乙	2 000	500	3	1 500	2	1 000	4 500
丙	4 000	1 000	3	3 000	2	2 000	9 000

（二）计算月初定额变动差异

定额变动差异是由于修订消耗定额（材料定额、工时消耗定额和费用定额）或生产耗费的计划价格而产生的新旧定额之间的差额。定额成本的修订一般在月初、季初或年初定期进行。当按照新定额成本计算当期投产产品成本时，月初在产品的定额成本还是按照修订前的定额成本计算的，因此，在定额成本修订的当月，应调整月初在产品的定额成本，计算月初定额变动差异。计算公式如下。

定额变动系数=按新定额计算的单位产品费用÷按旧定额计算的单位产品费用

月初在产品定额变动差异=按旧定额计算的月初在产品费用×（1−定额变动系数）

【例 11-6】续【例 11-5】，某企业生产的甲产品从10月起实行新的材料消耗定额，直接人工和制造费用定额不变。单位产品新的直接材料费用定额为4 500元，旧的直接材料费用定额为4 687.6元。甲产品月初在产品按旧定额计算的直接材料费用为93 750元。根据上述资料，月初在产品定额变动差异计算如下。

定额变动系数=4 500÷4 687.6=0.96

月初在产品定额变动差异=93 750×（1−0.96）=3 750（元）

（三）核算脱离定额差异

定额法的重要特征是在生产费用发生时就分别核算符合定额的费用和脱离定额的差异。企业在发生生产费用时，应当为符合定额的费用和脱离定额的差异分别编制定额凭证和差异凭证，并在有关费用分配表和生产成本明细账（产品成本计算单）中分别予以登记。产品定额成本应当按照企业规定的成本项目制定，脱离定额的差异也应当按照成本项目分别核算。

1. 直接材料脱离定额差异的计算

直接材料脱离定额差异包括材料消耗量差异（量差）和材料价格差异（价差）。这里仅考虑量差，其计算公式如下：

直接材料费用脱离定额差异

=Σ[（实际材料消耗量−实际产量的定额材料消耗量）]×该材料的计划单价

=Σ[（实际材料消耗量−实际产量×单位产品的定额材料消耗量）]×该材料的计划单价

在实际工作中，通常可以采用限额领料单法、切割核算法和盘存法来计算直接材料脱离定额差异。

（1）限额领料单法。

为了控制材料的领用，定额法下，材料领用实行限额领料制。符合定额的材料应填制限额领料单等定额凭证领发。由于增加产量而增加用料时，在追加限额手续后，也可以根据定额凭证领发。其他原因发生的超额领料，属于材料脱离定额的超支差异的，应专设“超额领料单”等差异凭证来核算，或者用不同颜色（或加盖专用章）的普通领料单代替，并填写差异数量、金额及发生差异的原因。

每批生产任务完成以后，根据车间退料手续填制的退料单也是一种差异凭证，退料单中的原材料数额和限额领料单中的原材料余额，都是原材料脱离定额的节约差异。

值得注意的是，原材料脱离定额差异是生产产品实际用料脱离定额而形成的。但是，上述差异凭证反映的只是“领料差异”，不一定是“用料差异”。实际工作中，按下面公式计算当月材料实际消耗量。

当月某材料实际消耗量=该材料月初结余数量+当月领用数量−月末结余数量

（2）切割核算法。

为加强成本控制，对于某些贵重或者大量使用的，且又需要经过在准备车间或下料工段切割才能使用的材料，可以通过“材料切割核算单”来计算材料脱离定额的差异。“材料切割核算单”应按切割材料的批别开立，在材料切割单中要填写切割材料种类、数额、消耗定额和应切割成的毛坯数量。切割完毕后，要填写实际切割的毛坯数量和材料的实际消耗量，然后根据实际切割成的毛坯数量和消耗定额，求得材料定额消耗量，再将此与材料实际消耗量相比较，即可确定材料脱离定额差异。

材料定额消耗量、脱离定额的差异以及发生差异的原因均应填入材料切割核算单中，由相关人员签字。另外，只有在实际切割成的毛坯数量大于或等于应切割毛坯数量的情况下，才可以将超定额回收废料的差异认定为材料费用节约差异。

（3）盘存法。

盘存法是通过定期（工作班、工作日、周、旬等）盘存的方法来核算材料脱离定额差异的一种方法。

计算步骤如下。

第一，根据“产品入库单”等凭证记录完工产品数量，根据实地盘存（或账面结存）确定在产品数量，计算出本期投产产品数量。

本期投产量=本期完工产品数量+期末盘存在产品约当产量−期初盘存在产品约当产量

第二，根据本期投产量乘以单位产品材料定额消耗量，计算出材料定额消耗量。

材料定额消耗量=本期投产量×单位产品材料定额消耗量

第三，根据“限额领料单”“超额领料单”“退料单”等领、退料凭证和车间余料盘存数量，计算出材料实际消耗量。

第四，比较材料实际消耗量和定额消耗量，计算材料脱离定额差异。

材料脱离定额差异=（本期实际材料消耗量−本期投产量×单位产品的定额材料消耗量）×材料计划单价

【例 11-7】续【例 11-5】，某企业生产的丙产品原材料在生产开始时一次性投入，单位丙产品 A 材料消耗定额为 20 千克，A 材料计划单位成本为 10 元。丙产品期初在产品 40 件，“产品交库单”汇总的本期完工入库产品为 1 000 件，期末实地盘点确定的在产品为 50 件。根据“限额领料单”的记录，本期丙产品领用 A 材料 20 000 千克；根据车间材料盘存资料，A 材料车间期初余料为 80 千克，期末余料为 100 千克。材料脱离定额差异计算如下。

本期投产丙产品数量=1 000+50−40=1 010（件）

本期 A 材料定额消耗量=1 010×20=20 200（千克）

本期 A 材料实际消耗量=20 000+80−100=19 980（千克）

本期材料脱离定额差异=（19 980−20 200）×10=−2 200（元）

计算结果表明，丙产品材料脱离定额差异为节约 220 千克，节约 2 200 元。

为计算产品的实际成本，企业应当分批或定期汇总各种产品材料脱离定额差异，编制“直接材料定额成本和脱离定额差异汇总表”，并以此作为等级产品生产成本明细账的依据。

【例 11-8】续【例 11-5】，某企业当月甲产品实际投产量为 110 件，编制“直接材料定额成本和脱离定额差异汇总表”如表 11-15 所示。

表 11-15　　直接材料定额成本和脱离定额差异汇总表

产品名称：甲

投产量：110 件　　20×3 年 10 月　　金额单位：元

材料名称	材料编号	计量单位	计划单价	定额耗用			实际耗用		脱离定额差异	
				单位定额	耗用量	金额	耗用量	金额	数量	金额
C1	01	千克	8	200	22 000	176 000	21 600	172 800	（400）	（3 200）
C2	02	千克	9	260	28 600	257 400	27 800	250 200	（800）	（7 200）
其他材料		元		560		61 600		62 000		400
合计						495 000		485 000		（10 000）

根据以上计算，10 月某企业编制的直接材料领用的会计分录如下，企业应根据会计分录登记甲产品生产成本明细账或成本计算单中的“直接材料”成本项目。

借：基本生产成本——甲（定额成本）　　495 000

　　　　　　　　——甲（脱离定额差异）　　-10 000

　贷：原材料　　485 000

定额法下，原材料日常一般按照计划成本法进行核算，所以原材脱离定额差异只是以计划单价反映消耗量上的差异（量差），没有包括价格因素。因此，月末计算产品的实际原材料费用时，需计算所耗原材料分摊的成本差异，即价格上的差异（价差）。

某产品应分配的原材料成本差异

=（该产品原材料定额成本 ± 原材料脱离定额差异）×材料成本差异率

=该原材料实际消耗量×材料计划单价×材料成本差异率

【例 11-9】续【例 11-8】某企业生产的甲产品 10 月所耗直接材料费用定额成本为 495 000 元，材料脱离定额差异为节约 10 000 元，当月材料成本差异率为节约 2.2%。甲产品 10 月应负担的材料成本差异计算如下。

甲产品 10 月应负担的材料成本差异=（495 000−10 000）×（−2.2%）=−10 670（元）

分配结转原材料成本差异，编制分录如下。

借：基本生产成本——甲产品（材料成本差异）　　−10 670

　贷：材料成本差异　　−10 670

2. 直接人工脱离定额差异的计算

在计价工资制度下，不需要计算直接人工脱离定额差异。因为在计价工资制度下，生产工人工资属于直接计入费用，按照计价单价支付的人工费用就是定额工资，如果计价单价不变，就没有脱离定额差异。

在计时工资制度下，生产工人工资属于间接计入费用，直接人工脱离定额差异不能在平时按成本计算对象直接计算，而需要在月末实际生产工人工资和产品生产总工时确定后，按以下公式计算直接人工脱离定额差异。

某产品直接人工脱离定额差异
=该产品实际直接人工-该产品定额直接人工
=该产品实际生产工时×实际小时工资率-该产品实际完成的定额生产工时×计划小时工资率

实际小时工资率=实际直接人工总额÷实际生产总工时

计划小时工资率=计划产量的定额直接人工÷计划产量的定额生产工时

某产品实际完成的定额生产工时=实际投产量×单位产品工时定额

（计划产量的定额工时=计划产量×单位产品的定额生产工时）

【例 11-10】续【例 11-5】，某企业 10 月甲、乙、丙三种产品实际生产工时为 285 000 小时，其中，甲产品 170 000 小时，乙产品 50 000 小时，丙产品 65 000 小时；10 月实际完成定额工时 291 000 小时，其中，甲产品 172 000 小时，乙产品 55 000 小时，丙产品 64 000 小时；10 月实际产品生产工人薪酬总额为 884 586 元；小时人工费用率实际为 3.104 元（884 586÷285 000），计划为 3 元。根据上述资料编制“直接人工定额和脱离定额差异汇总表”（见表 11-16）和进行分配职工薪酬的账务处理。

表 11-16　　直接人工定额和脱离定额差异汇总表

20×3 年 10 月　　金额单位：元

产品名称	定额直接人工			实际直接人工			脱离定额差异
	定额工时/小时	计划小时工资率	定额工资	实际工时/小时	实际小时工资率	实际工资	金额
甲	172 000	3	516 000	170 000	3.104	527 680	11 680
乙	55 000		165 000	50 000		155 200	-9 800
丙	64 000		192 000	65 000		201 760	9 760
合计	291 000		873 000	285 000		884 640	11 640

分配职工薪酬的会计分录如下。

借：基本生产成本——甲产品（定额成本）　516 000
　　——甲产品（脱离定额差异）　11 680
　　——乙产品（定额成本）　165 000
　　——乙产品（脱离定额差异）　-9 800
　　——丙产品（定额成本）　192 000
　　——丙产品（脱离定额差异）　9 760
　贷：应付职工薪酬　884 640

3. 制造费用脱离定额差异的计算

制造费用属于间接计入费用，其脱离定额差异计算方法跟计时工资费用脱离定额差异的计算方法基本上相同。

某产品制造费用脱离定额差异
=该产品制造费用实际分配额-该产品实际完成定额工时×计划小时制造费用分配率

【例 11-11】续【例 11-10】，某企业 10 月实际制造费用总额为 649 000 元，小时制造费用率实际为 2.28 元（649 000÷285 000），计划为 2 元。根据上述资料编制“制造费用定额和脱离定额差异汇总表”（见表 11-17）和进行分配制造费用的账务处理。

表 11-17　　制造费用定额和脱离定额差异汇总表

20×3 年 10 月　　金额单位：元

产品名称	定额制造费用			实际制造费用			脱离定额差异
	定额工时/小时	计划制造费用分配率	定额制造费用	实际工时/小时	实际制造费用分配率	实际制造费用	金额
甲	172 000	2	344 000	170 000	2.28	387 600	43 600
乙	55 000		110 000	50 000		114 000	4 000
丙	64 000		128 000	65 000		148 200	20 200
合计	291 000		582 000	285 000		649 800	67 800

分配制造费用的会计分录如下。

借：基本生产成本——甲产品（定额成本）　344 000
——甲产品（脱离定额差异）　43 600
——乙产品（定额成本）　110 000
——乙产品（脱离定额差异）　4 000
——丙产品（定额成本）　128 000
——丙产品（脱离定额差异）　20 200
贷：制造费用　649 800

（四）分配脱离定额差异

登记当月生产费用并计算出月初在产品成本、月初在产品定额变动成本和当月生产费用的合计数后，脱离定额差异需要在当月完工产品和月末在产品之间进行分配。

【例 11-12】续【例 11-5】～【例 11-11】，某企业甲产品的 10 月初在产品的定额成本构成为：直接材料 93 750 元，直接人工 62 000 元，制造费用 31 000 元。月初在产品的脱离定额成本合计为-560 元，其中：直接材料为-2 000 元，直接人工为 920 元，制造费用为 520 元。月初甲产品在产品 20 件，本月投产 110 件，当月甲产品完工 120 件，材料一次性投入，在产品完工进度为 50%。甲完工产品单位定额成本资料见【例 11-5】，其他资料参考【例 11-8】～【例 11-11】，某企业 10 月甲完工产品和月末在产品脱离定额差异的分配如下。

月末在产品数量=20+110−120=10（件）

1. 直接材料脱离定额差异的分配

直接材料脱离定额差异的分配率=（−2 000−10 000）÷（120×4 500+10×4 500）
=（−2 000−10 000）÷（540 000+45 000）×100%=−2.05%

月末完工的甲产品分配的脱离定额差异=540 000×（−2.05%）=−11 070（元）

月末在产品甲分配的脱离定额差异=45 000×（−2.05%）=−922.5（元）

2. 直接人工脱离定额差异的分配

直接人工脱离定额差异的分配率=（920+11 680）÷（120×4 500+10×4 500×50%）×100%=

（920+11 680）÷（540 000+22 500）×100%=2.24%

月末完工的甲产品分配的脱离定额差异=540 000×2.24%=12 096（元）

月末在产品甲分配的脱离定额差异=22 500×2.24%=504（元）

3. 制造费用脱离定额差异的分配

制造费用脱离定额差异的分配率=（520+43 600）÷（120×3 000+10×3 000×50%）×100%=（520+43 600）÷（360 000+15 000）×100%=11.77%

月末完工的甲产品分配的脱离定额差异=360 000×11.77%=42 372（元）

月末在产品甲分配的脱离定额差异=15 000×11.77%=1 765.5（元）

（五）计算完工产品的实际总成本和单位成本

【例 11-13】续**【例 11-12】**，完成脱离定额差异的分配后，填制月末甲产品的完工产品和在产品的产品成本计算单，如表 11-18 所示。

表 11-18　　产品成本计算单

产品名称：甲　　20×3 年 10 月　　金额单位：元

项目	项目编号	直接材料	直接人工	制造费用	合计
（一）月初在产品成本					
定额成本	（1）	93 750	62 000	31 000	186 750
脱离定额成本	（2）	-2 000	920	520	-560
（二）月初在产品定额成本调整					
定额成本调整	（3）	-3 750			-3 750
定额变动差异	（4）	3 750			3 750
（三）本月发生的生产费用					
定额成本	（5）	495 000	516 000	344 000	1 355 000
脱离定额差异	（6）	-10 000	11 680	43 600	45 280
材料成本差异	（7）	-10 670			-10 670
（四）生产费用合计					
定额成本	（8）=（1）+（3）+（5）	585 000	578 000	375 000	1 538 000
脱离定额差异	（9）=（2）+（6）	-12 000	12 600	44 120	44 720
材料成本差异	（7）	-10 670			-10 670
定额变动差异	（4）	3 750			3 750
（五）差异分配率	（10）=（9）÷（8）	-2.05%	2.24%	11.77%	
（六）完工产品成本					
定额成本	（11）	540 000	540 000	360 000	1 440 000
脱离定额差异	（12）=（11）×（10）	-11 070	12 096	42 372	43 398
材料成本差异	（7）	-10 670			-10 670

续表

项目	项目编号	直接材料	直接人工	制造费用	合计
定额变动差异	（4）	3 750			3 750
实际成本	（13）=（11）+（12）+（7）+（4）	522 010	552 096	402 372	1 476 478
（七）月末在产品成本					
定额成本	（14）=（8）-（11）	45 000	22 500	15 000	82 500
脱离定额差异	（15）=（14）×（10）	−922.5	504	1 765.5	1 347

项目小结

通过本项目的学习，我们知道了产品成本计算的辅助方法——分类法、定额法以及这两种成本计算方法的实际应用。通过本章的学习我们应理解和掌握产品成本计算的分类法、定额法的计算程序，能够熟练地运用成本计算方法进行产品成本的计算，明确各种成本计算方法在企业的实际生产经营过程中是如何应用的。

拓展阅读

[1] 齐国荣.强化成本控制　推广“定额法”[J].绿色财会,1994(09):18-20.
[2] 王德群.联产品的成本核算[J].黑龙江科技信息,2003(07):39.

思考与练习

1. 简述分类法的特点和计算程序。
2. 简述定额法的特点和计算程序。
3. 在什么情况下，企业可结合采用几种不同的成本计算方法？

即测即评

实训专栏

实训任务：应用 Excel 进行定额法的核算

A 企业采用定额法计算乙产品成本。20×3 年 6 月的生产情况如下。

（1）6 月初在产品 20 台，当月投入 60 台，当月完工 65 台，月末在产品 15 台，在产品完工率 60%。

（2）原材料在生产开始时一次性投入。原材料消耗定额为 80 千克，原材料的计划单价为 12 元。由于工艺技术改变，该企业原材料消耗定额下降 3%。

（3）单位产品工时定额 60 小时，当月投入定额工时 2 360 小时。计划小时人工费 2.5 元，计划小时制造费用 3 元。

（4）月初在产品脱离定额差异为-270 元。其中：直接材料-400 元，直接人工 50 元，制造费用 80 元。

（5）根据限额领料单，实际领用原材料 3 400 千克，金额 50 800 元，材料成本差异率为 2%，实际工资 6 200 元，实际制造费用 8 380 元。

（6）月末在产品只负担脱离定额差异。

实训要求：根据以上资料，在 Excel 中编制乙产品成本计算单（见表 11-19）。

表 11-19　　产品成本计算单

产品名称：乙　　20×3 年 6 月　　金额单位：元

项目	项目编号	直接材料	直接人工	制造费用	合计
（一）月初在产品成本					
定额成本	（1）				
脱离定额成本	（2）				
（二）月初在产品定额成本调整					
定额成本调整	（3）				
定额变动差异	（4）				
（三）本月发生的生产费用					
定额成本	（5）				
脱离定额差异	（6）				
材料成本差异	（7）				
（四）生产费用合计					
定额成本	（8）=（1）+（3）+（5）				
脱离定额差异	（9）=（2）+（6）				
材料成本差异	（7）				
定额变动差异	（4）				
（五）差异分配率	（10）=（9）÷（8）				

续表

项目	项目编号	直接材料	直接人工	制造费用	合计
（六）完工产品成本					
定额成本	（11）				
脱离定额差异	（12）=（11）×（10）				
材料成本差异	（7）				
定额变动差异	（4）				
实际成本	（13）=（11）+（12）+（7）+（4）				
（七）月末在产品成本					
定额成本	（14）=（8）-（11）				
脱离定额差异	（15）=（14）×（10）				

项目十二

成本报表和成本分析

学习目标

知识目标

1. 了解成本报表的概念和作用；
2. 熟悉成本报表的分类和编制的基本要求；
3. 掌握成本分析的方法和一般程序。

能力目标

1. 培养学生能编制全部产品生产成本表，主要产品单位成本表及各种费用报表的能力；

2. 培养学生能熟练使用比较分析法、比率分析法、因素分析法等方法并结合Excel完成成本分析的能力。

价值目标

1. 通过降低成本，提高企业价值，树立学生的民族自豪感，引导学生勇担社会责任；
2. 通过成本分析，发现问题并解决问题，培养学生的问题导向意识。

思维导图

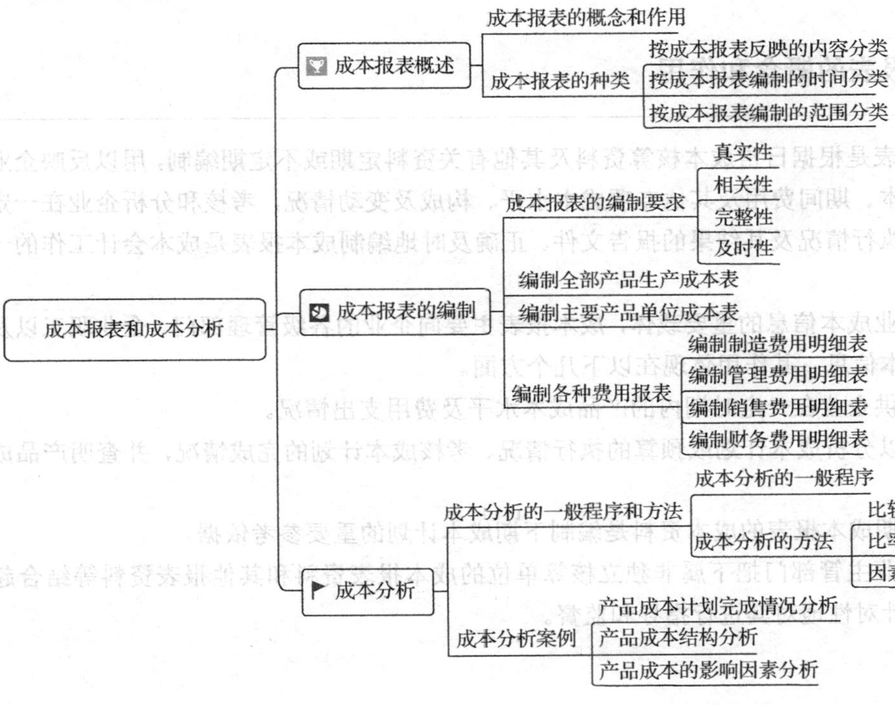

项目导入

降本提效，提升企业竞争力

近年来，伴随着供给侧结构性改革的深化，钢铁行业进入了发展的新阶段，但受国际形势等因素影响，原料价格不断突破新高，成本高成为制约钢铁企业发展的一个重要因素。

首钢长治钢铁有限公司始终坚持低成本、低能耗、绿色低碳可持续发展理念，以老国企的担当、快人一步的魄力和胜人一筹的主动，找准短板弱项，精准施策优化提升，以扎实的内部工作成效对冲外部风险，企业效率效益、经济运行质量保持稳定。特别是扎实开展“极低成本运行”实践，2023年5月，首钢长治钢铁有限公司的生铁成本（占钢材制造成本的80%）行业排名第三，比行业平均低281元/吨，缩差119元/吨，在降低成本的同时，首钢长治钢铁有限公司始终坚守“军工品质”底线，质量管控、产品研发等工作取得持续进步。

请思考并回答以下问题。

1. 首钢长治钢铁有限公司的降本做法带给我们哪些启示？
2. 你知道哪些降低成本的方法？
3. 降低成本有何意义？

任务一 成本报表概述

一、成本报表的概念和作用

成本报表是根据日常成本核算资料及其他有关资料定期或不定期编制，用以反映企业一定时期产品成本、期间费用及其他专项成本水平、构成及变动情况，考核和分析企业在一定时期内成本计划执行情况及其结果的报告文件。正确及时地编制成本报表是成本会计工作的一项重要内容。

作为企业成本信息的重要载体，成本报表主要向企业的各级管理部门、企业职工以及有关部门提供成本信息。其作用体现在以下几个方面。

（1）提供企业在一定时期内的产品成本水平及费用支出情况。

（2）据以分析成本计划或预算的执行情况、考核成本计划的完成情况，并查明产品成本升降的原因等。

（3）本期成本报表的成本资料是编制下期成本计划的重要参考依据。

（4）企业主管部门把下属非独立核算单位的成本报表资料和其他报表资料等结合起来运用，可以有针对性地对其进行指导和监督。

二、成本报表的种类

成本报表是对内报表，是主要服务于企业内部经营管理的报表。因此，它没有固定的种类、格式和内容。企业成本报表的设置，既要全面反映成本费用的情况，又要满足企业内部管理的需要，同时还应适当简化。

依据不同的标准，成本报表可分为不同的类型。

（一）按成本报表反映的内容分类

1. 反映产品成本情况的报表

该类报表主要反映产品成本水平及其构成情况，主要有产品生产成本表、主要产品单位成本表等。

2. 反映费用支出情况的报表

该类报表主要反映一定时期内各种费用支出水平及其构成情况，主要有制造费用明细表、管理费用明细表、销售费用明细表和财务费用明细表等。

3. 反映成本管理专题的报表

该类报表主要反映一定时期内特定项目的状况。例如，企业为了提高产品质量管理效果，可能需要编制质量成本报表；为了提高环境成本管理效果，可能需要编制环境成本报表等。

（二）按成本报表编制的时间分类

1. 定期成本报表

定期成本报表按报送时间可分为年报、季报、月报，主要包括全部产品生产成本表、主要产品单位成本表、制造费用明细表、管理费用明细表、销售费用明细表、财务费用明细表等。

2. 不定期成本报表

这类报表是针对性报表，一般是针对成本费用管理中出现的某些急需解决的问题而按要求编制的，以满足日常临时或特殊任务管理的需要，比如反映产品质量成本状况的质量成本表、反映材料价格状况的材料价格差异表等。随着数字经济的日趋发展，企业数字化转型进程不断加速，对不定期成本报表的需求也在逐渐增加。

（三）按成本报表编制的范围分类

成本报表按编制的范围可分为全企业成本报表、车间成本报表、班组成本报表和个人责任成本报表。

一般情况下，全部产品生产成本表和主要产品单位成本表等属于全企业成本报表；而制造费用明细表、生产情况表、质量成本表等报表可以是全企业成本报表，也可以是车间、班组、个人责任成本报表。

任务二　成本报表的编制

一、成本报表的编制要求

为了提高成本信息的质量，充分发挥成本报表的作用，成本报表的编制应符合下列基本要求。

（一）真实性

成本报表的真实性即成本报表的指标数字必须真实可靠，能如实地集中反映企业实际发生的成本费用。为此，成本报表必须根据审核无误的账簿资料编制，不得随意使用估计或推算的数据，更不能弄虚作假，篡改数字。

（二）相关性

企业编制的成本报表必须要与企业的生产经营决策相关，重要的成本项目应单独、准确地反映，次要的成本项目在不影响真实性的情况下可以合并反映，以便企业决策者能够迅速抓住问题的实质。

（三）完整性

完整性要求企业应编制的各种成本报表必须齐全，应填列的指标和文字说明必须全面，表内项目和表外补充资料不论是根据账簿资料直接填列，还是分析计算填列，都应当完整无缺，不得随意取舍。

（四）及时性

成本报表的及时性即按规定日期报送成本报表，以便有关方面及时利用成本资料信息进行检查、分析等工作，充分发挥成本报表的应有作用。为此，企业财会部门要提前做好编制报表的准备工作，并且要加强与各有关部门的协作和配合，以便尽可能提前或按期编送各种成本报表，满足有关各方的需要。

课堂讨论 12-1

美丽服装厂是一家刚成立的服装制造企业，该厂负责财务的厂长认为：既然成本报表是一种内部报表，就不必对外报送，而企业现在又刚刚成立，没有那么多种类的产品，那么根据管理需要，可以在未来需要的时候再进行报表编制和分析。

你认为该厂长的这种观点是否正确？请说说你的看法。

参考答案

二、编制全部产品生产成本表

全部产品生产成本表是反映企业在报告期内所生产的全部产品总成本的一种成本报表。管理人员利用此表可以定期、总括地考核和分析企业全部产品成本计划的完成情况和可比产品成本计划的完成情况，对企业产品成本工作从总体上进行评价，并为进一步分析指明方向。

全部产品生产成本表由表首、基本内容和补充资料三部分构成。基本内容部分应按可比产品和不可比产品分别填列。可比产品是指企业过去曾经正式生产过，有完整的成本资料可以进行比较的产品；不可比产品是指企业本年度初次生产的新产品，或虽非初次生产，但以前仅属试制而未正式投产的产品。

全部产品生产成本表的格式如表 12-1 所示。

【例 12-1】钱多多公司 20×3 年 12 月的全部产品生产成本表如表 12-1 所示。

表 12-1　　　　　　　　　　全部产品生产成本表

编制单位：钱多多公司　　　　　　　　20×3 年 12 月　　　　　　　　金额单位：元

产品名称	计量单位	实际产量		单位成本				本月总成本			本年累计总成本		
		本月	本年累计	上年实际平均单位成本	本年计划单位成本	本月实际单位成本	本年累计实际平均单位成本	按上年实际平均单位成本计算本月成本	按本年计划单位成本计算本月成本	本月实际成本	按上年实际平均单位成本计算本年成本	按本年计划单位成本计算本年成本	本年实际成本
		①	②	③	④	⑤=⑨÷①	⑥=⑫÷②	⑦=①×③	⑧=①×④	⑨	⑩=②×③	⑪=②×④	⑫
可比产品合计								20 800	19 760	19 700	230 000	218 500	216 400
其中：A 产品	件	90	1 000	120	114	115	113	10 800	10 260	10 350	120 000	114 000	113 000
B 产品	件	50	550	200	190	187	188	10 000	9 500	9 350	110 000	104 500	103 400
不可比产品合计									3 480	3 450		31 800	35 200
其中：C 产品	件	10	80		150	180	170		1 500	1 800		12 000	13 600
D 产品	件	6	60		330	275	360		1 980	1 650		19 800	21 600
全部产品成本									23 240	23 150		250 300	251 600

补充资料：1．可比产品成本降低额为 13 600 元；

2．可比产品成本降低率为 5.91%。

全部产品生产成本表编制流程如下。

1.“产品名称”栏

“产品名称”栏，应按可比产品和不可比产品分别填列。

2.“实际产量”栏

“实际产量”栏，应根据产品成本明细账或产成品明细账的产量记录填列。

3.“单位成本”栏

（1）“上年实际平均单位成本”栏，应根据上年全部产品生产成本表所列全年累计实际平均单位成本填列。

（2）“本年计划单位成本”栏，应按本年成本计划填列。

（3）“本月实际单位成本”栏，应根据本月实际总成本除以本月实际产量计算填列。

（4）“本年累计实际平均单位成本”栏，应根据本年累计实际总成本除以本年累计实际产量计算填列。

4.“本月总成本”栏

（1）“按上年实际平均单位成本计算本月成本”栏，应根据本月实际产量乘以上年实际平均单位成本计算填列。

（2）“按本年计划单位成本计算本月成本”栏，应根据本月实际产量乘以本年计划单位成本计算填列。

（3）“本月实际成本”栏，应根据本月产品成本计算单的资料填列。

5.“本年累计总成本”栏

（1）“按上年实际平均单位成本计算本年成本”栏，应根据本年累计实际产量乘以上年实际平均单位成本计算填列。

（2）“按本年计划单位成本计算本年成本”栏，应根据本年累计实际产量乘以本年计划单位成本计算填列。

（3）“本年实际成本”栏，应根据本年成本计算单的资料填列。

6. 补充资料

（1）可比产品成本降低额，即可比产品累计实际总成本比可比产品按上年实际平均单位成本计算的累计总成本降低的数额，超支额用负数表示。其计算公式为如下。

$$\text{可比产品成本降低额}=\text{可比产品按上年实际平均单位成本计算的累计总成本}-\text{可比产品本年累计实际总成本}$$

以表 12-1 中的资料为例，计算如下。

可比产品成本降低额=230 000−216 400=13 600（元）

（2）可比产品成本降低率，即可比产品本年累计实际总成本比可比产品按上年实际平均单位成本计算的累计总成本降低的比率，超支率用负数表示。其计算公式如下。

$$\text{可比产品成本降低率}=\frac{\text{可比产品成本降低额}}{\text{可比产品按上年实际平均单位成本计算的累计总成本}}\times 100\%$$

以表 12-1 中的资料为例计算如下。

$$\text{可比产品成本降低率}=\frac{13\ 600}{230\ 000}\times 100\%=5.91\%$$

三、编制主要产品单位成本表

主要产品是指企业经常生产、在企业全部产品中所占比重较大、能概括反映企业生产经营面貌的产品。主要产品单位成本表是反映企业在报告期内生产的各种主要产品单位成本水平和构成情况的一种成本报表。该表应按主要产品分别编制，是对全部产品生产成本表所列各种主要产品成本的补充说明。利用此表，可以按照成本项目分析和考核主要产品单位成本计划的执行情况；可以按照成本项目将本月实际和本年累计实际平均单位成本，与上年实际平均单位成本和历史先进水平进行对比，了解单位成本的变动情况；可以分析和考核各种主要产品的主要技术经济指标的执行情况，进而查明主要产品单位成本升降的具体原因。

主要产品单位成本表可分设产量、单位成本和主要技术经济指标三部分。

主要产品单位成本表的格式如表 12-2 所示。

【例 12-2】20×3 年 12 月钱多多公司的主要产品 A 的产品单位成本表如表 12-2 所示。

表 12-2　主要产品单位成本表

20×3 年 12 月

本月计划产量：100 件
本月实际产量：90 件

产品名称：A　　计量单位：件　　本年累计计划产量：1 100 件
产品规格：××　　销售单价：130 元　　本年累计实际产量：1 000 件

单位成本项目	历史先进水平	上年实际平均	本年计划	本月实际	本年累计实际平均
直接材料/元	72	80	78	75	74
直接人工/元	22	25	24	26	25
制造费用/元	12	15	12	14	14
产品单位成本/元	106	120	114	115	113
主要技术经济指标	用量	用量	用量	用量	用量
主要材料：甲材料/千克	6.2	7	6	6.5	6.4
生产工时/小时	3.9	4.7	4	5	4.8

表 12-2 中各项数字填列方法如下。

1. 表头部分

此部分中的“本月计划产量”和“本年累计计划产量”应根据生产计划填列；“本月实际产量”及“本年累计实际产量”应根据产品成本明细账或产成品成本汇总表填列；“销售单价”应根据产品定价表填列。

2. 单位成本项目部分

（1）“历史先进水平”栏，应根据历史上该种产品成本最低年度的实际平均单位成本填列。

（2）“上年实际平均”栏，应根据上年度实际平均单位成本填列。

（3）“本年计划”栏，应根据本年度成本计划填列。

（4）“本月实际”栏，应根据产品成本明细账或产成品成本汇总表填列。

（5）“本年累计实际平均”栏，应根据该种产品成本明细账所记的自年初至报告期末完工入库的产品实际总成本除以累计实际产量计算填列。

表 12-2 中，A 产品的上年实际平均、本年计划、本月实际和本年累计实际平均的单位成本，应与表 12-1 全部产品生产成本表中该种产品相应的单位成本核对相符。

3. 主要技术经济指标部分

此部分中的主要技术经济指标是指该种产品每一单位产量所消耗的主要原材料、燃料、工时等的数量，应根据业务技术核算资料填列。

四、编制各种费用报表

为了反映企业一定时期在生产经营过程中，各车间、部门为生产和销售产品，为组织和管理生产经营活动和筹集生产经营资金所发生的制造费用、销售费用、管理费用和财务费用情况，企业可编制制造费用明细表、销售费用明细表、管理费用明细表和财务费用明细表。

（一）编制制造费用明细表

制造费用明细表列示了基本生产车间发生的制造费用数额及其构成情况，反映了报告期内工业企业本年计划数、上年同期实际数、本月实际数和本年累计数等项目变动情况，其作用主要是按项目分析制造费用的变化及计划执行情况，了解制造费用节约或超支的原因，进而制定改进方案。

制造费用明细表的格式如表 12-3 所示。

【例 12-3】20×3 年 12 月钱多多公司制造费用明细表如表 12-3 所示。

表 12-3　　制造费用明细表

编制单位：钱多多公司　　20×3 年 12 月　　单位：元

项目	本年计划数	上年同期实际数	本月实际数	本年累计实际数
职工薪酬	75 830	4 492	6 150	64 875
机物料消耗	5 630	510	620	9 600
低值易耗品摊销	6 400	490	700	6 000
折旧费	17 600	1 100	1 850	23 100
办公费	1 500	146	150	2 600
水电费	19 200	2 120	2 160	34 300

续表

项目	本年计划数	上年同期实际数	本月实际数	本年累计实际数
保险费	4 520	496	620	7 800
其他	2 770	198	550	3 725
合计	133 450	9 552	12 800	152 000

表 12-3 按制造费用项目分别反映各项费用的本年计划数、上年同期实际数、本月实际数和本年累计实际数。其中：本年计划数应根据成本计划中的制造费用计划填列；上年同期实际数应根据上年同期制造费用明细表的本月实际数填列；本月实际数应根据制造费用总账所属各基本生产车间制造费用明细账的本月合计数填列；本年累计实际数，填列自年初起至编报月月末止的累计实际数，应根据制造费用明细账的记录计算填列。

值得注意的是，制造费用明细表不同于制造费用明细账，主要表现在以下方面。

（1）制造费用明细账是按照车间分别开设的，而制造费用明细表主要反映的是整个企业各车间的汇总数额。

（2）制造费用明细账是按照业务发生先后逐笔记录的，如多次发生了办公费，制造费用明细账中应当分别记录；而制造费用明细表中的项目是同类项目的全月或全年汇总数。

（3）制造费用明细账是依据制造费用分配表等原始凭证填制的，而制造费用明细表是依据制造费用明细账填制的。

（二）编制管理费用明细表

管理费用明细表是反映在一定会计期间企业管理部门为组织和管理企业生产经营活动所发生的各项费用及其构成情况的报表。它可以用于分析管理费用的构成及其增减变动情况，考核各项管理费用计划的执行情况。

管理费用明细表的格式如表 12-4 所示。

【例 12-4】20×3 年 12 月钱多多公司管理费用明细表如表 12-4 所示。

表 12-4　管理费用明细表

编制单位：钱多多公司　　20×3 年 12 月　　单位：元

项目	本年计划数	上年同期实际数	本月实际数	本年累计实际数
职工薪酬	240 000	25 000	26 000	255 000
物料消耗	11 000	1 050	1 080	12 300
办公费	35 000	3 200	3 100	34 000
差旅费	24 000	2 000	2 000	22 000
会议费	10 000	800	1 000	12 000
业务招待费	20 000	1 800	2 100	30 000
研究费	25 800	2 350	2 200	24 200
折旧费	15 600	1 100	1 200	17 800
租赁费	48 000	4 000	4 000	48 000
其他	9 000	800	850	10 050
合计	438 400	42 100	43 530	465 350

表 12-4 按管理费用项目分别反映各项费用的本年计划数、上年同期实际数、本月实际数和本年累计实际数。其中：本年计划数应根据企业或行政管理部门的管理费用计划填列；上年同期实际数应根据上年同期管理费用明细表的本月实际数填列；本月实际数应根据管理费用明

细账的本月合计数填列；本年累计实际数应根据管理费用明细账的本月末的累计数计算填列。

（三）编制销售费用明细表

销售费用明细表反映企业销售商品过程中发生的运输费、装卸费、广告费等各项费用。销售费用明细表的格式如表 12-5 所示。

【例 12-5】20×3 年 12 月钱多多公司销售费用明细表如表 12-5 所示。

表 12-5　　销售费用明细表

编制单位：钱多多公司　　20×3 年 12 月　　单位：元

项目	本年计划数	上年同期实际数	本月实际数	本年累计实际数
职工薪酬	120 000	10 500	11 500	130 000
运输费	36 000	5 000	5 500	42 000
装卸费	26 000	2 100	2 000	24 500
包装费	23 200	2 040	2 120	24 300
广告费	35 000	800	1 000	35 500
产品质量保证费	20 000	1 800	2 200	23 000
折旧费	15 000	1 100	1 200	16 800
其他	10 000	1 050	850	9 050
合计	285 200	24 390	26 370	305 150

表 12-5 按销售费用项目分别反映各项费用的本年计划数、上年同期实际数、本月实际数和本年累计实际数。其中：本年计划数应根据本年销售费用计划填列；上年同期实际数应根据上年同期销售费用明细表的本月实际数填列；本月实际数应根据销售费用明细账的本月合计数填列；本年累计实际数应根据销售费用明细账的本月末累计数计算填列。

（四）编制财务费用明细表

财务费用明细表是反映企业在报告期内为筹集生产经营所需资金等而发生的利息支出、汇兑损失及相关的手续费等费用构成情况的报表。

财务费用明细表的格式如表 12-6 所示。

【例 12-6】20×3 年 12 月钱多多公司财务费用明细表如表 12-6 所示。

表 12-6　　财务费月明细表

编制单位：钱多多公司　　20×3 年 12 月　　单位：元

项目	本年计划数	上年同期实际数	本月实际数	本年累计实际数
利息支出（减利息收入）	15 000	1 300	1 200	14 800
汇兑损失（减汇兑收益）	4 000	350	420	4 200
金融机构手续费	1 800	120	150	1 950
其他筹资费用	1 200	150	120	1 000
合计	22 000	1 920	1 890	21 950

表 12-6 按财务费用项目分别反映各项费用的本年计划数、上年同期实际数、本月实际数和本年累计实际数。其中：本年计划数应根据本年财务费用计划填列；上年同期实际数应根据上年同期财务费用明细表的本月实际数填列；本月实际数应根据财务费用明细账的本月合计数填列；本年累计实际数应根据财务费用明细账的本月末累计数计算填列。

任务三 成本分析

一、成本分析的一般程序和方法

成本分析是利用企业的成本核算资料及其他相关资料，对成本水平及其构成的变动情况进行分析与评价的过程。它是成本会计的重要组成部分，也是成本管理工作的重要环节之一。成本分析根据管理要求的不同会有不同的内容，既可以是对单一项目或综合项目进行的分析，也可以是对某一种产品或全部产品进行的分析，其主要目的是揭示影响成本升降的因素及其变动原因，寻找有效降低成本的措施和方法。

（一）成本分析的一般程序

成本分析工作是有目的、有步骤、按程序进行的，一般遵循以下基本程序。

1. 制订分析计划，明确分析目标

该步骤指根据成本分析的要求，制订分析计划，列出分析提纲，明确分析的主要问题和要求、分析时间、参加人员、所需资料、分析形式、调查内容以及组织分工等。

2. 收集有关资料，掌握基本情况

该步骤指收集与成本有关的各种计划资料、定额资料、核算资料等，必要时还要进行专门的调查研究，收集有关信息，以保证分析结果的准确性。

3. 合理选择方法，进行具体分析

该步骤指在占有资料、信息的基础上，选取合适的分析方法进行具体分析，可以对成本报表整体、成本指标、影响成本的基本因素等方面展开分析，从而找出问题，查明原因，以便提出有效的成本改进措施。

4. 总结报告

该步骤指对上述分析的结果进行综合概括，写出书面分析报告。

（二）成本分析的方法

微课堂

成本分析的方法

在实践中，成本分析的方法很多，常用的有以下几种。

1. 比较分析法

比较分析法也称对比分析法，是经济分析中广泛应用的一种分析方法。该方法是主要通过指标对比，从而在数量上确定差异的一种分析方法。其主要作用在于揭示客观存在的差距，为进一步分析指明方向。实际工作中通常有以下几种形式。

（1）将成本的实际指标与成本计划或定额指标对比，分析成本计划或定额的完成情况。

（2）将本期实际成本指标与前期（上期、上年同期或历史先进水平）的实际成本指标对比，观察企业成本指标的变动情况和变动趋势，了解企业生产经营工作的改进情况。

（3）将本企业实际成本指标（或某项技术经济指标）与国内外同行业先进指标对比，以发现本企业与先进水平之间的差距，明确努力方向，学习先进方法，推动企业改进经营管理。

比较分析法只适用于同质指标的数量对比，应用此法时要注意指标的可比性，即对比指标所采用的计价标准、指标的内容、计算口径、计算方法、时间单位是同质的、可比的。此外，在同类型企业进行成本指标对比时，还要考虑客观条件是否基本接近，在技术上、经济上是否具有可比性。

2. 比率分析法

比率分析法是将反映成本状况或与成本水平相关的两个因素联系起来，通过计算比率，反映它们之间的关系，借以评价企业成本状况和经营情况的一种成本分析方法。根据分析的不同内容和不同要求，比率分析法主要包括相关指标比率分析法、构成比率分析法和动态比率分析法等。

（1）相关指标比率分析法。

相关指标比率分析法是将两个性质不同但又相关的指标对比求出比率，以便更深入地认识某方面的生产经营情况。例如，将企业利润项目同销售成本项目对比，求出成本利润率，从而观察、比较企业成本效益水平的高低。

（2）构成比率分析法。

构成比率分析法是通过确定某一经济指标各个组成部分占总体的比重，观察它的构成内容及变化，以掌握该项经济活动的特点和变化趋势的一种方法。

产品成本构成比率的计算公式列示如下。

直接材料成本比率=直接材料成本÷产品成本×100%

直接人工成本比率=直接人工成本÷产品成本×100%

制造费用比率=制造费用÷产品成本×100%

（3）动态比率分析法。

动态比率分析法也称趋势分析法，即将不同时期同类指标的数值进行对比，求出比率，然后进行动态比较，分析该指标的增减变动趋势，从而了解企业成本的发展趋势和方向的一种分析方法。由于对比的标准不同，动态比率又可分为定比和环比两种。

定比是以某一时期数值为基数，将其他各期数值均与该期的基数进行比较，所得到的指数叫作定基指数。其计算公式如下。

$$定基指数=\frac{报告期指标数值}{固定期指标数值}$$

环比是分别以上一时期数值为基数，将下一时期的数值与上一时期的基数进行比较，所得到的指数叫作环比指数。其计算公式如下。

$$环比指数=\frac{报告期指标数值}{前一期指标数值}$$

课堂讨论 12-2

一服装公司主要生产 A、B、C 三种类型的西服套装。20×3 年 7 月 15 日，公司召开生产情况例会，会上，财务人员在给与会人员列示了三种西服套装成本数据后指出，A 西服套装成本管理最好，产品成本降低率达到了 81%；C 西服套装成本管理最差，产品成本降低率只有 8%。听到这样的结果后，车间主任认为财务人员的结论不对，理由是年初公司核定的 C 西服套装的单位成本为 230 元，而今年上半年 C 西服套装实际单位成本为 186 元，每件降低了 44 元，产品成本降低率应该是

参考答案

19.13%。公司领导听了后感到纳闷：C西服套装的成本降低率怎么有两个不同的数据？

请思考讨论财务人员和车间主任的分析结果为何有差异，谁是正确的呢？

3. 因素分析法

因素分析法是指把某一综合指标分解为若干个相互联系的因素，并分别计算分析各个因素对成本变动影响程度的方法。管理者运用因素分析法可全面了解成本指标的完成情况，明确经济责任。根据其分析特点，因素分析法可分为连环替代法和差额计算法两种。

（1）连环替代法。

连环替代法是利用几个相互联系的因素构成的指标体系来定量分析各个因素变动对综合指标影响程度的一种分析方法。它是因素分析法中最常用的一种方法，其分析步骤如下。

① 指标分解。将综合指标分解为相互联系的各个因素，并将各因素按一定顺序排列，使其成为能用数学公式表达的因素分解式。

② 依次替代。以计划指标体系为基础，按顺序将每个因素的计划数替换为实际数，一直替换到指标全部为实际数为止。

③ 比较替代结果。将每次替代的结果与替代前的指标数据相比较，这一差额即为该因素变动对综合指标的影响数值。

④ 综合影响数值。将各个因素变动对综合指标的影响数值相加，其代数和应等于综合指标实际数与计划数的总差异。

连环替代法的计算原理可用简单的数学公式表示如下。

假设成本指标 C 由 X、Y、Z 三个因素相乘所得，计划成本指标与实际成本指标分别计算如下。

$$\text{计划成本}\ C_1 = X_1 \times Y_1 \times Z_1$$
$$\text{实际成本}\ C_2 = X_2 \times Y_2 \times Z_2$$
$$\text{差异总额}\ H = C_1 - C_2$$

在分析各因素的变动对指标的影响时，首先，确定三个因素的替代顺序依次为 X、Y、Z；其次，假定在 Y、Z 这两个因素不变的条件下，计算第一个因素 X 变动对指标的影响；再次，在第一个因素已经替代的基础上，计算第二个因素 Y 变动对指标的影响；依次类推，直到各个因素变动的影响都计算出来为止；最后，计算各因素对综合指标影响值的代数和，以验证分析结果的正确性。用公式表示如下。

第一个因素变动的影响（H_1）计算如下。

$$C_1 = X_1 \times Y_1 \times Z_1$$
$$C_3 = X_2 \times Y_1 \times Z_1$$
$$H_1 = C_3 - C_1$$

第二个因素变动的影响（H_2）计算如下。

$$C_4 = X_2 \times Y_2 \times Z_1$$
$$H_2 = C_4 - C_3$$

第三个因素变动的影响（H_3）计算如下。

$$C_2 = X_2 \times Y_2 \times Z_2$$
$$H_2 = C_2 - C_4$$

将各因素变动的影响加以汇总，其结果应与实际脱离计划的总差异相等。

$$H = H_1 + H_2 + H_3 = C_2 - C_1$$

下面举例说明连环替代法的计算过程。

【例 12-7】某公司 20×3 年 6 月的材料成本资料如表 12-7 所示。要求：运用连环替代法分析各因素变动对材料费用实际脱离计划的影响。

表 12-7　　产品材料成本资料

项目	计划数（C_1）	实际数（C_2）
产品产量（X）	40 件	45 件
单位产品消耗量（Y）	25 千克	20 千克
材料单价（Z）	5 元	6 元
材料费用（C）	5 000 元	5 400 元

从表 12-7 可知，材料费用实际比计划多 400 元，是产品产量、单位产品消耗量、材料单价变动所致，可以采用连环替代法分析上述三个因素对材料费用的影响程度。

材料费用=产品产量×单位产品消耗量×材料单价

第一个因素产品产量变动的影响（H_1）计算如下：

$C_1 = X_1 \times Y_1 \times Z_1 = 40 \times 25 \times 5 = 5\,000$（元）

$C_3 = X_2 \times Y_1 \times Z_1 = 45 \times 25 \times 5 = 5\,625$（元）

$H_1 = C_3 - C_1 = 5\,625 - 5\,000 = 625$（元）

第二个因素单位产品消耗量变动的影响（H_2）计算如下：

$C_4 = X_2 \times Y_2 \times Z_1 = 45 \times 20 \times 5 = 4\,500$（元）

$H_2 = C_4 - C_3 = 4\,500 - 5\,625 = -1\,125$（元）

第三个因素材料单价变动的影响（H_3）计算如下：

$C_2 = X_2 \times Y_2 \times Z_2 = 45 \times 20 \times 6 = 5\,400$（元）

$H_2 = C_2 - C_4 = 5\,400 - 4\,500 = 900$（元）

将各因素变动的影响加以汇总，其结果应与实际脱离计划的总差异相等。

$H = H_1 + H_2 + H_3 = C_2 - C_1 = 625 + (-1\,125) + 900 = 5\,400 - 5\,000 = 400$（元）

需要注意的是，连环替代法的计算具有顺序性，其计算结果具有假定性，即各因素替换的顺序不同，所计算的变动结果亦不同。在计算过程中，我们在计算某一变动因素的影响时，是以假定其他因素不变为条件的。这一假定虽然不可能与实际完全相符，但连环替代法仍然是成本分析中较常见的一种方法。

（2）差额计算法。

差额计算法是连环替代法的一种简化形式，它是利用各个因素的实际数与计划数之间的差额，直接计算各个因素变动对综合指标影响程度的一种分析方法，它与连环替代法采用同一原理，仅在计算程序上不同，其计算步骤如下。

① 确定综合指标及其影响因素的实际数与计划数之间的差异。

② 确定影响成本变动的因素并排列各影响因素的顺序。

③ 逐个将各因素实际数与计划数之差乘以函数关系式中排列在该因素前面的各因素

的实际数和排在该因素后面各因素的计划数，所得乘积就代表该因素变动对综合指标的影响程度。

④ 各因素变动差额的代数和应等于综合指标的实际数与计划数的差额。

【例 12-8】沿用【例 12-7】中的资料，要求运用差额计算法分析各因素变动对材料费用实际脱离计划的影响。

产品产量变动的影响数=（45−40）×25×5=625（元）

单位产品材料消耗量变动影响数=45×（20−25）×5=−1 125（元）

材料单价变动影响数=45×20×（6−5）=900（元）

H=625+（−1 125）+900=400（元）

由此可以看出，两种方法得到的结果相同。

差额计算法的特点在于运用数学提取因数的原理简化连环替代法的计算程序。应用这种方法与应用连环替代法的要求相同，只是在计算上简化一些。因此，差额计算法在实际工作中应用更为广泛。

课堂讨论 12-3

1. 差额计算法比连环替代法简单吗？其工作原理和连环替代法一样吗？
2. 请讨论影响企业产品成本变动的主要因素有哪些。

参考答案

二、成本分析案例

成本分析基于所属行业及管理者的需求不同而各不相同，常见的成本分析主要是运用科学的成本分析方法进行产品成本计划完成情况的分析、产品成本构成情况分析、成本的影响因素分析等。在实务中，为提高分析效率，可以借助 Excel 进行成本数据的快捷统计分析、报表更新、可视化处理，从而更直观地分析成本中的问题，以提升成本管理效率。

（一）产品成本计划完成情况分析

产品成本计划完成情况分析，是指对企业成本计划完成情况进行分析。进行产品成本计划完成情况分析的目的是找出影响企业成本计划完成情况的因素，从而找出影响成本升降的因素。在进行分析时，首先应对全部产品成本计划完成情况进行分析，这样有利于从总体上把握产品成本计划完成情况。

【例 12-9】根据【例 12-1】钱多多公司 20×3 年 12 月的全部产品生产成本表中资料，对当月钱多多公司产品计划完成情况进行分析。20×3 年 12 月全部产品成本降低额和降低率结果如表 12-8 所示。

表 12-8　全部产品成本降低情况

20×3 年 12 月　金额单位：元

产品名称	计划总成本	实际总成本	降低额	降低率（%）
可比产品				
A 产品	10 260	10 350	−90	−0.88

续表

产品名称	计划总成本	实际总成本	降低额	降低率（%）
B 产品	9 500	9 350	150	1.58
不可比产品				
C 产品	1 500	1 800	−300	−20.00
D 产品	1 980	1 650	330	16.67
全部产品合计	23 240	23 150	90	0.39

表 12-8 中的降低额和降低率计算公式如下。

全部产品成本降低额=本月计划总成本−本月实际总成本

=Σ（实际产量×计划单位成本）−Σ（实际产量×实际单位成本）

全部产品成本降低率=全部产品成本降低额÷本月计划总成本

=全部产品成本降低额÷Σ（实际产量×计划单位成本）×100%

实务中为降低会计人员工作量，提高成本分析效率，可结合 Excel 将上述公式设置在相应指标栏中，即可完成全部产品成本降低额和降低率的计算，进行成本分析。

从表 12-8 中可以看出，钱多多公司 20×3 年 12 月全部产品总成本实际比计划节约 90 元，降低率为 0.39%，完成了成本计划。从具体产品来看，可比产品 B 和不可比产品 D 完成了成本计划，成本降低率分别为 1.58%和 16.67%；而可比产品 A 产品成本超支率为 0.88%，不可比产品 C 成本超支率为 20.00%，未完成成本计划，后续可进一步深入挖掘未完成计划的原因。

（二）产品成本结构分析

【例 12-10】某公司 20×3 年度各月份生产成本如表 12-9 所示，请对其做出年度生产成本结构分析。

表 12-9　　年度生产成本　　单位：元

项目	1 月	2 月	3 月	4 月	5 月	6 月	7 月	8 月	9 月	10 月	11 月	12 月	合计
直接材料	125	212	200	341	300	307	554	547	599	112	145	135	3 577
直接人工	122	223	102	232	240	224	557	567	420	110	97	87	2 981
制造费用	213	145	204	222	197	154	412	412	452	99	85	73	2 668
合计	460	580	506	795	737	685	1 523	1 526	1 471	321	327	295	9 226

在实际工作中，年度生产成本结构分析主要采用比率分析法，主要分析各月成本结构比例、各生产成本要素的比例等。通过 Excel 创建数据透视表后，使用不同的值显示方式，能够快速将各月的成本项目以百分比形式显示，从而能够更为直观地看出差异状况。图 12-1 即是将表 12-9 的原始数据通过 Excel 数据透视表，展示的每个月各项目的占比以及每个项目在年度总成本的占比状况。

	月份												
项目	1月	2月	3月	4月	5月	6月	7月	8月	9月	10月	11月	12月	合计
直接材料	27.17%	36.55%	39.53%	42.89%	40.71%	44.82%	36.38%	35.85%	40.72%	34.89%	44.34%	45.76%	38.77%
直接人工	26.52%	38.45%	20.16%	29.18%	32.56%	32.70%	36.57%	37.16%	28.55%	34.27%	29.66%	29.49%	32.31%
制造费用	46.30%	25.00%	40.32%	27.92%	26.73%	22.48%	27.05%	27.00%	30.73%	30.84%	25.99%	24.75%	28.92%
合计	100.00%	100.00%	100.00%	100.00%	100.00%	100.00%	100.00%	100.00%	100.00%	100.00%	100.00%	100.00%	100.00%

图 12-1　各成本项目占比数据透视表

此外，可在图 12-1 中的项目和月份栏直接筛选想要呈现的数据，例如只需要分析第一季度的成本情况，可直接在月份中筛选“1 月”“2 月”“3 月”，呈现的结果如图 12-2 所示。

月份				
项目	1月	2月	3月	合计
直接材料	27.17%	36.55%	39.53%	34.73%
直接人工	26.52%	38.45%	20.16%	28.91%
制造费用	46.30%	25.00%	40.32%	36.35%
合计	100.00%	100.00%	100.00%	100.00%

图 12-2　第一季度各成本项目占比情况数据透视表

年度产品总成本结构如图 12-3 所示，从图中可知直接材料在总成本中占比最高，为 38.77%，直接人工占比 32.31%，制造费用占比 28.92%。

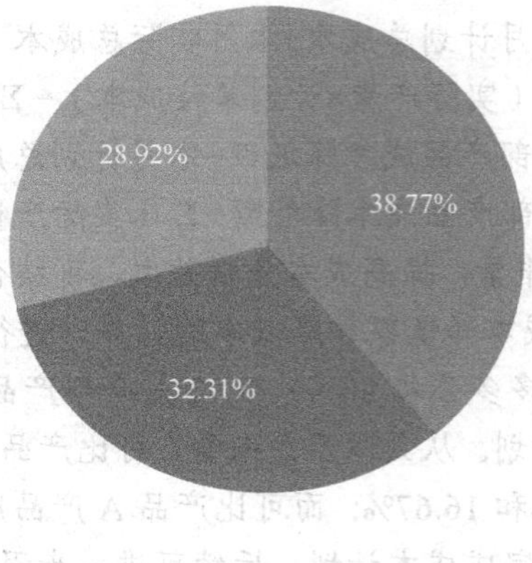

图 12-3　年度产品总成本结构

各月份产品分段柱状图如图 12-4 所示。从图 12-4 可直观看到，20×3 年各月份的成本变化较大，当年 7 月、8 月和 9 月产品成本无论是总额还是各成本明细项目金额都远远高于同年其他月份的金额，究其原因主要是该公司第三季度订单量饱满，销售量增长，远超其他月份。

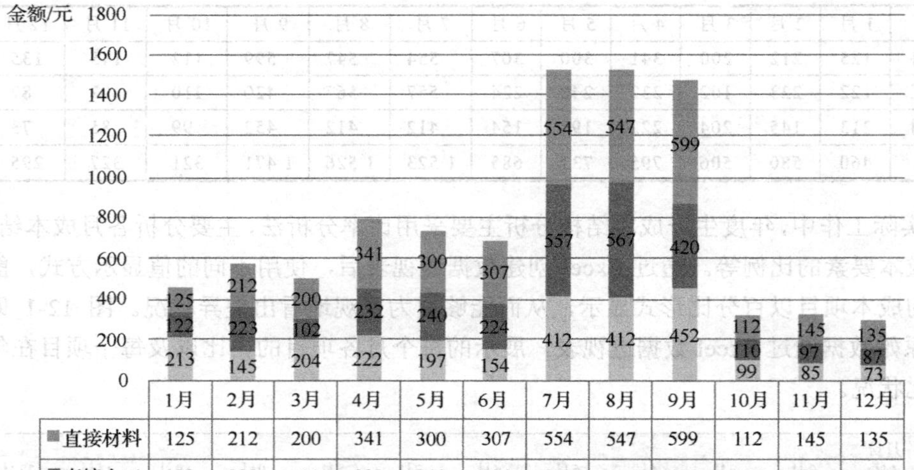

	1月	2月	3月	4月	5月	6月	7月	8月	9月	10月	11月	12月
直接材料	125	212	200	341	300	307	554	547	599	112	145	135
直接人工	122	223	102	232	240	224	557	567	420	110	97	87
制造费用	213	145	204	222	197	154	412	412	452	99	85	73

图 12-4　各月份产品分段柱状图

（三）产品成本的影响因素分析

产品成本主要由直接材料、直接人工和制造费用三个成本项目构成，因此分析影响产品单位成本的主要因素也可以从直接材料、直接人工和制造费用展开，所分析的成本资料为成本报表中的主要产品单位成本表，运用的方法主要为前述的因素分析法。

1. 直接材料因素分析

影响直接材料成本项目的因素主要是材料消耗量和材料单价。

【例 12-11】根据【例 12-2】中钱多多公司编制的主要产品单位成本表，整理 A 产品单位产品材料成本资料，如表 12-10 所示。

表 12-10　　A 产品单位产品材料成本资料　　金额单位：元

材料名称	计划			实际			差异		
	消耗量/千克	材料单价	材料成本	消耗量/千克	材料单价	材料成本	消耗量/千克	材料单价	材料成本
甲材料	6	13	78	6.4	11.562 5	74	0.4	−1.437 5	−4
合计			78			74			−4

单位产品材料成本变动额=74−78=−4（元）（节约）

单位产品材料成本=材料消耗量×材料单价

材料消耗量对单位产品材料成本的影响=（6.4−6）×13=5.2（元）

材料单价变动对单位产品材料成本的影响=6.4×（11.562 5−13）=−9.2（元）

材料消耗量和材料单价变动两因素对单位产品材料成本的影响=5.2+（−9.2）=−4（元）

以上分析计算表明：A 产品单位产品材料成本实际比计划节约 4 元，是材料消耗量和材料单价两个因素共同变动影响的结果。其中：材料消耗量变动使单位产品材料成本比计划上升了 5.2 元，材料单价变动使单位产品材料成本比计划下降了 9.2 元。

发生材料消耗量上升，与企业的生产管理有关，需要进一步分析引起材料消耗量上升的原因。通常而言，影响材料消耗量变动的原因有：材料质量的变化、材料加工方式的改变、利用废料或代用材料、材料利用程度的变化、产品零部件结构的变化、废料回收情况等，应结合上述原因深入生产环节进行具体分析。

2. 直接人工因素分析

影响直接人工成本项目的因素主要是工时消耗量和人工费用率。

【例 12-12】根据【例 12-2】中钱多多公司编制的主要产品单位成本表，整理 A 产品单位产品人工费用资料，整理后如表 12-11 所示。

表 12-11　　A 产品单位产品人工费用资料

项目	计划	实际	差异
单位工时消耗量/小时	4	4.8	0.8
小时人工费用率	6	5.208 3	−0.791 7
单位产品人工费用/元	24	25	1

根据表 12-13 的资料，分析计算 A 产品单位产品人工费用的变动情况。

单位产品人工费用变动额=25−24=1（元）

单位产品人工费用=单位工时消耗量×小时人工费用率

单位工时消耗量变动对单位产品人工费用的影响=（4.8−4）×6=4.8（元）

小时人工费用率变动对单位产品人工费用的影响=4.8×（5.208 3−6）=−3.8（元）

两个因素影响程度合计=4.8+（−3.8）=1（元）

以上分析计算表明：A 产品单位产品人工费用超支 1 元，是由单位工时消耗量超支和小时人工费用率减少所致的，应当进一步查明单位产品工时消耗和每小时人工费用变动的原因。一般来说，单位工时消耗量上升，意味着劳动生产率有所下降，应进一步从工艺设计、机器设备性能、工人的技术熟练程度、劳动纪律等方面进一步分析原因；小时人工费用率的降低，可能与用工情况、出勤情况等因素有关。

课堂讨论 12-4

企业管理者想要给员工提高工资，可又不想提高单位产品的工资成本，你能帮助筹划一下吗？

参考答案

3. 制造费用因素分析

影响制造费用成本项目的因素主要是工时消耗量和制造费用分配率。

【例 12-13】根据【例 12-2】中钱多多公司编制的主要产品单位成本表，整理 A 产品单位产品制造费用资料，如表 12-12 所示。

表 12-12　　A 产品单位产品制造费用资料

项目	计划	实际	差异
单位工时消耗量/小时	4	4.8	0.8
小时制造费用分配率	3	2.916 7	−0.083 3
单位产品制造费用/元	12	14	2

根据表 12-12 对 A 产品单位产品制造费用进行分析如下。

单位产品制造费用变动额=14−12=2（元）

单位产品制造费用=单位工时消耗量×小时制造费用分配率

单位工时消耗量变动对单位产品制造费用的影响=（4.8−4）×3=2.4（元）

小时制造费用分配率变动对单位产品制造费用的影响=4.8×（2.916 7−3）=−0.4（元）

两个因素影响程度合计=2.4+（−0.4）=2（元）

以上分析计算表明：A 产品单位产品成本中，制造费用超支 2 元，是由单位工时消耗量超支和小时制造费用分配率减少共同影响的结果。其中，工时消耗量变动使单位产品制造费用实际比计划超支了 2.4 元，制造费用分配率变动使单位产品制造费用实际比计划节约了 0.4 元。

项目小结

通过本项目的学习，我们了解了常用的成本报表的编制和成本分析方法。需要注意的是，成本报表作为内部报表，与对外提供的财务报表不同，其没有固定模板，也不强制要求编制，其应当根据企业的管理需求而设计。在进行成本分析时，同样需要结合企业的管理需求来分析，只有符合企业实际情况的成本报表和成本分析，才是有价值的成本信息，才能有助于企业发现问题，降低成本，从而提高企业价值。

拓展阅读

[1] 时丽红.基于对生产企业成本报表的分析[J].财经界,2023(03):48-50.

[2] 李丽.企业的成本报表编制要点分析[J].中外企业家,2018(29):15-16.

[3] 高红海. 徐冠巨：从低成本时代步入高成本时代[N]. 中国会计报,2011-03-11(018).

[4] 顾小莉,朱学义.论企业产品成本报表改革[J].财会月刊(下),2010(06):16-18.

思考与练习

1．什么是成本报表？它能起到什么作用？

2．成本报表的编制要求有哪些？

3．什么是全部产品生产成本表？该表的结构如何？如何编制？

4．什么是主要产品单位成本表？该表的结构如何？如何编制？

5．制造费用明细表和制造费用明细账有何区别？

6．简述成本分析的一般程序和方法。

7．简述比较分析法的常见形式和适用范围。

8．什么是比率分析法？其具体形式有哪几种？

9．什么是因素分析法？哪种因素分析法在实务中应用更为广泛？

10．简述连环替代法的分析步骤。

即测即评

实训专栏

实训任务一：应用 Excel 编制全部产品生产成本表

实训要求：请根据表 12-13 中已有资料，在 Excel 中将阳光制衣厂的全部产品生产成本表编制完整。

表 12-13　　　　　　全部产品生产成本表

编制单位：阳光制衣厂　　　　　　20×3 年 12 月　　　　　　金额单位：元

产品名称	计量单位	实际产量		单位成本				本月总成本			本年累计总成本		
		本月	本年累计	上年实际平均单位成本	本年计划单位成本	本月实际单位成本	本年累计实际平均单位成本	按上年实际平均单位成本计算本月成本	按本年计划单位成本计算本月成本	本月实际成本	按上年实际平均单位成本计算本年成本	按本年计划单位成本计算本年成本	本年实际成本
		①	②	③	④	⑤=⑨÷①	⑥=⑫÷②	⑦=①×③	⑧=①×④	⑨	⑩=②×③	⑪=②×④	⑫
可比产品合计										33 360			403 640
其中：A 产品	件	104	1 200	185	182					18 460			216 300
B 产品	件	160	2 000	85	86					14 000			176 000
C 产品	件	36	420	28	27.5					900			11 340
不可比产品合计										2 880			28 000
其中：D 产品	件	15	140		195					2 880			28 000
全部产品成本										36 240			431 640

补充资料：1．可比产品成本降低额为＿＿＿＿＿元；

2．可比产品成本降低率为＿＿＿＿＿。

实训任务二：应用 Excel 进行产品成本的影响因素分析

启发公司生产 A、B、C 三种产品，有关 B 产品的单位成本及相关资料如表 12-14～表 12-17 所示。

（一）单位成本资料

表 12-14　　　　　　B 产品单位成本资料　　　　　　单位：元

成本项目	计划单位成本	实际单位成本
直接材料	300	280
直接工人	120	150
制造费用	170	190

（二）单位产品材料成本资料

表 12-15　　　　　　B 产品单位产品材料成本资料　　　　　　金额单位：元

材料名称	计划			实际			差异		
	消耗量/千克	材料单价	材料成本	消耗量/千克	材料单价	材料成本	消耗量/千克	材料单价	材料成本
甲	40	4	160	35	4.285 7	150	−5	0.285 7	−10
乙	35	4	140	36	3.611 1	130	1	−0.388 9	−10
合计			300			280			−20

（三）单位产品人工费用资料

表 12-16　　B 产品单位产品人工费用资料

项目	计划	实际	差异
单位工时消耗量/小时	6	6.4	0.4
小时人工费用率	20	23.437 5	3.437 5
单位产品人工费用/元	120	150	30

（四）单位产品制造费用资料

表 12-17　　B 产品单位产品制造费用资料

项目	计划	实际	差异
单位工时消耗量/小时	6	6.4	0.4
小时制造费用分配率	28.333 3	29.687 5	1.354 2
单位产品制造费用/元	170	190	20

实训要求：该公司经理想要了解单位产品材料成本、单位产品人工费用和单位产品制造费用的变动情况及变动原因。请在 Excel 中采用因素分析法对各个成本项目进行影响因素分析。

参考文献

[1] 马丽莹．成本会计[M]．上海：立信会计出版社，2016．
[2] 张倩，胡华夏．成本管理会计学[M]．上海：上海财经大学出版社，2016．
[3] 刘爱荣，杨萍．成本会计：微课版[M]．7 版．大连：大连理工大学出版社，2017．
[4] 刘爱荣，郭士富．成本会计实训[M]．7 版．大连：大连理工大学出版社，2017．
[5] 孙颖，赵萍．成本会计实务[M]．北京：清华大学出版社，2017．
[6] 唐婉虹．成本会计[M]．3 版．北京：北京交通大学出版社，清华大学出版社，2018．
[7] 徐伟丽，李雪，陈德英，等．成本会计[M]．上海：立信会计出版社，2016．
[8] 张宁，张丽华．成本会计学[M]．5 版．北京：首都经济贸易大学出版社，2018．
[9] 万寿义，任月君．成本会计[M]．5 版．大连：东北财经大学出版社，2019．
[10] 笪建军．成本会计[M]．3 版．北京：中国人民大学出版社，2019．
[11] 王冲冲，艾洪娟．成本会计：微课版[M]．北京：清华大学出版社，2020．
[12] 严金凤．成本会计[M]．北京：清华大学出版社，2020．
[13] 丁增稳，余畅．成本会计实务[M]．北京：高等教育出版社，2020．
[14] 耿慧敏，徐哲，杜丹．成本会计[M]．北京：中国财政经济出版社，2021．
[15] 黄贤明，王俊生．成本会计[M]．5 版．北京：中国人民大学出版社，2021．
[16] 蒋雪清，毕华书，胡桂兰．成本会计学[M]． 大连：东北财经大学出版社，2021．
[17] 殷丽媛，孙蕾蕾．成本会计[M]．上海：立信会计出版社，2021．
[18] 王晓秋．成本会计综合实训[M]．北京：人民邮电出版社，2021．
[19] 张敏，黎来芳，于富生．成本会计学[M]．9 版．北京：中国人民大学出版社，2021．
[20] 李青，施飞峙．成本会计[M]．3 版．上海：立信会计出版社，2022．
[21] 李玉周．成本管理会计[M]．北京：高等教育出版社，2022．
[22] 杜兴强，刘峰．成本会计[M]．北京：高等教育出版社，2022．
[23] ExcelHome．Excel 2016 在会计中的应用[M]．北京：人民邮电出版社，2022．
[24] 王晓秋．成本会计：微课版[M]．北京：人民邮电出版社，2022．
[25] 赵文静，徐晓敏．成本会计[M]．4 版． 北京：人民邮电出版社，2023．
[26] 邹冉．基于 Excel 的成本会计教学手段革新[J]．财会月刊，2012（24）：87-89．
[27] 财政部．关于印发《企业产品成本核算制度（试行）》的通知（财会〔2013〕17 号）．
[28] 唐茂霞．将 Excel 表格引入成本会计教学[J]．财会月刊，2015（06）：119-121．
[29] 迟铮．我国成本会计发展的回顾与前瞻[J]．财经问题研究，2016（09）：15-22．
[30] 胡煜．比较分析法在成本会计教学中的运用[J]．财会通讯（上），2017（04）：43-46．
[31] 曾雪云，徐雪宁．智能化与信息科技革命驱动的财务成本会计研究——中国会计学会财务成本分会 2019 学术年会综述[J]．会计研究，2020（02）：191-193．
[32] 曹伟．我国成本会计学科建设若干问题探讨[J]．财会通讯，2022（01）：3-8，21．
[33] 陈良华，董英睿，迟颖颖．信息多目标性对成本计量模式的影响[J]．会计之友，2023（05）：157-161．